职业教育新形态
财会精品系列教材

管理会计
实务

微课版

杨静 ◆ 主编

马丽丽 梅研 王慧姝 ◆ 副主编

**Management
Accounting Practice**

人 民 邮 电 出 版 社
北 京

图书在版编目（CIP）数据

管理会计实务 ：微课版 / 杨静主编. —— 北京 ：人民邮电出版社，2022.1（2023.12重印）
职业教育新形态财会精品系列教材
ISBN 978-7-115-58143-3

Ⅰ. ①管… Ⅱ. ①杨… Ⅲ. ①管理会计—职业教育—教材 Ⅳ. ①F234.3

中国版本图书馆CIP数据核字(2021)第249199号

内 容 提 要

本书依据《教育部关于全面提高高等职业教育教学质量的若干意见》和国务院印发的《国家职业教育改革实施方案》的要求，以财政部于 2016 年 6 月 22 日发布的《管理会计基本指引》和 2017 年 9 月 29 日发布的《关于印发〈管理会计应用指引第 100 号——战略管理〉等 22 项管理会计应用指引的通知》为主要依据，针对高等职业院校学生的培养目标编写而成。本书按照管理会计工具方法进行项目设计，采用任务导入的形式，根据工作任务所需的知识和技能，从战略管理、预算管理、成本管理、营运管理、投融资管理、绩效管理以及企业管理会计报告等方面梳理教学内容，并配有相应的课程思政内容，以提升学生管理会计应用能力和职业素养。

本书可作为高等职业院校、成人高等学校和应用型本科院校财会类专业的教学用书，也可作为各类企业在职会计人员的培训、自学教材，以及各类企业管理人员的参考书。

◆ 主　　编　杨　静
　　副主编　马丽丽　梅　研　王慧姝
　　责任编辑　刘　尉
　　责任印制　王　郁　焦志炜
◆ 人民邮电出版社出版发行　　北京市丰台区成寿寺路 11 号
　　邮编　100164　　电子邮件　315@ptpress.com.cn
　　网址　https://www.ptpress.com.cn
　　三河市祥达印刷包装有限公司印刷
◆ 开本：787×1092　1/16
　　印张：14.75　　　　　　　　　　2022 年 1 月第 1 版
　　字数：378 千字　　　　　　　2023 年 12 月河北第 4 次印刷

定价：49.80 元

读者服务热线：(010)81055256　印装质量热线：(010)81055316
反盗版热线：(010)81055315
广告经营许可证：京东市监广登字 20170147 号

FOREWORD

////////////////// 前　　言 //////////////////

党的二十大报告指出，教育、科技、人才是全面建设社会主义现代化国家的基础性、战略性支撑。

《教育部关于全面提高高等职业教育教学质量的若干意见》（教高〔2006〕16 号）文件提出高等职业院校要积极与行业企业合作开发课程，根据技术领域和职业岗位（群）的任职要求，参照相关的职业资格标准，改革课程体系和教学内容。2019 年国务院印发《国家职业教育改革实施方案》，提出要完善教材形态，对经典的纸质教材，通过配套数字化教学资源，形成"纸质教材 + 多媒体平台"的新形态一体化教材体系。根据财政部于 2016 年 6 月 22 日发布的《管理会计基本指引》和 2017 年 9 月 29 日发布的《关于印发〈管理会计应用指引第 100 号——战略管理〉等 22 项管理会计应用指引的通知》，我们以管理会计工具方法为主线，校企合作编写了工作手册式教材《管理会计实务（微课版）》，目的是实现与管理会计转型接轨，以就业教育为导向，提升学生的综合职业能力。本书具有以下主要特点。

（1）根据《管理会计基本指引》和《管理会计应用指引》进行项目设计，内容贴近管理会计转型要求。做教学一体化设计，体现管理会计工具方法理论与实践的统一性和系统性。

（2）以任务导入，根据完成任务所需的知识、技能设计知识点和技能点，提高学生的学习兴趣，强化岗位技能，突出实践教学，使教学内容与岗位需要相适应，提升学生的知识应用能力。

（3）提供课前知识点微课、动画、多媒体课件、课后巩固与提升等资源，有利于教师实施混合式教学模式改革。以二维码形式提供微课等补充资料，有利于学生巩固知识点和技能点。

本书由杨静任主编，马丽丽、梅研、王慧姝任副主编。各项目编写人员及分工如下：项目一、项目三、项目五由淄博职业学院杨静编写，项目二、项目四由淄博职业学院马丽丽编写，项目六由淄博职业学院梅研编写，项目七由淄博职业学院王慧姝编写，项目八由山东金谷控股集团有限公司于晓兵编写。杨静负责全书修改和定稿。

由于编者水平有限，本书难免存在不妥之处，敬请广大读者批评指正。

编　者
2023 年 4 月

CONTENTS

目　　录

项目一

初识管理会计

案例导读 ↓

邯钢通过价值定位优化管理

20世纪90年代，邯郸钢铁集团有限责任公司（以下简称"邯钢"）面临国内外严峻的竞争形势。从企业外部环境分析，原材料涨价使企业产品成本上升，国际钢铁生产能力过剩使出口竞争加剧；从企业内部看，各部门、各单位缺乏节能降耗、增收节支的自觉性，随着产销比率的下降和价格的降低，仅有少量产品能实现盈利，企业陷入困境。为了摆脱困境，邯钢对企业经营进行了系统、全面的分析。

一是与其他竞争对手进行比较。

二是利用丰富的行业信息改善自身的生产经营。

三是在成本管理上，重视成本动因的确定，并围绕成本动因进行成本控制。

四是推行"模拟市场核算，实行成本否决，走集约化经营的道路"的管理机制。

邯钢通过自身的价值定位和管理优化，使企业产品成本逐年下降，进而获得并保持了竞争优势，创造了我国冶金行业的一流佳绩。

思维导图 ↓

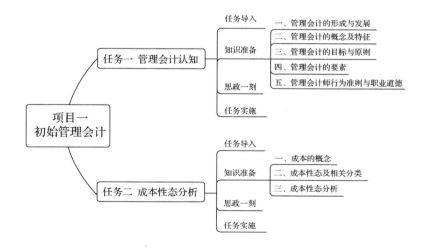

任务一　管理会计认知

01

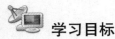 学习目标

素质目标：具备诚信品质、敬业精神、法治意识，遵守职业道德，树立爱国情怀。

知识目标：了解管理会计的形成与发展，掌握管理会计的目标与原则，掌握管理会计的要素，熟悉管理会计师行为准则及职业道德规范。

技能目标：能正确理解管理会计的目标及原则，能使用管理会计工具方法。

🤓 任务导入

任务资料：中国兵器装备集团公司从 1999 年成立开始，就有管理会计工具方法的应用。2011年年底，根据转型升级的需要，集团公司决定开始在全集团推进价值创造型的财务管理体系建设，系统地导入管理会计体系，助力集团的产业发展，提升企业的价值。

中国兵器装备集团公司的财务管理以服务战略为首要任务，全面提升财务管理服务战略决策、战略执行和战略评价的能力，是集团公司推进管理会计体系化建设考虑的首要因素。在实行中，以前期的实践为基础，实现管理会计在集团公司的全面推广。

① 集团公司通过调查问卷、实地调研、管理诊断、专家研讨等多种形式进行调研诊断。2012年年初，制定了集团公司的管理会计体系建设实施方案，并经过集团公司总经理办公会批准执行，明确了管理会计推进的工作目标、工作内容、工作机制、阶段目标和应用效果以及时间进度。

② 组织建设和人员配备。集团公司成立了专门的机构，推进集团公司的管理会计工作，同时下发了管理会计岗位及职责设置建议，促进人员的配置和财务的转型。明确单位主要负责人是管理会计的主要需求者和推动者。集团公司成立领导小组，组长不由总会计师担任，而由集团公司总经理担任，以加大管理会计的推进力度。集团公司同时提出一个目标：全集团的所有成员单位财务机构中，管理会计人员所占的比例，从 2013 年到 2015 年，要分别达到 40%、50% 和 60%。此外，集团公司还开展了多层次的学习，特别是针对非财务人员，对企业的首席执行官（Chief Executive Officer，CEO）、总经理开展了多次管理会计学习活动，也鼓励财务人员参加各类管理会计师的学习和认证。

③ 管理会计工具方法的导入和强化指导。按照规范化、标准化和信息化的要求，系统地导入了十项管理会计工具方法，并编写了管理会计工具方法的应用指导手册，为成员单位运用管理会计工具方法提供操作方法和工具指南。

任务目标：

① 了解中国兵器装备集团公司如何以管理会计为抓手，带动集团公司业务、财务整合化发展。

② 根据集团公司情况，了解管理会计的目标、原则。

③ 了解不同领域的管理会计工具方法。

 知识准备

政策依据：《管理会计基本指引》。

会计按照服务对象，分为财务会计和管理会计两大分支。管理会计是会计的重要分支，主要

服务于单位内部管理需要，是通过利用相关信息，有机融合财务与业务活动，在单位规划、决策、控制和评价等方面发挥重要作用的管理活动。

一、管理会计的形成与发展

管理会计的形成与
发展

随着社会经济的不断发展和科学技术水平的不断进步，为适应企业的转型升级，管理会计逐渐发展起来。管理会计将管理和会计有机融合，从 19 世纪末 20 世纪初的萌芽，到 20 世纪 50 年代的正式形成和发展，再到 20 世纪 70 年代后在世界范围内迅速发展，大致经历了三个阶段。

1. 初步形成阶段（19 世纪末 20 世纪初）

19 世纪末 20 世纪初，产业革命加速了资本主义经济的发展，企业生产规模日益扩大，生产专业化、社会化程度和自由竞争日益激烈。企业规模迅速扩大，但生产混乱、劳资关系紧张，工人"磨洋工"的现象大量存在，导致企业生产效率低下。美国的古典管理学家弗雷德里克·温斯洛·泰罗，被誉为"科学管理之父"，他把科学知识和科学研究运用于实践，科学地挑选和培训工人，并研究生产过程和工作环境，制定了科学的、标准的管理方法代替经验管理，于 1911 年发表了《科学管理原理》，让这套科学管理理论受到重视。1921 年美国《预算与会计法案》颁布，将"预算控制"引入会计领域；1922 年，美国会计学者奎因坦斯在其著作《管理会计：财务管理入门》中第一次提出"管理会计"的名称。1924 年，麦金西出版了《管理会计》一书，构建了管理会计学的基本框架。据此，以泰罗的科学管理理论为基础，以标准成本和预算控制为支撑的管理会计的雏形已经形成。

2. 形成与发展阶段（20 世纪 50 年代）

第二次世界大战之后，各国经济复苏，市场竞争激烈，失业率增加，经济危机频繁发生。同时，技术革命的浪潮也日益高涨，推动了社会生产力的进步，新的装备、新的工艺、新的技术得到广泛的应用，产品更新换代周期缩短，新产业部门不断涌现，生产经营的社会化程度空前提高，这些都促进了生产管理模式的调整转变。在这一阶段：标准成本会计、本量利分析等新的管理会计工具方法顺应了经济管理的要求；借助运筹学的有关理论和技术，建立经营决策会计、投资决策会计；借助行为科学建立了责任会计体系，同时拓展了会计的职能，会计的职能由解释过去发展为控制现在和筹划未来。现代管理科学的发展，为管理会计的理论和发展提供了基础。20 世纪 50 年代，美国会计学会设立了管理会计学会，管理会计的各种方法已经成型，管理会计的基本内容和体系已经初步形成。1969 年，美国全国会计师协会（National Association of Accountants，NAA）成立了专门研究管理会计问题的高级委员会——管理会计实务委员会（Management Accounting Practices Committee，MAPC），这表明早期的管理会计已产生质的飞跃，已经发展为以现代管理科学为基础、以决策分析为支柱的现代管理会计。

3. 现代发展阶段（20 世纪 70 年代后）

20 世纪 70 年代后，管理会计进入一个大发展时期。首先，经济的高度发展，使社会需求发生了重大改变，生产从大量生产向个性化定制转变，新技术的发展使生产流程趋于自动化，弹性的制造系统被广泛应用，这些发展都对传统管理会计产生了巨大冲击。其次，随着信息经济学、交易成本理论和不确定理论被广泛引入管理会计领域，加上新技术如电子计算机大量应用于企业流程管理，管理会计向着精密的数量化技术方法方向发展。质量成本管理、作业成本法、价值链分析以及战略成本管理等创新的管理会计工具方法层出不穷，初步形成了一套新的成本管理控制体系。另外，随着经济全球化和知识经济的发展，管理会计发展出了新的决策工具和管理工具。一是宏观性的决策工具和管理工具。例如，阿里巴巴的阿里云，可以帮助客户对所有信息进行全面分析，进而判断客户的信用情况等。二是精细化的决策工具和管理工具。例如，平衡计分卡的应用，它对企业战略目标进行分解，使得各层的目标可量化、可评估，进而推动战略目标的实现。这些都促使了对管理会计的不断研究，也使它从传统的会计中分离出来，形成了一门与财务会计并列的新型会计学科。

此时的"管理会计"风靡全球，管理会计的研究也从实用性研究转向理论研究。1972 年，美国全国会计师联合会成立了独立的"管理会计协会"，1985 年该协会更名为"执业管理会计师协会"。国际会计标准委员会和国际会计师联合会等国际性组织成立了专门的机构，制定了国际化的管理会计标准，同时颁布了有关管理会计师的职业道德规范等文件。管理会计在国际上得到越来越多的应用和推广。

管理会计认知

4. 管理会计在我国的发展

我国于 1979 年引入管理会计，随着改革开放的步伐，企业在建立、完善经济责任制的同时，形成了以企业内部经济责任制为主的责任会计体系。随着市场经济体制目标的确立，产品质量、成本以及管理效率成为市场竞争的优势，管理会计的理论应用越来越重要。我国会计界多次掀起学习管理会计、应用管理会计、建立具有中国特色的管理会计体系的热潮。20 世纪 90 年代以后，财务会计管理体制转轨变型，在与国际惯例接轨的过程中，管理会计为我国经济的发展创造了新的契机。一些管理理念先进的企业专门设置管理会计机构或岗位，如国家开发银行、中国电信等，积极开展管理会计工作。

21 世纪以来，随着我国加入世界贸易组织，经济全球化，高新技术不断涌现，向管理要效益、充分发挥财务信息价值创造的潜力等因素，成为企业发展的重要力量。管理会计在行政事业单位的财务管理实践中，通过预算管理等不同的管理会计活动，使单位的资金使用效益大大提高。

2002 年财政部印发了《关于企业实行财务预算管理的指导意见》，我国企业全面推广全面预算管理制度，这将我国的管理会计向前推进了一步。随着经济全球化战略的推进，以及我国的财政体制的改革，我国为企业和行政事业单位迎接全球化和新技术的挑战提供了优良的环境。2014 年 10 月 27 日，《财政部关于全面推进管理会计体系建设的指导意见》发布，明确了建立与我国社会主义市场经济体制相适应的管理会计体系的总目标：3～5 年时间，在全国培养一批管理会计人才；力争通过 5～10 年的努力，基本建成具有中国特色的管理会计理论体系和管理会计指引体系，使我国管理会计接近或达到世界先进水平。2016 年 6 月 22 日，财政部发布了《管理会计基本指引》，包括 6 章 29 条内容，明确了我国管理会计的目标、原则和要素划分及工具方法，构建了我国管理会计的概念框架。2017 年 9 月 29 日，财政部发布了首批 22 项《管理会计应用指引》。未来，《管理会计应用指引》还会不断完善，为企业管理效率的提高提供支撑。

视野拓展

【案例】我国经济全球化战略带来会计转型与管理。我国是"一带一路"基础设施建设投资的主要资金供给国之一，推进了"一带一路"基础设施建设。从 2016 年至 2020 年，"一带一路"基础设施投资需求超过 10.6 万亿美元。在充分利用以世界银行为代表的传统世界多边金融机构资金的基础上，成立亚洲基础设施投资银行、金砖国家开发银行和上海合作组织开发银行等新兴多边开发性金融机构。截至 2018 年 7 月，亚洲基础设施投资银行已在 13 个成员开展了 28 个基础设施投资项目，贷款总和超 53 亿美元，带动 200 多亿美元的公共和私营部门资金，资金主要投向亚洲发展中国家的基础设施建设。

【分析】商业环境发展变化和我国经济全球化战略新形势，带来了会计转型与管理，更加注重战略、管理、信息和报告。我们为之自豪，爱国之情油然而生，应更加坚定制度自信和道路自信。

【延伸】作为一名财经类专业的学生，应如何学习专业知识和增强专业技能，以适应新形势的发展变化？

二、管理会计的概念及特征

1. 管理会计的概念

管理会计的概念及特征

管理会计是一门旨在为企业管理当局进行有效管理提供相关信息、将现代化管理同会计融合为一体的综合性交叉学科。管理会计主要服务于单位内部，又称对内会计，是通过利用财务会计提供的相关信息以及非财务信息，进行事前的分析和预测、事中的控制及事后的评价，为单位管理者提供决策依据的管理活动。管理会计中的预测、决策、控制和考核的基本理论和具体方法，既是实现企业现代化的手段，也是企业现代化管理的主要内容，它对提高我国企业的经济效益，发展社会主义市场经济，具有重要的现实意义。

关于管理会计的概念，国内外的学者以及不同的团体组织有不同的观点，美国会计学会（American Accounting Association，AAA）认为：管理会计是指在处理企业历史和未来的经济资料时，运用适当的技巧和概念来协助经营管理者拟定能达到合理经营目的的计划，并做出能达到上述目的的明智决策。此时，管理会计主要的活动领域限定在微观层面，即企业环境。

1981 年，美国全国会计师协会中的管理会计实务委员会认为：管理会计是管理者提供用于企业内部计划、评价、控制，确保企业资源的合理使用和经营管理责任的履行所需要的财务信息的确认、计量、归集、分析、编报、解释和传递的过程。这时的管理会计的活动领域不仅限于微观层面，也涉及了宏观层面。

1982 年，英国成本与管理会计师协会（Institute of Cost and Management Accountants，ICMA）认为：除了外部审计外，簿记系统、资金筹措、编制财务计划与预算、实施财务控制、财务会计和成本会计等都是管理会计的范畴。

1988 年，国际会计师联合会（International Federation of Accountants，IFAC）的财务和管理会计师委员会认为：管理会计是一个组织内，为确保资源的合理利用及履行相应的经营责任，用于计划、评价和控制财务信息的确认、计量、收集、分析、编报、解释和传输的过程。

20 世纪 80 年代初，我国的会计学者对管理会计的解释也有不同的观点。2014 年《财政部关于全面推进管理会计体系建设的指导意见》中指出：管理会计是会计的重要分支，主要服务于企业和行政事业单位的内部管理需要，通过利用相关信息，有机融合财务和业务的活动，在规划、决策、控制和评价等方面发挥重要作用的管理活动。

综上所述，管理会计主要是为单位内部管理者服务，利用财务和非财务的信息，进行预测、决策、规划、控制和评价的管理过程，目的是帮助单位提高管理效益，助力于单位战略目标的实现。

2. 管理会计的特征

结合财务会计理解管理会计的特征，作为会计的两大分支，两者之间既有联系又有区别。管

01

理会计和财务会计都是现代会计的重要组成部分，两者相互依存，相互制约，相互补充。两者所处的工作环境相同，都是服务于单位的经营活动，共同为单位的经营目标服务。如果把会计比喻为"蛋糕"，财务会计主要解决"分蛋糕"的问题，管理会计则主要解决"如何把蛋糕做大"的问题。全社会无数双眼睛紧盯着财务会计"分蛋糕"的手。然而，没有"蛋糕"又如何分"蛋糕"？没有"蛋糕"，分"蛋糕"就只能是无源之水、无本之木，也就只能画饼充饥。管理会计主要研究怎样把"蛋糕"做大，这样财务管理才可以让每个人多分得更多的"蛋糕"。两者之间的区别和特征主要体现在以下几个方面。

（1）服务对象不同

管理会计主要侧重于对内，为单位内部管理者服务，通过预测、决策、控制、考核和评价等管理过程强化单位内部经营管理，提高经济效益，也称为"对内报告会计"。财务会计主要侧重于对外，为与企业有经济利益关系的相关者，如股东、债权人、潜在投资者及政府等提供单位会计信息，也称为"对外报告会计"，提供企业过去发生的经济业务或事项的核算、记账和监督的管理过程。

（2）核算原则不同

管理会计虽然在一定程度上需要考虑"公认的会计原则"或者企业会计准则的要求，但是不受它们的限制和约束，在工作中，可以灵活运用预测学、控制论、信息理论、决策原理、目标管理原则和行为科学等现代管理理论。而财务会计工作必须严格遵守"公认的会计原则"、企业会计准则和行业统一会计制度，以确保各期提供的财务会计报告的前后一致性和可比性。

（3）前提条件不同

管理会计的前提条件通常是四个假设：多层主体假设、合理预期假设、理性行为假设和充分信息假设。这四个假设的条件并不具备权威性，只起到指导作用。而财务会计的四个基本假设是财务会计必须严格遵循的规则。

多层主体假设是指管理会计的工作主体是多层次的，既涉及整个企业主体，也涉及单位内部不同责任单位、单位内部的局部或者个别部门，甚至某一个工作的环节都可以成为管理会计的工作主体。合理预期假设是指管理会计可灵活确定时间范围或进行会计分期，可跨越过去、现在和未来，不受财务会计的会计年度约束。理性行为假设是指假定管理会计师目标的提出是理性的，采取的行为也是理性的。充分信息假设是指管理会计包括企业内部和外部的价值量信息和非价值量信息，而且可采用多种计量单位。

（4）工作目的不同

管理会计的工作重点是针对单位遇到的特定问题进行分析研究，进而分析过去、控制现在和预测未来，目的是"创造价值"；财务会计的工作重点是根据日常的业务记录登记账簿、定期编制有关的财务报表，通过确认、计量、记录和报告等程序"记录价值"。

（5）程序和方法不同

管理会计工作没有固定的工作程序可以遵循，企业可以根据自己的实际情况自行设计管理会计的工作流程，这使得不同企业间的管理会计工作没有可比性，存在较大差异；财务会计工作则必须遵循固定的会计程序，从填制记账凭证、登记账簿，到编制财务报表，每一步工作都有既定的程序需要遵循，通常情况下不得随意变更工作内容或工作顺序，不同企业间的财务会计工作程序是大同小异的。

（6）核算的成本不同

管理会计在核算成本时，讲求成本效益原则，主要采用变动成本法、目标成本法、标准成本法、作业成本法等成本管理的工具方法核算成本；财务会计在核算成本时，按照成本的经济职能，将成本分为生产成本和非生产成本，生产成本包括直接材料、直接人工和制造费用三部分，进而按照制造成本法归集、确定产品成本。

（7）体系完善程度不同

目前，管理会计体系还不够完善，正处于继续发展和不断完善的过程中，虽然有《管理会计基本指引》和《管理会计应用指引》，但是整个体系依然缺乏统一性和规范性；财务会计体系相对比较成熟和稳定，针对不同的企业有不同的企业财务会计标准体系，形成了通用的会计规范和统一的会计模式。

（8）对参与人员的要求不同

管理会计的方法比较灵活，没有固定的工作程序需要遵循，体系也缺乏统一性和规范性；管理会计水平的高低取决于会计人员素质水平的高低，管理会计工作的财务和业务的融合，涉及的内容比较多而且复杂。这些都要求从事管理会计的人员需要具备比较广的知识面和比较深厚的专业水平，具备分析问题、解决问题的能力，以及相应的应变能力。相对而言，管理会计对会计人员素质要求更高，偏向于复合型高级会计人才；财务会计工作的方法和程序相对比较明确，需要会计专业的人才具备操作能力和相应的职业道德，偏向于会计专业人才。

三、管理会计的目标与原则

根据《管理会计基本指引》，管理会计的目标和原则如下。

管理会计的目标与原则

1. 管理会计的目标

《管理会计基本指引》第三条明确提出：管理会计的目标是通过运用管理会计工具方法，参与单位规划、决策、控制、评价活动并为之提供有用信息，推动单位实现战略规划。因此，管理会计的目标是为强化企业内部经营管理、提高经济效益服务，运用一系列专门的方式方法，收集、分析和报告各种经济信息，借以进行预测和决策，制订计划，对经营业务进行控制，并对业绩进行评价，以保证企业改善经营管理，提高经济效益。

2. 管理会计的原则

《管理会计基本指引》第四条规定，单位应用管理会计，应遵循下列原则。

（1）战略导向原则

管理会计的应用应以战略规划为导向，以持续创造价值为核心，促进单位可持续发展。单位的一切行动都必须在单位的战略指导下进行，即单位一切经营管理活动都必须和单位的发展战略保持一致。

（2）融合性原则

管理会计应嵌入单位相关领域、层次、环节，以业务流程为基础，利用管理会计工具方法，将财务和业务等有机融合。管理会计的主体是多层次的，涉及不同的领域、层次和环节，各个层次的业务都具有不同的业务特点。单位要通过管理会计提高经济效益，就需要充分考虑各个层次的业务特点与财务进行有机融合，财务人员深入单位各个环节，了解业务实践，充分利用管理会计工具方法，助力实现单位的战略目标。

（3）适应性原则

管理会计的应用应与单位应用环境和自身特征相适应。单位自身特征包括单位性质、规模、发展阶段、管理模式、治理水平等。管理会计工具方法在选择的时候要根据单位当期的实际情况进行选择，另外，在单位不断发展的过程中，当实际情况发生变化的时候，也要及时调整。

（4）成本效益原则

管理会计的应用应权衡实施成本和预期效益，合理、有效地推进管理会计应用。在市场经济条件下，单位的目的是追求最大的经济效益，在推进管理会计的工作中，预期收益只有大于预期成本，才有推进的必要。在不同的领域，选择不同的管理会计工具方法的时候，需要考虑它的成本和由此带来的收益，从而做出最终的选择，避免人、财、物等的浪费。

四、管理会计的要素

《管理会计基本指引》明确提出：单位应用管理会计，应包括应用环境、管理会计活动、工具方法、信息与报告等四要素。

管理会计的要素

1. 管理会计的应用环境

单位应用管理会计，应充分了解和分析其应用环境。管理会计应用环境，是单位应用管理会计的基础，包括内外部环境。内部环境主要包括与管理会计建设和实施相关的价值创造模式、组织架构、管理模式、资源保障、信息系统等因素。外部环境主要包括国内外经济、市场、法律、行业等因素。

（1）内部环境

单位内部环境一般包括治理结构、机构设置及权责分配、内部审计、人力资源政策、企业文化等，从单位管理会计工作的角度来看，有条件的单位可以根据组织架构特点，建立健全能够满足管理会计活动所需的由财务、业务等相关人员组成的管理会计组织体系。比如，设置管理会计机构，组织开展管理会计工作。首先，单位可以根据管理模式确定责任主体，明确各层级以及各层级内的部门、岗位之间的管理会计责任权限，制定管理会计实施方案，以落实管理会计责任；其次，单位应从人力、财力、物力等方面做好资源保障工作，加强资源整合，提高资源利用效率效果，确保管理会计工作顺利开展；再次，单位需要注重管理会计理念、知识培训，加强管理会计人才培养；最后，单位应将管理会计信息化需求纳入信息系统规划，通过信息系统整合、改造或新建等途径，及时、高效地提供和管理相关的信息，推进管理会计实施。通过完善管理会计组织体系，开展单位管理会计工作。

（2）外部环境

单位在应用管理会计时，离不开国内外经济环境、市场环境、法律环境和不同行业的具体情况的影响，管理会计的产生本身也是随着科学的进步和经济的发展逐步形成和发展起来的，在此不再赘述。

2. 管理会计活动

管理会计活动是单位利用管理会计信息，运用管理会计工具方法，在规划、决策、控制、评价等方面服务于单位管理需要的相关活动。

单位应用管理会计，首先，应做好相关信息支持，参与战略规划拟定，从支持其定位、目标设定、实施方案选择等方面，为单位合理制定战略规划提供支撑；其次，应融合财务和业务等活动，及时充分提供和利用相关信息，支持单位各层级根据战略规划做出决策；再次，应设定定量定性标准，强化分析、沟通、协调、反馈等控制机制，支持和引导单位持续高质高效地实施单位战略规划；最后，应合理设计评价体系，基于管理会计信息等，评价单位战略规划实施情况，并以此为基础进行考核，完善激励机制；同时，对管理会计活动进行评估和完善，以持续改进管理会计应用。

3. 管理会计工具方法

管理会计工具方法是实现管理会计目标的具体手段。单位应用管理会计，应结合自身实际情况，根据管理特点和实践需要选择适用的管理会计工具方法，并加强管理会计工具方法的系统化、集成化应用。

管理会计工具方法具有开放性，随着实践发展不断丰富完善，目前，管理会计工具方法主要应用于以下领域：战略管理、预算管理、成本管理、营运管理、投融资管理、绩效管理、风险管理等。不同领域选用的工具方法也不同，《管理会计基本指引》第二十条指出：战略管理领域应用的管理会计工具方法包括但不限于战略地图、价值链管理等；预算管理领域应用的管理会计工具方法包括但不限于全面预算管理、滚动预算管理、作业预算管理、零基预算管理、弹性预算管理等；成本管理领域应用的管理会计工具方法包括但不限于目标成本管理、标准成本管理、变动成本管理、作业成本管理、生命周期成本管理等；营运管理领域应用的管理会计工具方法包括但不限于本量利分析、敏感性分析、边际分析、标杆管理等；投融资管理领域应用的管理会计工具方法包括但不限于贴现现金流法、项目管理、资本成本分析等；绩效管理领域应用的管理会计工具方法包括但不限于关键指标法、经济增加值、平衡计分卡等；风险管理领域应用的管理会计工具方法包括但不限于单位风险管理框架、风险矩阵模型等。

目前，财政部发布的《管理会计应用指引》涉及的管理会计工具方法如表 1-1 所示。

表 1-1　　　　　　　　　　　　管理会计工具方法

不同领域	具体指引
100-战略管理	101 战略地图
200-预算管理	201 滚动预算；202 零基预算；203 弹性预算；204 作业预算
300-成本管理	301 目标成本法；302 标准成本法；303 变动成本法；304 作业成本法
400-营运管理	401 本量利分析；402 敏感性分析；403 边际分析；404 内部转移定价；405 多维度盈利能力分析
500-投融资管理	501 贴现现金流法；502 项目管理；503 情景分析；504 约束资源优化
600-绩效管理	601 关键绩效指标法；602 经济增加值法；603 平衡计分卡；604 绩效棱柱模型
700-风险管理	701 风险矩阵；702 风险清单
其他	801 企业管理会计报告；802 管理会计信息系统；803 行政事业单位

随着管理会计理论体系的不断完善，表 1-1 的内容还在不断更新补充中。

4. 管理会计信息与报告

管理会计信息包括管理会计应用过程中所使用和生成的财务信息和非财务信息。单位应充分利用内外部各种渠道，通过采集、转换等多种方式，对管理会计基础信息进行加工、整理、分析和传递，获得相关、可靠、及时以及可理解的管理会计基础信息，以便于满足管理会计应用需要。

管理会计报告是管理会计活动成果的重要表现形式，旨在为报告使用者提供满足管理需要的信息。管理会计报告按期间可以分为定期报告和不定期报告，按内容可以分为综合性报告和专项报告等类别。单位可以根据管理需要和管理会计活动性质设定报告期间。一般应以公历期间作为报告期间，也可以根据特定需要设定报告期间。

五、管理会计师行为准则与职业道德

认识管理会计

从事管理会计实务的人员称为管理会计师。管理会计师对其服务的机构、行业，对公众以及其自己都有义务保持最高的职业道德规范。美国管理会计师协会（the Institute of Management Accountants，IMA）的前身——美国全国会计师协会下设的管理会计实践委员会认识到这项义务的重要性，于 1983 年颁布《管理会计师道德行为准则》，并于 2005 年修订了《管理会计师道德行为准则》。遵守这些准则与实现管理会计目标密切相关。管理会计师不应做出有悖于准则的行为，也不应容忍机构内的他人做出有悖于准则的行为。

管理会计师及行为
准则

1. 管理会计师行为准则

（1）专业能力（Competence）

专业能力主要包括：通过不断发展其知识和技能，以保持适当的职业胜任能力；遵循相关的法律、法规和技术标准，履行自己的职责；提供准确、清晰、简明和及时的决策支持信息和建议；识别并沟通有可能影响职业判断或职能履行的职业局限或限制；在对相关的和可靠的信息进行分析后，编制完整的、清晰的报告与建议书。

（2）保密（Confidentiality）

保密的内容主要包括：除法律规定外，未经批准不得披露工作过程中所获取的机密信息；告知下属应重视工作中所获取信息的机密性，并且监督下属的行为以保证其保守机密；禁止利用或变相利用在工作中所获取的机密信息为个人或通过第三方谋取不道德或非法利益。

（3）诚实正直（Integrity）

诚实正直主要包括：避免事实上或表面上可能引起的利益冲突，并对任何潜在冲突的各方提出忠告；不得从事道德上有损于履行职责的活动；拒绝接受影响或将影响做出正确行动的任何馈赠、优惠或接待；不得积极地或消极地破坏企业合法的、符合道德的目标；找出妨碍业务活动的可靠判断或顺利完成工作的限制与约束条件，并与有关方面进行沟通；告知有利和不利的信息以及职业的判断及意见；不得从事或支持各种有损企业的活动。

（4）客观性（Credibility）

客观性的内容主要包括：公正而客观地传达信息；充分披露相关信息，帮助使用者对所公布的报告、评论和建议获得正确的理解。

2. 管理会计师职业道德

管理会计人员报告的会计信息对管理人员的前程有重要影响，会计人员可能会迫于管理者的压力，披露不实的财务业绩信息，这样的行为肯定是不道德的。在道德行为准则应用中，管理会计师在非道德行为或解决道德冲突中可能会遇到一些问题。当面对重大道德问题时，管理会计师应该遵循企业制定的解决冲突的相关政策。如果这些政策不能解决道德冲突，管理会计师应该采取下列行动。

① 应先同直接上司讨论问题，除非直接上司也牵涉其中。在这种情况下，应该直接将问题递交给更高一级上司。如果递交的问题，没有达成满意的决议，要再将问题递交给更高一级的上司。

② 如果直接上司是首席执行官或者与其职务相当的人员，可认可的评估权威可以是审计委员

会、执行委员会、董事会、托管人委员会或者所有人等。

③ 除非法律另有规定，将这些问题递交给非雇佣的机构或者个人是不合适的。

④ 秘密会谈职业道德顾问或者其他中立的顾问等，讨论有关职业道德问题，能更好地理解可能的行为过程。

⑤ 同律师讨论职业道德相关的法律职责和权利。

 视野拓展

【案例】张先生是一家私营企业的财务主管，深得老板信任。王先生是同一家公司的一家部件制造厂的经理，该厂的产品主要满足公司内部生产需要，基本没有外销。最近张先生有些不知所措，其原因与王先生有关。原来，张先生与王先生除了是同事，两人也是大学校友、好朋友。上周末，公司助理管理会计师提交了一份需要张先生复核的报告，该报告是按照老板的要求编制的，关于下周公司董事会上将做出是否继续保留王先生负责的部件制造厂的决定，如果放弃部件制造厂，这将危及王先生的职位以及目前可观的年薪，王先生很有可能被迫另谋出路。幸运的是，助理管理会计师做出了保留该部件制造厂，同时可以节约成本57万元的结论。但是，张先生发现在助理管理会计师的分析中，计算过程有严重错误。如果按照正确的计算方法，自产部件的年成本要比外购高出39万元，因此，外购比自产更有利。王先生知道后，觉得这件事不仅关系到个人，更关系到工厂的其他工人，他们可能因此失去工作的机会。因此，他强烈要求张先生从工人利益出发，不要纠正原报告中的错误，老板可能也不会发现其中的问题，即使以后发现计算错误，40万元对他而言不算什么，张先生所需负的责任也不大。

【分析】我们仅从管理会计师行为准则的角度分析：首先，助理管理会计师的专业能力需要提升；其次，张先生违背了管理会计师行为准则中的保密、诚实正直和客观性原则，张先生作为公司的财务主管，应对公司老板负责，需要如实提供相关的财务信息，为公司管理者的决策提供依据；最后，王先生的行为也违反了职业道德规范。

【延伸】作为公司的财务主管，应具备哪些知识、能力和素质？怎样做才能符合管理会计师行为准则和遵循职业道德规范呢？

 提示

随着经济社会的发展，企业对管理会计的需求日益增长，管理会计的人才缺口很大。目前，管理会计专业人才资格认证有美国注册管理会计师（CMA），也有中国管理会计师认证考试，管理会计人才培养是管理会计体系建设中的关键。

 任务实施

任务资料和任务目标见本任务的"任务导入"，具体任务实施过程如下。

第一步，了解中国兵器装备集团公司基本信息，重点是企业如何融合财务活动和业务活动。

第二步，熟悉企业通过进行管理会计活动，提高企业经济效益时需要坚持的四大原则，即战略导向原则、融合性原则、适应性原则和成本效益原则。

第三步，掌握不同领域的管理会计工具方法。

任务二　成本性态分析

01

学习目标

素质目标：具备诚信品质、敬业精神、成本意识、责任意识，热爱管理会计工作。

知识目标：了解成本性态分析的方法及适用范围，掌握成本性态的含义及相关分类。

技能目标：能根据成本性态理论进行成本性态分析。

任务导入

任务资料： 华强有限公司本年度计划产销其甲产品 10 万件。固定成本总额为 30 万元，计划利润为 10 万元，本年度实际生产销售甲产品 12 万件，固定成本与售价均不变的情况下，实现利润 12 万元。该公司副总经理对本年度利润计划完成情况评价结果为超额完成了计划，而该公司的会计主管却说本年度利润计划完成情况不好，公司在某些方面肯定存在着问题。到底谁的分析更具说服力呢？

任务目标：

① 分析华强有限公司副总经理对本年度利润计划完成情况的评价标准。

② 分析华强有限公司会计主管对本年度利润计划完成情况的评价标准。

知识准备

成本是反映企业生产经营活动绩效的重要指标，在经济学中，成本的价格相当于商品的价值（$c+v+m$）中的 $c+v$，即物化的劳动价值（c）和劳动者创造的劳动力的价值（v）的和。成本是综合反映企业生产经营活动绩效的重要指标。

成本的概念

一、成本的概念

财务会计中的成本有狭义和广义之分。狭义的成本主要是指以价值表现的各种耗费的补偿，一般指产品制造成本。广义的成本，包括狭义成本及为生产管理和经营活动发生的费用。在管理会计中，成本是指企业在生产经营过程中对象化的、以货币形式表现的、为达到一定目的而应当或可能发生的各种经济资源的价值牺牲或代价。

二、成本性态及相关分类

成本性态，也称成本习性，是指在一定条件下，成本总额与业务量之间的依存关系，即业务量变动与其相应的成本变动之间的内在联系。这里的业务量是指企业在一定的生产经营期内投入或完成的工作量的统称。有实物量的，如投产量、产出量、销售量等；有价值量的，如销售收入、产值、成本等；有时间量的，如人工工时、机器工时等。成本按成本性态分类，可以分为固定成本、变动成本和混合成本三大类。

1. 固定成本

（1）固定成本的概念

固定成本是指成本总额在相关范围内不受业务量增减变动影响而固定不变的成本。工业企业中，固定成本主要包括：生产成本中列入制造费用中不随产量变动的办公费、差旅费、折旧费、劳动保护费、管理人员的薪金和租赁费等；销售费用中不受销量影响的销售人员薪金、广告费和折旧费等；管理费用中不受产量或销量影响的企业管理人员薪酬、折旧费、租赁费、保险费和城镇土地使用税等；财务费用中不受产量或销量影响的各期的利息支出。

（2）固定成本的特点

为了便于建立数学模型进行定量分析，设业务量为 x，成本为 y，固定成本总额为 a。固定成本的特点如下。

在相关范围内，固定成本总额保持不变；其总成本模型为 $y=a$，在直角坐标系中表现为一条平行于横轴的直线，如图 1-1 所示。

在相关范围内，单位固定成本与业务量成反比例变动；固定成本具有总额不变的特征，使单位产品分摊的固定成本随着业务量的变动而成反比例变动，单位固定成本模型为 $y'=a/x$，在直角坐标系中表现为一条递减的曲线，如图 1-2 所示。

成本性态及相关分类

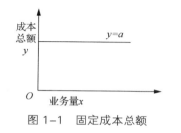

图 1-1　固定成本总额

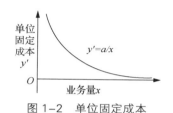

图 1-2　单位固定成本

（3）固定成本的分类

在实际工作中，为了加强固定成本的管理和控制，寻找降低固定成本的途径，按照其受企业短期决策约束的程度，固定成本可进一步细分为约束性固定成本和酌量性固定成本两类。

约束性固定成本也称经营能力成本，是指与生产能力直接相关且很难控制并改变其数额的固定成本。如保险费、照明费、管理人员薪金、固定资产折旧费等。约束性固定成本反映的是形成和维持企业最起码的生产经营能力的成本，企业的生产经营能力一旦形成，短期内不能随意改变，如果降低这类成本将会引起企业生产经营能力的降低，也就是会破坏企业的正常生产力，影响企业长期目标的实现，因此，这类成本具有较大的约束性。

酌量性固定成本也称选择性固定成本，是指企业管理部门可以控制并改变其数额的固定成本，如广告宣传费、职工培训费、新产品的开发费和经营性租赁费等。这类成本直接受管理者短期决策的影响，在一定的预算执行期内，这类成本跟当期的业务量没有关系，但是管理者可以根据未来的实际需要进行调整，从节约成本的角度看，在不影响生产经营的前提下，可以减少这部分支出。

需要注意，固定成本在某一特定业务量水平上保持固定性，当这一特定业务量发生变化时，如企业通过增设厂房或更新设备扩大了规模，这时候相应的成本费用也会增加，即成本总额增加。

2．变动成本

（1）变动成本的概念

变动成本是指在相关范围内，其成本总额随着业务量的变动而成正比例变动的成本。如生产成本中直接用于产品制造的与产量成正比的原材料、燃料动力费，即直接材料；与加工数量成正比的加工费，按照产量计提的折旧费，单纯计件或计时的人工费，即直接人工；按照销售量支付的销售费用、管理费用和财务费用等。

（2）变动成本的特点

如前所述，建立数学模型进行定量分析，设业务量为 x，成本为 y，单位变动成本为 b。变动成本的特点如下。

在相关范围内，变动成本总额与业务量成正比例变动；其成本模型为 $y=bx$，在直角坐标系中，变动成本表现为一条以单位变动成本为斜率的过原点的直线，单位变动成本越大，即斜率越大，直线越陡，如图 1-3 所示。

在相关范围内，单位变动成本固定不变；单位变动成本的模型为 $y'=b$，变动成本总额的正比例变化，使单位变动成本不受业务量增减变化的影响而保持不变，在直角坐标系中，单位变动成本是一条平行于横轴的直线，如图 1-4 所示。

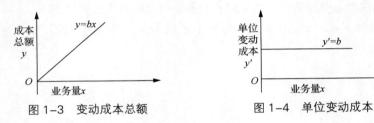

图 1-3 变动成本总额   图 1-4 单位变动成本

（3）变动成本的分类

变动成本根据其发生原因的不同，可进一步分为约束性变动成本和酌量性变动成本，区分它的目的也是寻求降低变动成本的途径。

约束性变动成本也称为技术性变动成本，是指与产量有明确的生产技术或产品结构设计关系的变动成本，它是利用生产能力所必须发生的成本。如一部汽车需要装配一套发动机配件、一套传动系配件、一套制动系配件、一套转向系配件、一套行驶系配件等。固定成本给企业带来生产能力，如果不利用，不生产产品，就不会发生约束性变动成本，如果生产能力利用得越充分，这种成本发生得就越多。如果要想降低这类成本，需通过改进设计，改革工艺技术，进行技术革新和技术革命，提高材料综合利用率、劳动生产率和产出率。

酌量性变动成本是指可以通过管理决策行动改变的变动成本，这些成本的发生主要是为了提升竞争能力或改善企业形象，它的支出是由管理者综合判断决定的，一经确定，其支出额会随着业务量成正比例变动。要想降低这类成本，可以通过合理的决策，降低材料采购成本，优化组合，控制成本。

同样需要强调的是，变动成本表现为产品生产的增量成本，其与业务量的线性关系是在某一业务量范围内的，当超过这一范围的时候，变动成本与业务量的关系表现为非线性关系。

3. 混合成本

混合成本是指兼具固定成本和变动成本两种性质的成本，其成本总额因业务量的变化而变化，但不成正比例变动。混合成本一般可以进一步分为半变动成本、阶梯式成本和延期变动成本。

（1）半变动成本

半变动成本是指在初始成本的基础上随业务量成正比例增长的成本。比如，电费、水费、电话费、煤气费、机器设备的维修费等。

半变动成本的特点是：当业务量为零时，成本总额有一个初始量（表现为一个固定的基数），

01

体现出固定成本特性；当业务量不断增加时，成本总额相应成正比例增加，呈现出变动成本特性。半变动成本如图 1-5 所示。

（2）阶梯式成本

阶梯式成本也称为半固定成本，是指成本总额随业务量呈阶梯式增长的成本。比如，与数量相关的保养员、化验员、检验员、送货员、领料员的工资，受开工班次影响的动力费、整车运输费用、检验人员工资等。

阶梯式成本的特点是：在一定业务量范围内，其成本总额是固定的；当业务量超过一定限度，其发生额就突然跳跃到一个新的水平，并在业务量增长的一定限度内保持不变，直到出现另一个新的跳跃为止，从而形成类似阶梯状的变动轨迹。阶梯式成本如图 1-6 所示。

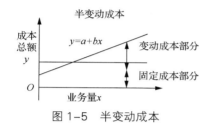

图 1-5　半变动成本

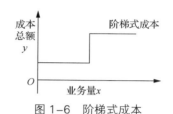

图 1-6　阶梯式成本

（3）延期变动成本

延期变动成本是指成本总额在一定业务量范围内保持不变，当业务量超过这一范围，成本总额随业务量成正比例变动的成本，呈现出变动成本特性。如在正常业务量情况下给员工支付固定月工资，当业务量超过正常水平后则需支付加班费。

延期变动成本的特点是：在某一业务量下表现为固定成本，超过这一业务量则成为变动成本。延期变动成本如图 1-7 所示。

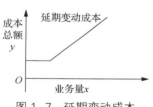

图 1-7　延期变动成本

 视野拓展

【小思考】同学们，在日常学习和生活中，我们经常会有各种各样的花费，请同学们试着区分以下费用，指出哪些是固定成本，哪些是变动成本，哪些是混合成本。常见的费用支出有学费、住宿费、保险费、交通费、通信费、生活费、教材费、水电费、培训费等。正确区分这些费用，才能有的放矢地做好成本的控制。

三、成本性态分析

成本性态分析是指在明确各种成本的性态基础上，按照一定的程序和方法，最终将全部成本区分为固定成本和变动成本两大类，并建立相应成本函数模型 $y=a+bx$ 的过程。成本性态分析是管理会计的一项基本工作，通过成本性态分析，可以从定性和定量两方面把握成本各个组成部分与业务量之间的依存关系和变动规律，从而为应用变动成本法，开展本量利分析，进行短期决策、预测分析、全面预算、标准成本管理打好基础。

进行成本性态分析，假设固定成本和变动成本都处在相关范围内，总成本只是一种业务量的函数。为简化分析，假定总成本可以近似地用一元线性方程 $y=a+bx$ 来描述（其中，a 代表固定成本总额，即真正意义的固定成本和混合成本中的固定部分之和，bx 代表变动成本总额，即真正意义的变动成本和混合成本中的变动部分之和），如图1-8所示。

混合成本的分解方法主要包括高低点法、散布图法、回归直线法、技术测定法、账户分析法和合同确认法，其中前三种方法在历史数据的基础上进行分解，后三种方法通过直接分析的方法进行分解。

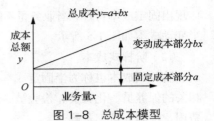

图1-8 总成本模型

1. 高低点法

高低点法是历史成本法中最简单的一种分解方法，它是根据一定时期内各业务量与相关成本构成的坐标系，从中找到业务量的最高点和最低点，再根据其与对应成本的关系，来推算固定成本和单位变动成本的一种成本性态分析方法。

高低点法的具体步骤如下：首先，在已知的历史成本资料中，找出高点业务量（x_1）及对应成本（y_1），组成高点坐标（x_1，y_1），找出低点业务量（x_2）及对应成本（y_2），组成低点坐标（x_2，y_2）；其次，根据两点计算单位变动成本（或混合成本的变动部分的单位数值）b值。

$$b=\frac{y_1-y_2}{x_1-x_2}=\frac{高低点成本之差}{高低点业务量之差}$$

再次，计算固定成本（或混合成本中的固定部分）a，$a=y_i-bx_i(i=1或2)$

即：

$$a=低点成本-b×低点业务量$$
$$a=高点成本-b×高点业务量$$

最后，将a和b值代入$y=a+bx$中，建立成本性态模型。

高低点法的特点：计算简单，便于理解，但它只采用了历史成本资料中的高点和低点两组数据，故代表性较差，存在较大误差；只适用于成本变化趋势比较平稳的单位。

【例1-1】某公司202×年7—12月设备工作时间与设备维修费的历史数据资料如表1-2所示。

表1-2　　　　　　　　202×年7—12月设备工作时间与设备维修费

月份	设备工作时间/时	设备维修费/元
7	580	2 760
8	500	2 500
9	660	3 200
10	700	3 450
11	780	3 300
12	900	3 700
合计	4 120	18 910

要求：（1）采用高低点法对该公司的设备维修费进行分解并建立混合成本模型。

（2）假设下一年1月设备工作时间为860小时，预测该公司的设备维修费。

解析：

（1）确定该公司某年7—12月中设备工作时间最高和最低的月份，以及相应的混合成本。最高点确定在12月，此时设备的工作时间为900小时，维修费为3 700元；最低点在8月，此时设备的工作时间为500小时，维修费为2 500元。

$b=$（3 700-2 500）÷（900-500）=3（元/时）

$a=$3 700-3×900=1 000（元）或者$a=$2 500-3×500=1 000（元）

代入 a、b 值，建立混合成本模型：$y=1\,000+3x$

（2）将下一年 1 月设备工作时间 860 小时代入混合成本模型：$y=1\,000+3\times860=3\,580$（元）。

2. 散布图法

散布图法是指将企业一定时期内业务量以及与之相对应的混合成本的历史数据标注在坐标图上，通过目测画一条尽可能接近所有坐标点并能反映成本变动趋势的直线，据此来推算固定成本（a）和单位变动成本（b）的一种方法。

【例 1-2】沿用【例 1-1】资料。

要求：采用散布图法对该公司的设备维修费进行分解，并建立混合成本模型。

解析：根据表 1-2 中的设备工作时间与设备维修费的数据，用点标记在坐标系中，并绘制散布图，如图 1-9 所示。

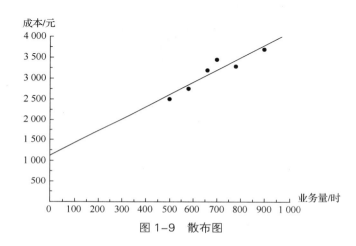

图 1-9　散布图

从图 1-9 中可以看出，直线与纵坐标相交的点为固定成本，约为 1 100 元。将其值代入混合成本公式并移项得：$b=$（3 700-1 100）÷900=2.9（元/时）

或：$b=$（2 760-1 100）÷580=2.9（元/时）

代入 a，b 值，建立混合成本模型 $y=1\,000+2.9x$

3. 回归直线法

回归直线法也称为最小平方法，是根据一系列历史成本资料，用数学的最小平方法原理，计算能代表平均成本水平的直线截距和斜率，以其作为固定成本（a）和单位变动成本（b）的一种成本估计方法。

回归直线法的基本步骤：首先，找到 n 期的历史数据资料。其次，用列表法对历史资料加工，求出 n、$\sum x$、$\sum y$、$\sum x^2$、$\sum xy$、$\sum y^2$ 的值，根据相关系数 r，判断 y 与 x 之间的相关性，

$$r=\frac{n\sum xy-\sum x\sum y}{\sqrt{\left[n\sum x^2-(\sum x)^2\right]\left[n\sum y^2-(\sum y)^2\right]}}$$（r 的取值范围一般为-1～+1，$r=-1$ 时，说明 x 与 y 之间

完全负相关，$r=0$ 时，说明 x 与 y 之间不存在线性关系，$r=+1$ 时，说明 x 与 y 之间完全正相关）。一般地，只要 r 接近于 1，就认为 x 与 y 基本正相关，可以使用回归直线法；最后，计算回归系数 a 和 b。

$$b=\frac{n\sum xy-\sum x\sum y}{n\sum x^2-\left(\sum x\right)^2}$$

$$a=\frac{\sum y-b\sum x}{n}$$

按照公式求出 a，b 值，将 a 和 b 值代入，建立成本性态模型 $y=a+bx$。

【例 1-3】沿用【例 1-1】资料。

要求： 采用回归直线法对该公司的设备维修费进行分解，并建立混合成本模型。

解析：

（1）对已知的资料进行加工，计算过程及结果如表 1-3 所示。

表 1-3 计算结果

月份	x	y	x^2	xy	y^2
7	580	2 760	336 400	1 600 800	7 617 600
8	500	2 500	250 000	1 250 000	6 250 000
9	660	3 200	435 600	2 112 000	10 240 000
10	700	3 450	490 000	2 415 000	11 902 500
11	780	3 300	608 400	2 574 000	10 890 000
12	900	3 700	810 000	3 330 000	13 690 000
$n=6$	$\sum x=4\,120$	$\sum y=18\,910$	$\sum x^2=2\,930\,400$	$\sum xy=13\,281\,800$	$\sum y^2=60\,590\,100$

（2）计算相关系数。

相关系数 $r=\dfrac{6\times13\,281\,800-4\,120\times18\,910}{\sqrt{(6\times2\,930\,400-4\,120^2)\times(6\times60\,590\,100-18\,910^2)}}\approx0.936\,5$

r 接近 1，所以，x、y 具有线性关系。

将计算结果代入公式得到：

$$b=\frac{6\times13\,281\,800-4\,120\times18\,910}{6\times2\,930\,400-4\,120^2}=2.93（元/时）$$

$$a=\frac{18\,910-2.93\times4\,120}{6}=1\,139.73（元）$$

代入 $y=a+bx$，得到：$y=1\,139.73+2.93x$

回归直线法运用数学方法分析历史数据，计算结果比前两种方法要准确，但是计算工作量大，比较麻烦。如果借助现代电子计算机技术，可以减少计算的工作量。

在实际应用时，高低点法、散布图法和回归直线法是历史成本分析方法，这类方法要求企业资料齐全，成本数据和业务量的资料要同期配套，具有相关性，并以企业未来的成本和历史成本具有高度相似性为前提，此类方法适用于生产条件比较稳定、成本水平波动不大，历史资料比较完备的企业。散布图法是根据历史数据画直线，然后通过目测的方式进行成本分解的，存在人为的误差，会影响分析结果。

4. 技术测定法

技术测定法也称为工程分析法，是指企业根据生产过程中各种材料和人工成本消耗量的技术测定来划分固定成本和变动成本的方法。技术测定法仅适用于投入成本和产出数量之间有规律性

01

联系的成本分解。技术测定法的具体步骤如下。

首先，选择需要研究的成本项目；其次，观察现行方法并记录全部事实，主要是投入的成本和产出的数量；再次，进行全面的科学分析，研究出最实用、最有效、最经济的新的方法；最后，把新的方法确定为标准的方法，并测定新方法下每项投入成本，将与产量有关的部分归集为单位变动成本，将与产量无关的部分归集为固定成本。

技术测定法可以在没有历史成本数据、历史成本数据不可靠，或者需要对历史成本分析结论进行验证的情况下使用。尤其是在建立标准成本和制定预算时，使用技术测定法比历史成本分析方法更加科学。

【例 1-4】某工业企业选择燃料成本作为研究对象。燃料用于铸造工段的熔炉，具体分为点火（耗用劈柴和焦炭）和熔化铁水（耗用焦炭）两项操作。对这两项操作进行观测和技术测定，寻找最佳的操作方法。按照最佳的操作方法，每次点火要耗用劈柴 0.15 吨、焦炭 1.7 吨，熔化 1 吨铁水要耗用焦炭 0.2 吨；每个工作日点火一次，全月工作 25 天，点火燃料属于固定成本；熔化铁水所用燃料与产量相联系，属于变动成本。劈柴每吨价格为 400 元，焦炭每吨价格为 1 500 元。

要求：试用技术测定法确定该企业燃料成本的成本性态模型。

解析：根据上述资料计算燃料成本如下。

每日固定成本=0.15×400 +1.7×1 500=2 610（元）

每月固定成本=2 610×25=65 250（元）

每吨铸件变动成本=0.2×1 500=300（元）

设燃料总成本为 y 元，产量为 x 吨，则每月燃料总成本为：$y=65\ 250+300x$

5. 账户分析法

账户分析法又称会计分析法，是指企业根据有关成本、费用账户及其明细账的内容，结合其与产量的依存关系，判断其比较接近哪一类成本，从而确定其为哪一类成本的方法。账户分析法较为简便易行，但比较粗糙且带有主观判断。

【例 1-5】假设乙企业的某一生产车间只生产一种产品，3 月生产了 1 000 件产品，该车间的成本数据如表 1-4 所示。

表 1-4　　　　　　　　　　企业相关成本数据　　　　　　　　　　单位：元

账户	总成本
生产成本——直接材料	24 000
生产成本——直接人工	3 000
制造费用——燃料动力	1 200
制造费用——折旧费	2 000

根据各项费用与产量的关系，生产成本中的直接材料费用、直接人工费用和制造费用中的燃料动力费属于变动成本，与业务量成正比例关系；制造费用中的折旧费属于固定成本，不随业务量变化，保持不变。该车间的总成本被分解为固定成本和变动成本两部分。

要求：列出乙企业生产车间的成本性模型。

解析：根据表 1-4 的数据，固定成本总额 a 为 2 000 元，变动成本总额为 28 200 元，该车间 3 月产量为 1 000 件。

单位变动成本 b=（24 000+3 000+1 200）÷1 000=28 200÷1 000=28.2（元/件）

则该车间的成本性态模型为：y=2 000+28.2x

6. 合同确认法

合同确认法是企业根据订立的经济合同或协议中关于支付费用的规定，来确认并估算哪些项目属于变动成本，哪些项目属于固定成本的方法。合同确认法一般要配合账户分析法使用。

【例1-6】丙公司每月变压器费用为6 000元，供电公司收取电费为0.6元/千瓦·时，平时每月照明用电为1 000千瓦·时，每件产品平均耗电7千瓦·时。

要求：列出该公司电费的成本模型。

解析：设每月电费总成本为 y，每月固定电费成本为 a，单位电费成本为 b，x 为生产产品数量，则有：

a=6 000+1 000×0.6=6 600（元）

b=7×0.6=4.2（元/件）

丙公司电费总成本性态模型为：y=6 600+4.2x

> **提示**
>
> 成本性态分析是变动成本法的应用前提，是本量利分析的基础，是进行短期经营决策的基础，也是正确评价企业各部门业绩的标准，但是成本性态分析也有一定的局限性：一是"相关范围"的限定；二是成本与业务量之间完全线性的假定。

任务实施

任务资料和任务目标见本任务的"任务导入"，具体任务实施过程如下。

第一步，分析华强有限公司副总经理对本年度利润计划完成情况的评价标准。

公司副总经理从利润总额增加这一个指标判断本年利润完成情况，因公司实际利润12万元，超过计划利润10万元，因此公司副总经理认为超额完成了计划。

第二步，分析华强有限公司会计主管对本年度利润计划完成情况的评价标准。

华强公司会计主管可能从成本性态的角度，对公司实现的利润进行了本量利分析。

① 原利润计划下，边际贡献总额为40万元，单位边际贡献为4元/件。

② 固定成本和单价不变的情况下，实际完成情况是边际贡献总额为42万元，单位边际贡献为3.5元/件，单位边际贡献降低了0.5元/件，也就意味着单位变动成本增加了0.5元/件。

③ 公司超额完成利润指标的同时，每生产一件产品的成本也上升了。

因此，会计主管认为公司利润计划完成得不够好。

课后巩固与提升

一、单项选择题

1. 现代会计包括财务会计和（　　　）两个分支。

　　A. 管理会计　　　　B. 成本会计　　　　C. 国际会计　　　　D. 财务管理

2. 管理会计的服务对象侧重于（　　　）。

    A. 投资人 　　　　　　　　　　　　B. 债权人

    C. 企业内部管理人员 　　　　　　　D. 政府机关

3. 管理会计的最终目的是（　　　）。

    A. 规划经营目标 　　　　　　　　　B. 提高经济效益

    C. 真实反映企业经济现状 　　　　　D. 编报会计报表

4. 成本按照经济用途分类，可以分为（　　　）。

    A. 总成本和单位成本 　　　　　　　B. 生产成本和非生产成本

    C. 固定成本和变动成本 　　　　　　D. 相关成本和非相关成本

5. 在相关范围内，业务量增加时，变动成本总额会（　　　）。

    A. 直线上升 　　　B. 保持不变 　　　C. 直线下降 　　　D. 先上升后下降

二、多项选择题

1. 管理会计产生与发展的原因有（　　　）。

    A. 西方资本主义的必然产物 　　　　B. 社会生产发展到一定阶段的产物

    C. 企业管理上的客观需要 　　　　　D. 对相关学科研究成果的吸收与应用

2. 我国《管理会计基本指引》规定的管理会计原则有（　　　）。

    A. 战略导向原则 　　　　　　　　　B. 融合性原则

    C. 适应性原则 　　　　　　　　　　D. 成本效益原则

3. 管理会计与财务会计的区别在于（　　　）。

    A. 服务对象不同 　　　　　　　　　B. 核算方法不同

    C. 工作目的不同 　　　　　　　　　D. 体系完善程度不同

4. 管理会计的作用体现在（　　　）等方面。

    A. 预测 　　　　　B. 控制 　　　　　C. 决策 　　　　　D. 考核和评价

5. 固定成本的特点有（　　　）。

    A. 单位固定成本的反比例变动性 　　B. 固定成本总额的不变性

    C. 固定成本总额的正比例变动性 　　D. 单位固定成本的不变性

6. 历史成本分析方法具体包括（　　　）。

    A. 高低点法 　　　B. 散布图法 　　　C. 回归直线法 　　　D. 技术测定法

三、判断题

1. 管理会计的最终目的是强化企业内部经营管理，提高经济效益。（　　　）

2. 财务会计工作既可以以整个企业为工作主体，也可以以企业的某一管理环节为工作主体。

（　　　）

3. 管理会计和财务会计一样，应定期对外编制报告。（　　　）

4. 成本性态是指成本总额与特定业务量之间在数量上的依存关系。（　　　）

5. 固定成本总额和单位固定成本不受业务量变动的影响，保持不变。（　　　）

6. 高低点法的优点是计算精度高，缺点是计算过程比较复杂。（　　　）

四、计算分析题

丁企业半年的产量和生产成本如表 1-5 所示。

表 1–5   半年的产量和生产成本资料

月份	产量/件	生产成本/元
1	12	2 200
2	16	2 300
3	8	1 700
4	14	2 100
5	18	2 400
6	15	2 510

要求：（1）采用高低点法进行成本性态分析。

（2）采用回归直线法进行成本性态分析。

项目二

战略管理

案例导读 ↓

华为改变了策略，有所为，有所不为

华为正式任命余承东为华为云总负责人，这标志着华为的重大战略转变，将传统的手机业务转化到"云手机"平台。

芯片市场动荡，华为手机出货量 2020 年第四季度相比第三季度下降了约 40%。华为实施重大战略转变，将传统的手机业务转化到"云手机"平台。华为改变了策略，有所为，有所不为：既然传统手机业务短期内难有起色，那么就发展别的业务。

华为云已经做了一段时间，而且出了一些成果，但是华为勇争行业前列位置，对目前的成果是不满意的。云计算、云技术是一个大市场，而且属于高科技领域，而华为又需要开辟新的业务增长点，因此，华为云将在华为担当大任。

华为采用"两条腿走路"，"一条腿"走芯片国产化之路，"一条腿"大力发展云技术。只要云技术做好了，云端就相当于一台超级计算机，能同时给亿万台手机提供计算支持，就算是用低端芯片制造出来的手机，其性能也比其他品牌用高端芯片制造的手机好。

只要华为把云技术做好，光刻机、高端芯片就挡不住华为前进的步伐。华为要想在云技术上取得重大突破，需要付出巨大的努力。也许这一任务不是短时间能完成的，但是这是一个摆脱高端芯片制约的好方法，为什么不用？

努力了不一定会成功，但是不努力，就不会成功。朝着正确的方向努力，全力以赴，华为成功的希望还是很大的。

思维导图 ↓

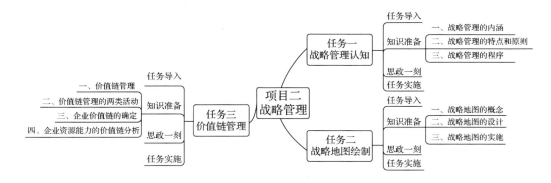

任务一　战略管理认知

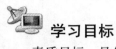 **学习目标**

　　素质目标：具备敬业精神、责任意识、格局思维，热爱管理会计工作。

　　知识目标：了解战略管理的内涵，掌握战略管理的特点和原则，熟悉战略管理的程序。

　　技能目标：能正确理解战略管理的特点及原则，掌握战略管理的程序。

02

 **任务导入**

　　任务资料：为适应信息行业正在发生的革命性变化，华为做出面向客户的战略调整，华为的创新将从电信运营商网络向企业业务、消费者领域延伸，协同发展"云-管-端"业务，积极提供大容量和智能化的信息管道、丰富多彩的智能终端以及新一代业务平台和应用，给世界带来高效、绿色、创新的信息化应用和体验。

　　华为的管道建设全球领先，以管道为树干的华为战略树苗壮了。

　　华为整体战略是大树，大数据就是树干，云是管道，运营商和企业客户是树上挂着的果，大树的根是最终客户的需求。只有最终客户才是华为这棵大树的根。

　　任务目标：

　　① 了解华为为适应信息行业变化调整的战略。

　　② 了解华为战略制定的程序。

 知识准备

　　政策依据：《管理会计基本指引》《管理会计应用指引第 100 号——战略管理》。

　　"战略"一词来源于军事，指军事家们对战争全局的规划和指挥，或指导重大军事活动的方针、政策和方法。

一、战略管理的内涵

　　随着生产力水平的不断提高和社会实践的不断丰富，"战略"一词被广泛应用于军事之外。1962 年，美国学者钱德勒（Chandler A. D.）在其《战略与结构》一书中，将战略定义为：战略是确定企业基本长期目标、选择行动途径和为实现这些目标进行资源分配。这标志着"战略"一词被正式引入企业经营管理领域，由此形成了企业战略的概念。在此之后，企业战略被赋予了不同的含义。

　　亨利·明茨伯格（Henry Mintzberg）归纳总结出对战略的五个定义，从不同角度充分阐述战略，战略是计划（plan）、计谋（ploy）、模式（pattern）、定位（position）和观念（perspective）。战略是计划，是有意识的、正式的、有预计的行动程序，计划在先，行动在后；战略是计谋，是威胁和战胜竞争者的计谋和谋略；战略是模式，决定企业已经做了什么和正在做什么；战略是定位，有利于企业在环境中找到一个有利于企业生存与发展的"位置"；战略是观念，是深藏于企业内部、企业主要领导者头脑中的感知世界的方式。结合《管理会计应用指引第 100 号——战略管理》第二条，战略是指企业从全局考虑做出的长远性的谋划。企业战略一般分为三个层次，包括选择可竞争的经营领域的总体战略、某经营领域具体竞争策略的业务单位战略（也称竞争战略）和涉及各职能部门的职能战略，如图 2-1 所示。

图 2-1　战略层次

总体战略又称公司层战略，在大中型企业里，特别是经营多项业务的企业里，总体战略是企业最高层次的战略。它需要根据企业的目标，选择企业可以竞争的经营领域，合理配置企业经营所必需的资源，使各项经营业务相互支持、相互协调。总体战略一般涉及整个企业的财务结构和组织结构方面的问题。业务单位战略是企业的二级战略，它涉及各业务单位的主管及相关的辅助人员。他们的主要任务是将总体战略所包括的企业目标、发展方向和措施具体化，形成本业务单位具体的竞争与经营战略。对单一业务的企业，总体战略和业务单位战略是相同的，即合二为一。对业务多元化的企业，总体战略和业务单位战略是不同层次的战略。职能战略，又称职能层战略，主要涉及企业中的各职能部门，如销售、财务、生产、研发、人力资源、信息技术等，其作用是更好地配置企业内部资源，为各级战略服务，并提高组织效率。在职能战略中，协同作用非常重要：首先，体现在单个职能中各种活动的协调性与一致性；其次，体现在各个不同职能战略和业务流程或活动之间的协调性与一致性。

战略管理的内涵

三个层次的战略都是企业战略管理的重要组成部分，但侧重点和影响的范围有所不同。

战略管理一词是由安索夫（Ansoff H.I）在其 1976 年出版的《从战略规划到战略管理》一书中首先提出来的。1979 年，安索夫又出版了《战略管理》。他认为，战略管理是指将企业的日常业务决策同长期计划决策相结合而形成的一系列经营管理业务。美国学者斯坦纳（Steiner G.A.）在 1982 年出版的《企业政策与战略》一书中认为，战略管理是根据企业外部环境和内部条件确定企业目标，保证目标的正确落实并使企业使命最终得以实现的一个动态过程。

根据《管理会计应用指引第 100 号——战略管理》的内容，战略管理是指对企业全局的、长远的发展方向、目标、任务和政策，以及资源配置做出决策和管理的过程。

二、战略管理的特点和原则

1. 战略管理的特点

企业外部环境的变化，使企业管理中的现代战略管理发生了重大的飞跃。与传统的职能管理相比，战略管理具有以下特点。

（1）管理对象的全面性

战略管理为企业的发展指明了基本的方向和前进的道路，是各种管理活动的精髓。战略管理不仅涉及研发、生产、人力资源、财务和市场等具体的职能部门，而且还通过制定企业使命、目标和战略统领各个职能部门的竞争战略和企业战略，战略管理强调某一部门或单位的整体活动，也强调它们协调一致的总体效果。

（2）管理主体的特定性

战略管理对企业现在及未来的整体经营活动进行规划和管理，需要企业各个阶层的管理者及员工的参与。但是，对于战略的制定、实施和评价，高层管理者比其他的管理者具有明显的优势，他们不仅了解企业的整体状况，也能根据战略方向分配资源，协调各个职能部门完成企业的战略目标。另外，高层管理者也能站在企业全局的角度，为企业的生存与长远发展进行规划。

（3）管理过程的动态性

战略管理是企业根据目前的内外部环境对企业的生产经营活动所做的决策和相关的实施方案，目的是实现企业的战略目标；但是企业面临的内外部环境在不断变化，新材料、新设备、新工艺和新技术的不断涌现，信息化、智能化的不断发展，都使企业面对新的挑战，同时也会有新的机遇出现，企业的战略管理也不能一成不变，企业需要及时地了解、研究和应对。因此，战略管理过程具有动态性。

2．战略管理的原则

从战略管理的特点看，战略管理是通过对内外部环境的分析，结合企业自身条件，确定企业使命和战略目标，并保持它们的动态平衡的管理活动。企业在进行战略管理时，一般应遵循以下原则。

（1）目标可行原则

战略目标是企业经营所追求的目标，这个目标在设定的时候，都具有一定的前瞻性和适当的挑战性。目标不是设定得越宏伟越好，"理想"和"目标"是不同的概念，"理想"是一种向往的境界，"目标"是通过一定的努力可以实现的。当然，目标也有长期目标和短期目标之分：长期目标的实现一定是在短期目标逐步实现的基础上实现的；反过来，短期目标要和长期目标的方向相同，能够有效衔接。

（2）资源匹配原则

战略目标的实现，离不开充足的资源的支持，但是企业的资源都是有限的，不能无限满足各个职能部门对资源的需求。因此，资源需要统筹规划，企业应根据各业务部门的战略目标进行匹配，以使有限资源能够充足利用，为企业战略目标的实现提供有力保障。

（3）责任落实原则

战略目标的实现，除了需要有充足的资源保障，同时也需要根据实际情况对各层的战略目标进行责任分解，确定责任，落实责任到具体的责任中心甚至是落实到具体的个人。企业职能部门及相关人员都明晰了自己的责任，才能保证战略目标的层层实现。

（4）协同管理原则

企业的战略目标可以分为不同的层次，不同层次间战略目标是相互联系、相互制约的，在相同层次的不同责任主体之间除了相互促进外，还存在一定的竞争关系。企业要实现整体的战略目标，不同责任主体的目标是基础，其需要在竞争中相互协作，通过各部门之间的协同管理，有效提高资源使用的效率和效果，为整体战略目标的实现而共同努力。如企业在制定战略目标后，在战略落地的过程中，某些管理层的老领导、老员工会打折扣地执行，这就是战略协同的问题。

三、战略管理的程序

根据《管理会计应用指引第 100 号——战略管理》第三章，战略管理的程序包括战略分析、战略制定、战略实施、战略评价和控制、战略调整等。

1．战略分析

通过战略分析，了解企业所处的环境和相对的竞争地位。战略分析主要是从内部环境和外部环境进行分析，判断影响企业目前和今后发展的关键因素。企业进行环境分析时，可应用态势分析法（Strength，Weakness，Opportunity，Threat，SWOT 分析）、波特五力分析和波士顿矩阵分析法等方法，分析企业的发展机会和竞争力，以及各业务流程在价值创造中的优势和劣势，并对每一业务流程按照其优势强弱划分等级，为制定战略目标奠定基础。

从企业战略角度分析企业的外部环境，主要包括宏观环境、产业环境和竞争环境分析几个方面，把握环境的现状及变化趋势，从中发现企业发展的机会，避开环境可能带来的威胁。一般说来，宏观环境因素可以概括为政治和法律因素、经济因素、社会和文化因素、技术因素等；产业环境包括产品生命周期（导入期、成长期、成熟期、衰退期）、波特五力分析和成功关键因素分析；竞争环境分析是从不同角度分析竞争对手，包括个别企业角度和产业竞争结构角度两个方面。

企业内部环境分析需要从企业所拥有的资源、企业配置资源的能力及企业核心竞争力的角度进行。通过分析，识别哪些资源是企业实行目标的优势，哪些是限制或约束企业目标实现的劣势。

环境分析常用的工具有态势分析法（SWOT 分析）、波特五力分析、波士顿矩阵分析法等。

（1）态势分析法

态势分析法，简称"SWOT 分析"，是指基于内外部竞争环境和竞争条件下的系统评价分析，将与研究对象密切相关的各种主要内部优势、劣势和外部的机会、威胁等，通过调查列举出来，依照矩阵形式排列，然后用系统分析的思想，把各种因素相互匹配加以分析，从而选择最佳经营战略。按照态势分析法，战略目标应是一个企业"能够做的"（即企业的优势和劣势）和"可能做的"（即环境中的机会和威胁）的有机组合。

SWOT 分析

优势和劣势是企业相对于竞争对手面临的内部环境。比如，企业的资金、技术设备、员工素质、产品、市场、管理技能等。判定企业内部的优势和劣势，可以看单项的优势和劣势。例如，企业资金雄厚，则在资金上占优势；市场占有率低，则在市场上处于劣势。也可以看综合的优势和劣势。通过选定一些重要因素进行评价打分，然后根据其重要程度按加权平均法加以确定。

企业外部环境的机会是指环境中对企业有利的因素，如政府支持、高新技术的应用、与购买者和供应者良好的关系等。企业外部环境的威胁是指环境中对企业不利的因素，如新竞争对手的出现、市场增长缓慢、购买者和供应者讨价还价能力增强、技术老化等。

态势分析法通过评价企业的优势和劣势、判断企业所面临的机会和威胁并做出战略决策，进一步明确下一步的方向。态势分析法即在企业现有的内外部环境下，确定如何最优地运用自己的资源。

图 2-2 中，第 I 类型的企业同时具有很好的内部优势和众多的外部机会，可以采取增长型战略，如开发市场、增加产量等。第 II 类企业面临着良好的外部机会，却受到内部劣势的限制，需要采用扭转型战略，充分利用外部环境的机会，努力消除劣势。第 III 类企业内部存在劣势，外部面临威胁，应采用防御型战略，进行业务调整，设法避开威胁和消除劣势。第 IV 类企业具有内部优势，但外部环境存在威胁，应采取多种经营战略，利用自己的优势，在多样化经营上寻找长期发展的机会，或进一步增强自身竞争优势，以对抗威胁。

内部环境	外部环境	
	机会	威胁
优势	I 增长型战略（SO）	IV 多种经营战略（ST）
劣势	II 扭转型战略（WO）	III 防御型战略（WT）

图 2-2　SWOT 分析

（2）波特五力分析

波特在《竞争战略》一书中认为，在每一个产业中都存在五种基本竞争力量，即潜在进入者的威胁、替代品的威胁、购买者的讨价还价能力、供应商的定价能力与现有竞争者的力量。波特五力分析如图 2-3 所示。

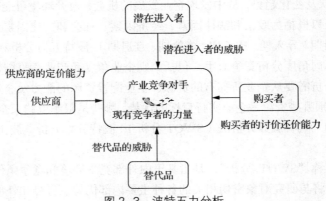

图 2-3 波特五力分析

在一个产业中，这五种力量共同决定产业竞争的强度以及产业利润率，最强的一种或几种力量占据着统治地位并且对战略形成起着关键性作用。通过五种竞争力分析，可以明确产业中的所有企业对产业利润的威胁。企业需要通过战略选择以对抗各种威胁，如利用成本优势、差异优势、集中战略等。

波士顿矩阵

（3）波士顿矩阵分析法

波士顿矩阵分析法是由美国著名的管理学家、波士顿咨询公司创始人布鲁斯·亨德森于 1970 年首创的一种用来分析和规划企业产品组合的方法，它主要解决怎样使企业的产品品种及其结构适合市场需求的变化，及如何将企业有限的资源有效地分配到合理的产品结构中等问题，以保证企业收益，进而帮助企业在激烈竞争中取胜。

图 2-4 中，纵轴表示市场增长率，表示每项经营业务所在市场的相对吸引力，通常用 10% 作为增长率高、低的界限；横轴表示相对市场占有率，指企业某项业务的市场份额与市场上最大竞争者的市场份额之比，反映了企业在市场中的竞争地位（当企业的某项业务的市场份额与该业务市场上最大竞争者的市场份额相等时，两者之比为 1.0），以 1.0 为界将相对市场占有率划分为高、低两个区域。将坐标图划分为四个象限，依次为"明星类产品（★）""问题类产品（？）""金

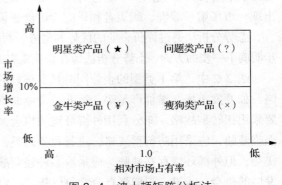

图 2-4 波士顿矩阵分析法

牛类产品（¥）""瘦狗类产品（×）"；瘦狗类产品属于不再投资扩展或即将淘汰的产品。对产品细分，可帮助企业对不同产品采取不同决策，淘汰无发展前景的产品，同时保持"问题类""明星类""金牛类"产品的合理组合，实现产品及资源分配结构的良性循环。

通过明确各类业务在企业中的地位的区别，进一步明确相应的战略对策。对"明星类产品"，需要进一步发展；对处镜较好的"金牛类产品"，需要维持现状；对处境不好的"金牛类产品"和

没有发展前途的"问题类产品""瘦狗类产品"，应及时收割，以便获得短期收益；对无利可图的"瘦狗类产品""问题类产品"，要及时清理、撤销。

2. 战略制定

战略制定是指企业根据确定的愿景、使命和环境分析情况，选择和设定战略目标的过程。在这个过程中，通过自上而下、自下而上或上下结合的方法，制定总体战略、业务单位战略及职能战略。为实现企业整体目标，充分发挥员工的积极性，企业各职能部门的战略方案要和企业整体相一致。企业设定战略目标后，各部门需要结合企业战略目标设定本部门战略目标，并将其具体化为一套关键财务及非财务指标的预测值。为各关键指标设定的目标（预测）值，应与本企业的可利用资源相匹配，并应有利于执行人积极有效地实现既定目标。

 视野拓展

【案例】《中国知识产权》杂志披露，根据欧洲电信规范化协会的信息，截止到 2018 年 6 月，全球 10 家通信范畴核心企业在 5G 新空口范畴，累计声明规范专利总数 5 124 件，其间华为以 1 481 件专利排名第一，占比约为 29%。近几年来，科技创新越来越多被提及，不少企业甚至将创新提升到企业战略决策的高度。而科技专利的拥有量又是一家企业创新实力的最直观体现，专利数量越多，表明其科技创新实力越强。2020 年 IPRdaily 与 incoPat 创新指数研究中心联合发布《2020 上半年中国企业发明授权专利排行榜》，在这份榜单中，华为是上半年获得发明专利授权量最多的企业，高达 3 005 件。其次是国家电网有限公司（2 510 件），OPPO 以 2 004 件授权专利量排在第三，往后分别是京东方、中国石化、美的、腾讯科技等知名企业。专利是企业核心竞争力的体现，如果专利数量足够多、质量足够好，企业在市场上也有足够的底气与其他同行抗衡。

【分析】华为的愿景和使命是把数字世界带入每个人、每个家庭、每个组织，构建万物互联的智能世界。为了实现企业愿景和使命，华为制定了可持续发展战略，并将可持续发展作为一项优先的准则，全面融入企业的整体发展战略当中。

【延伸】作为一名财经专业学生，应如何制定个人战略目标和职业生涯规划，助力个人成长？

3. 战略实施

战略实施是指将企业的战略目标变成现实的管理过程。制定好战略后，需要借助战略地图、价值链管理等多种管理会计工具方法，使战略能够落地。战略目标代表未来，战略实施是现在，将战略实施的关键业务流程化，落实到企业现有的业务流程中，确保企业高效率和高效益地实现战略目标。只有战略真正落了地，企业才能实现战略目标。

4. 战略评价和控制

战略评价和控制，是指企业在战略实施过程中，通过检测战略实施进展情况，评价战略执行效果，审视战略的科学性和有效性，不断调整战略举措，以达到预期目标。

企业一般应设置专门机构或部门，牵头负责战略管理工作，并与其他业务部门、职能部门协同制定战略目标，做好战略实施的部门协调，保障战略目标得以实现。企业应建立健全战略管理有关制度及配套的绩效激励制度等，形成科学有效的制度体系，切实调动员工的积极性，提升员工的执行力，推动企业战略的实施。

企业主要从以下几个方面进行战略评价：战略是否适应企业的内外部环境；战略是否达到有效的资源配置；战略涉及的风险程度是否可以接受；战略实施的时间和进度是否恰当。

5. 战略调整

战略调整是指根据企业情况的发展变化和战略评价结果，对所制定的战略及时进行调整，以保证战略有效指导企业经营管理活动。战略调整一般包括调整企业的愿景、长期发展方向、战略目标及其战略举措等。当企业的外部环境和内部条件发生变化时，原来制定的战略目标可能会出现不协调的地方。比如，在华为的发展历程当中，在其几次的战略制定与调整当中，"活下去"是华为始终坚持的最高目标，但它同时也是华为战略目标的最低标准。因为，只有活下去，企业才有机会寻求更好的发展。如果企业连活着都成问题，那所谓的发展都是空谈。

提示

战略管理的三大问题是：我是谁？到哪去？如何去？

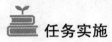

任务实施

任务资料和任务目标见本任务的"任务导入"，具体任务实施过程如下。

第一步，了解华为为适应信息行业变化调整的战略。

华为根据战略分析的结果对战略做了调整。华为的战略最初是一定要做满足客户需求的产品和解决方案，永远以市场需求、客户需求为导向；20 世纪 90 年代，华为调整战略，实施差异化的国际化战略，从单纯面向运营商转向三个不同的 BG 业务领域。华为每次的战略转型都面临着外在环境的变化，包括客户的变化、机会的变化以及竞争格局的变化等。为了应对这些变化，华为聚集人才攻坚克难，及时调整战略，帮助企业共创可持续发展的美好未来。

第二步，了解华为战略制定的程序。

华为首先借助 SWOT 分析法、波特五力分析等进行环境和价值分析，把握行业发展趋势，然后分别确定了总体战略、业务单位战略和职能战略。总体战略为全球化运营战略，根据客户需求不断创新，通过研究开发建立各项标准和专利；业务单位战略和职能战略围绕总体战略展开。

任务二　战略地图绘制

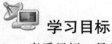

学习目标

素质目标：具备诚信品质、敬业精神、有效沟通意识，热爱管理会计工作。

知识目标：了解战略地图的作用，熟悉战略地图的绘制过程。

技能目标：能根据战略目标绘制战略地图。

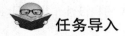

任务导入

任务资料：20 世纪末期，美孚石油北美区炼油和营销公司（以下简称"美孚石油公司"）是一个积弱不振的组织，获利率居行业之末，管理体制官僚化，效率低，无法抵御外部激烈竞争。因此，公司进行了一系列的改革，利用新方法帮助公司走出困境，同时通过分析内外部环境，抓住机遇，确认公司的优势和劣势，重新定义了公司的战略目标，并利用战略地图通过四个层面进行了描述。到 1995 年，公司的获利能力大大提升，成为行业之冠，并持续维持竞争优势几年，直到后来美孚与埃克森合并为埃克森美孚集团。

任务目标：

根据该公司的战略目标绘制战略地图。

知识准备

政策依据：《管理会计基本指引》《管理会计应用指引第 101 号——战略地图》。

吴春波教授的《华为没有秘密 2》一书中有一个统计：全世界所有的组织中，90%的组织战略都以失败告终，没有落地。战略没有落地就是缺少战略承接、战略衡量、战略分解、战略实施，人们经常把重点放在制定战略上，而不是实施机制上。战略地图是一种有效的战略沟通工具。

战略地图的概念

一、战略地图的概念

战略实施的关键，是企业中的每个人都要了解它，在战略目标明确的情况下，制定出实现目标所需的具体行动方案，并依据该行动方案的优先顺序进行资源分配，这样才能有效地利用企业的有限资源最大化实现战略目标。

企业的所有行为都应该围绕企业的目标和战略进行，企业常常会面临的问题就是因为没有有效地进行战略沟通，即使是中高层领导自己也不知道怎么干，更没有办法对具体执行的人说清楚。美国的管理大师罗伯特·卡普兰和大卫·诺顿创造性地提出：你不能描述和衡量，就不能管理。因此，企业要真正将战略落地，推动战略实施，必须建立"描述战略-衡量战略-管理战略"的严密逻辑体系。战略地图的主要目的就是描述战略，战略地图是战略沟通的有效工具。

战略地图是图文结合的一种信息可视化工具。它让复杂的企业战略以一种简单直观的方式展现在所有员工面前，并使得组织内部用一致性的语言沟通，而不是自说自话，互相不能理解。战略地图使得战略一目了然，最终让大家对企业的战略发展有统一的认知，并在组织内部起到统一思想、厘清战略的作用。

二、战略地图的设计

企业设计战略地图，按照设定战略目标、确定业务改善路径、定位客户价值、确定内部业务流程优化主题、确定学习与成长主题、进行资源配置、绘制战略地图等程序进行，如图 2-5 所示。

1. 设定战略目标

企业进行战略目标设定，应遵循《管理会计应用指引第 100 号——战略管理》的有关要求。对企

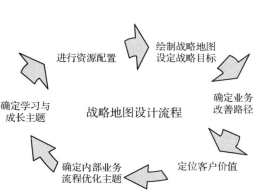
图 2-5 战略地图设计流程

业而言，设定战略目标也是企业宗旨的展开和具体化，是企业宗旨中确认的企业经营目的、社会使命的进一步阐明和界定，也是企业在既定的战略经营领域展开战略经营活动所要达到的水平的具体规定。制定企业层的战略目标采取自上而下、自下而上或上下结合的方法。

战略目标实际上表现为战略期内的总任务，决定着战略重点的选择、战略阶段的划分和战略对策的制定，它是对现实利益与长远利益、局部利益与整体利益的综合反映。

2. 确定业务改善路径

企业需要根据已设定的战略目标，对现有客户（服务对象）和可能的新客户及新产品（新服务）进行深入分析，寻求业务改善和增长的最佳路径，提取业务和财务融合发展的战略主题。在财务层面，战略主题一般可划分为两个层次：第一层次一般包括生产率提升和营业收入增长等，第二层次一般包括创造成本优势、提高资产利用率、增加客户机会和提高客户价值等。

3. 定位客户价值

调查研究发现，对多数企业而言，80%的利润往往是 20%的客户提供的。因此，企业需要对客户进行分类并区别对待，进而采取不同的服务政策与管理策略，优化企业资源配置，以实现企业战略目标。准确定位客户价值，对企业来说非常重要，企业对现有客户进行分析，可以从产品（服务）质量、技术领先、售后服务和稳定标准等方面确定、调整客户价值定位。在客户价值定位层面，企业一般可设置客户体验、双赢营销关系、品牌形象提升等战略主题。

也可从客户价值和其与企业的战略匹配度两个方面区分，把客户区分为四类：战略客户、利润客户、潜力客户以及普通客户。战略客户是客户价值与战略匹配度都高的一类客户；利润客户是客户价值高，但战略匹配度低的一类客户；潜力客户是战略匹配度高，但客户价值低的一类客户；普通客户是客户价值与战略匹配度都低的一类客户。

4. 确定内部业务流程优化主题

要满足客户的要求，需要对业务提升路径和服务定位，对业务流程及其关键增值（提升服务形象）活动进行梳理，分析行业关键成功要素和内部营运矩阵，从内部业务流程的管理流程、创新流程、客户管理流程、遵循法规流程等角度确定战略主题，并将战略主题进行分类归纳，制定战略方案。

5. 确定学习与成长主题

要实现内部业务流程的优化，需要在企业内部充分发挥分析创新和人力资本等无形资源在价值创造中的作用，根据业务提升路径和服务定位，识别学习与成长层面的关键要素，同时确立激励制度创新、信息系统创新和智力资本利用创新等战略主题，为财务、客户、内部业务流程层面的战略主题和关键绩效指标（Key Performance Indicator，KPI）提供有力支撑。

6. 进行资源配置

根据四个层面的战略主题，企业需要分析其有形资源和无形资源的战略匹配度，对不同层面的主题进行战略资源配置。同时，不能忽视企业人力资源、信息资源、组织资源等在资源配置中的定位和在价值创造中的作用。

7. 绘制战略地图

用图示的方式按照财务层面、客户层面、内部业务流程层面和学习与成长层面四个维度绘制，展示企业的战略目标及实现战略目标的关键路径。具体绘制过程如下。

① 确立战略地图的总体主题。总体主题是对企业整体战略目标的描述，即能描述企业的愿景和战略目标。总体主题要与财务层面的战略主题和 KPI 对接。

② 根据企业的需要，确定四个层面的战略主题。把确定的四个层面的战略主题对应画入各自战略地图内，每一主题可以用若干 KPI 进行衡量。

③ 将各个战略主题和 KPI 用路径线连接，形成战略主题和 KPI 相连的战略地图。在绘制过程中，企业应将战略总目标（财务层面）、客户价值定位（客户层面）、内部业务流程主题（内部业务流程层面）和学习与成长主题与 KPI 连接，形成战略地图。

一般地，企业所属的各责任中心的战略主题、KPI 相对应的战略措施、资源配置等信息无法都绘制到一张图上，需要采用绘制对应关系表或另外绘制下一层级责任中心的战略地图等方式来展现其战略因果关系。战略地图模板如图 2-6 所示。

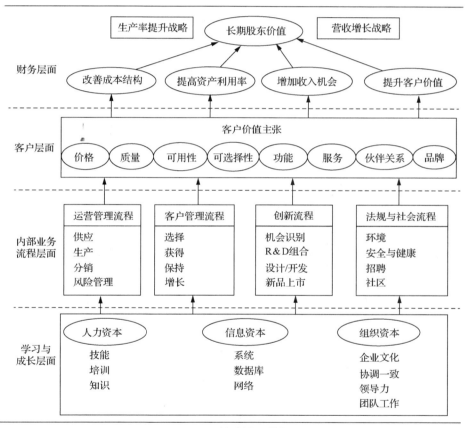

图 2-6　战略地图模板

20 世纪 90 年代初期，美孚石油公司管理人员利用 SWOT 分析法，分析了公司面临的机会和威胁，同时也分析了公司的优势和劣势。因此，重新描述和定义了产品和服务的范围，调整了战略目标；为战略能够有效地执行，利用战略地图向公司员工及相关利益者描述了新的战略目标，战略地图从财务、客户、内部业务流程和学习与成长四个层面，描述了企业的战略目标、相关的实现路径及可衡量的关键绩效指标。通过一系列的改革创新，公司的获利水平大大提高，并跃居行业第一位。美孚石油公司的战略地图分四个层面描述了战略目标，如图 2-7 所示。

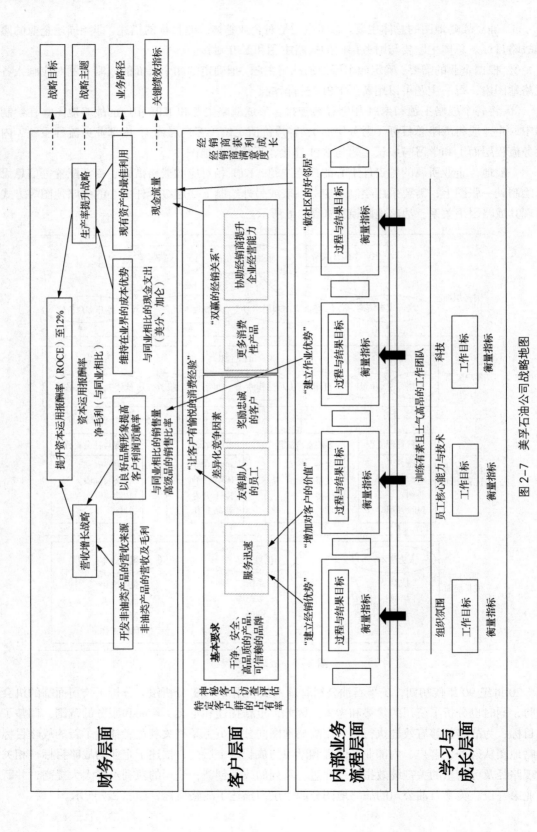

图 2-7 美孚石油公司战略地图

在不同层面的战略地图中，最上面描述的是企业在该层面的战略目标，下一层是针对如何实现战略目标的相关战略主题，针对不同的战略主题，有不同的业务路径可以实现，业务路径的实现情况可以选用关键绩效指标进行衡量。

 视野拓展

【小思考】作为新时代的大学生，请根据自己的专业，结合职业生涯规划，用战略地图把未来五年的战略目标主题绘制出来。

三、战略地图的实施

战略地图的实施是指企业利用管理会计工具方法，确保企业实现既定战略目标的过程。战略地图实施一般按照战略 KPI 设计、战略 KPI 责任落实、战略执行、执行报告、持续改善、评价激励等程序进行。具体如下。

第一步，设计一套可以使各部门主管明确自身责任且与战略目标相联系的考核指标，这是战略地图实施的关键。

第二步，对设计的战略 KPI 进行分解，从最高层开始，将战略 KPI 分解到各责任部门，再分解到各责任团队。每一责任部门、责任团队或责任人都有对应的 KPI，而每一个 KPI 都是为了衡量对应的战略举措。

第三步，在实际操作中，企业可以通过编制责任表，以便于准确描述 KPI 中的权、责、利和战略举措的对应关系。为了督促各执行部门落实责任，企业可以在分解战略 KPI 的基础上，签订责任书。责任书一般由企业领导层（或董事会）与执行层的各部门签订，目的是进行自我管控和自我评价。在责任书中，需要确定不同执行过程的负责人及协调人，确定设定的战略目标实现日期，确定不同的执行指引表，采取有效战略举措保障 KPI 实现；同时也需要明确规定一定时期内（一般为一个年度）应实现的 KPI 任务、相应的战略举措及相应的奖惩机制。

第四步，根据实施战略执行的情况，分析偏差原因，提出具体管控措施，形成相应的报告。一般是每一层级责任部门向上一层级责任部门提交各自层级的战略执行报告，反映各层的战略执行情况。执行报告具体可以分为三个层级：业务层报告，包括战略执行方案下具体任务的完成情况和原因分析；经营层报告，包括责任人的战略执行方案中相关指标的执行情况和原因分析；战略层（如董事会）报告，包括战略总体目标的完成情况和原因分析。自下而上地形成战略执行报告，以便于企业制定下一步战略实施举措。

第五步，企业在对战略执行情况进行分析的基础上，将现实情况与既定目标相对比，分析偏差，分清楚偏差是因为临时性波动，还是因为战略 KPI 分解与执行有误，或是因为外部环境发生重大变化。在分析这些问题的基础上，找出发生偏差的根源所在，及时进行纠正，并寻找解决问题的具体措施和改善方案，并采取必要措施。

第六步，企业要按照《管理会计应用指引第 100 号——战略管理》中战略评价的有关要求，对战略实施情况进行评价，并按照《管理会计应用指引第 600 号——绩效管理》的有关要求进行激励，引导责任人自觉地、持续地积极工作，有效利用企业资源，提高企业绩效，实现企业战略目标。当企业达成战略地图上制定的战略目标时，企业可考虑适当增加执行难度，提升目标水平，进一步进行持续改善，不断提升战略管控水平，从而进入新的循环。

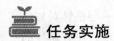 **任务实施**

任务资料和任务目标见本任务的"任务导入"，具体任务实施过程如下。

根据该公司的战略目标绘制战略地图。

具体任务实施过程见图 2-7 美孚石油公司战略地图。

任务三　价值链管理

 **学习目标**

素质目标：具备敬业精神、成本意识，遵守职业道德，热爱管理会计工作。

知识目标：了解价值链及价值链管理的内涵，掌握价值链分析含义及相关分类。

技能目标：能根据价值链分析，综合有效利用企业资源。

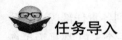 **任务导入**

任务资料：农夫山泉是我国天然水行业的佼佼者之一。我国的天然水行业是一个竞争激烈的行业，目前有农夫山泉、娃哈哈、乐百氏、康师傅、屈臣氏、可口可乐、雀巢和依云等数十个国内外品牌，产品包括矿泉水、纯净水和蒸馏水等众多类型。

天然水行业的一个特征是其生产成本非常低廉，一瓶天然水的售价普遍在 1～1.5 元，但它的生产成本往往仅有 0.5 元左右。在这种情况下，不少企业依然把重心放到进一步降低成本上。如在生产过程中采用吹瓶和罐装一体化的工艺，或者采用用料更省的轻量罐装瓶等。这些手段固然有助于降低原本已经较低的生产成本，但这并不是天然水行业价值链的核心环节，因为成本优势并不是天然水行业的核心竞争力。

任务目标：

① 整理农夫山泉价值链管理的案例，形成案例分析报告。

② 分析农夫山泉是如何利用价值链分析来确认公司核心竞争力的。

 知识准备

价值链管理是战略管理领域重要的管理会计工具方法之一。1985 年，迈克尔·波特在《竞争优势》一书中引入了"价值链"的概念。价值链管理最初是为了在企业复杂的制造程序中分清各步骤的利润率而采用的一种会计分析方法，目的在于确定哪一步可以降低成本或提高产品的功能特性，后来价值链管理逐渐成为分析企业资源与能力的重要工具。价值链分析把企业活动进行分解，通过分析企业中的各个活动本身及各活动之间的相互关系来确定企业的竞争优势。每一种价值活动都会对企业相对成本地位产生影响，并成为企业采取差异化战略的基础。

一、价值链管理

波特认为，企业每项生产经营活动都是其创造价值的经济活动，企业所有的互不相同但又相互关联的生产经营活动，便构成了创造价值的一个动态过程，即价值链，它是从原材料加工到产成品到达最终用户的过程中，所有增加价值的步骤所组成的全部的、有组织的一系列活动。

价值链管理就是将企业的生产、营销、财务、人力资源等方面有机地整合起来，做好计划、协调、监督和控制等各个环节的工作，使它们形成相互关联的整体，按照链条的特征实施企业的业务流程，使得各个环节之间相互关联，同时具备能处理资金流、物流和信息流的自组织和自适应能力；企业的供、产、销过程形成"链条"，即价值链。价值链管理需通过管理改变管理策略，提高管理有效性，充分利用每一个价值创造的机会。

企业的价值链管理不是孤立的，供应单位和销货单位的价值链也会对企业有较大的影响。价值链管理是价值创造的过程，所有涉及的环节都是它的一部分，因此，可以把价值链管理分为企业内部价值链管理和产业的价值链管理，本任务主要针对企业内部价值链管理进行阐述。

二、价值链管理的两类活动

企业内部价值链管理主要是对企业资源和能力在创造价值中的管理。价值链管理把企业活动进行分解，通过分析企业的单个活动及其关系来确定企业的竞争优势。价值链管理将企业的生产经营活动分为基本活动和支持活动两类，如图 2-8 所示。

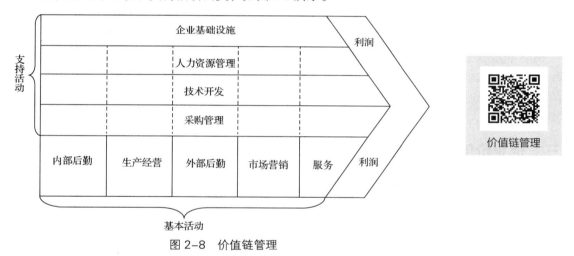

图 2-8　价值链管理

1. 基本活动

基本活动也称主体活动，是指生产经营的实质性活动，可分为内部后勤、生产经营、外部后勤、市场营销和服务五项活动。这些活动与商品实体的加工流转直接相关，是企业的基本增值活动。每一种活动又可以根据具体的产业和企业的战略再进一步细分成若干项活动。

① 内部后勤。内部后勤又称进货后勤，是指与产品投入有关的原材料的进货、仓储和分配等活动，如原材料的装卸、入库、盘存、运输以及退货等。

② 生产经营。生产经营是指将投入转化为最终产品的活动，如机器加工、装配、包装、设备维修、检测等。

③ 外部后勤。外部后勤又称发货后勤，是指与产品的库存、分送有关的活动，如产成品的入库、订单接收、送货等。

④ 市场营销。市场营销是指促进和引导购买者购买企业产品的活动，如企业产品的广告、定

价、销售渠道等。

⑤ 服务。服务是指与保持和提高产品价值有关的活动，如培训、修理、零部件的供应和产品的调试等。

2. 支持活动

支持活动也称辅助活动，是指用以支持基本活动而且内部之间又相互支持的活动，包括采购管理、技术开发、人力资源管理和企业基础设施建设。

① 采购管理。采购管理既包括原材料的采购，也包括其他资源的购买与管理。例如，企业聘请咨询公司为企业进行广告策划、市场预测、管理信息系统设计、法律咨询等都属于采购管理。

② 技术开发。技术开发是指可以改进企业产品和工序的一系列技术活动。技术开发既包括生产性技术开发，也包括非生产性技术开发。企业中各项生产经营活动实际上都是含有一定技术的，不同生产活动中所含的技术的性质、开发的程度和使用的范围是不同的。比如，生产方面的工程技术、通信方面的信息技术及领导的决策技术等。不同生产活动中的技术开发活动会直接影响企业最终产品的质量，同时也会为企业其他的活动提供保障，是企业竞争力的重要力量。

③ 人力资源管理。人力资源管理是指企业职工的招聘、雇用、培训、提拔和退休等各项管理活动。企业的各项经营活动都离不开人的参与，人力资源管理贯穿整个价值链，即包括所有的基本活动和支持活动。另外，人力资源管理在调动职工生产经营的积极性上起着重要的作用，影响着企业的竞争实力。

④ 企业基础设施建设。企业基础设施是指企业的组织结构、惯例、控制系统以及文化等。这些主要由企业高层管理人员根据企业情况进行建设，同时，高层管理人员本身也是企业基础设施的一部分。企业基础设施对整个价值链来说具有支撑作用，其他所有的价值创造活动都通过企业基础设施进行。在多元化经营的企业里，公司总部和经营单位分别有自己的基础设施。

三、企业价值链的确定

企业要获得竞争优势，就要从价值链分析入手，确定企业各种不同的价值活动。价值链中的每一项活动可以从技术特征角度或经济效果角度进行进一步分解，分解为相互分离的活动，如生产或销售这样的活动可以进一步细分为一些具体的活动。有一些活动可以根据范围进行细分，如工厂里的每台机器可以被看作一项分离的活动。这样，潜在活动的数量一般非常多。

分离这些活动的基本原则有：一是具有不同的经济性，是指决定它们创造价值效率的因素不同。例如，一项活动的创造价值效率与规模有关，另一项活动的创造价值效率却与经验有关，区分这些活动的目的是提高效率、降低成本。二是对产品差异化产生很大的潜在影响，即有助于实现差异化。例如，某电池公司的技术部门研发出某某电池的蓄电功能，极大地提高了产品的差异化，那么这个研发蓄电功能的活动可以单独分离为一项价值活动。三是在成本中所占比例很大或所占比例在上升，是对实现低成本影响较大的活动。例如，某公司一年的成本费用总额是 3 000 万元，其中芯片技术部的系统开发维护费用达到 300 万元，且近三年平均增长率为 10%，则可认为这项活动对降低成本具有重要影响，需要将其分离为一项单独的价值活动。

分离的适当程度取决于活动的经济性和分析价值链的目的：如果分解一些活动对揭示企业竞争优势的作用很明显，那么对这些活动的分解就非常重要；相反，如果分解一些活动被证明对揭示竞争优势无足轻重或被分解的活动具有相似的经济性，那么这些活动就没有必要分解，而是可以被组合起来。

　　将某一活动进行合理归类同样很重要。例如，订单处理可以作为外部后勤的一部分，也可作为市场营销的一部分进行归类。对一个批发商而言，订单处理的作用更接近营销的部分，营销队伍也会发挥服务的职能。各项活动的归类能较好地反映它们在竞争优势中贡献的类别。例如，如果订单处理是一个企业与其购买方相互作用的活动，那么它应被归入市场营销这一类别。假如进货材料处理和发货材料处理用的是同一套设施和人员，那么二者就可以合并为同一活动。

四、企业资源能力的价值链分析

02

　　企业不是机器、货币和人员的随机组合，如果不能将这些资源有效地组织起来，不能生产出顾客认为有价值的产品或服务，那么这些资源就毫无价值。因此，企业资源能力的价值链分析必须是一个从单个资源评估到对怎样有效使用这些资源的评估过程。在进行企业资源能力的价值链分析时，需注意以下几点。

1. 确认保持企业竞争优势的关键性活动

　　虽然价值链的每项活动，包括基本活动和支持活动，都是企业成功所必经的环节，但是这些活动对企业竞争优势的影响是不同的。企业在建立竞争优势时，要结合自身实际情况，集中企业资源重点发展具有一定优势的关键性活动，并使其成为企业的核心竞争力，而放弃一些劣势活动。在关键活动的基础上建立和强化优势很可能使企业获得成功。支持企业竞争优势的关键性活动就是企业的独特能力的一部分。

2. 明确价值链内各种活动之间的联系

　　价值链中基本活动之间、基本活动与支持活动之间以及支持活动之间存在各种联系，选择或构筑最佳的联系方式对提升价值创造和战略能力是十分重要的。例如，在基本活动之间，如果保持高水平的存货会使生产安排变得容易，同时可以对顾客的需求做出快速反应，但是会因此增加经营成本，因此需要评估增加存货水平可能带来的利与弊。从1999年开始，海尔开始进行流程再造，实施了"并行工程"（产品及相关支持流程并行），使海尔"美高美"彩电在产品设计上打了一个漂亮的速度战。按原有的开发程序，产品从设计到整体投放市场需要6个月；按国际最快的产品开发程序，需要3个月；而海尔"美高美"彩电仅用了2个月。这是因为海尔明确了价值链内各活动间的联系，同时优化了这些活动之间的联系，从而使海尔取得了竞争优势。

3. 明确价值链系统内各项价值活动之间的联系

　　价值活动的联系不仅存在于企业价值链内部，而且存在于企业与企业的价值链之间。价值链系统包括供应商、分销商和客户在内的各项价值活动之间的许多联系。一个企业的采购和内部后勤活动与供应商的订单处理系统相互作用；同时，供应商的工程人员与企业的技术开发和生产人员之间也可以协同工作。近年来，战略联盟也是基于这一思路发展起来的。例如，美国一些铝罐生产商把它们的生产工厂建在啤酒厂的附近，用顶端传输器直接把产品传送到啤酒厂的装瓶线上，这样可为双方节约生产安排、装运以及存货等费用。

 视野拓展

　　【案例】宜家是一家家庭装饰用品零售企业，非常注重发展企业与顾客、供应商之间共同创造价值的关系。宜家不把向顾客提供产品和服务视为一种简单的交易，而是视为一种崭新的劳动分工，即将一些原来由加工者和零售商所做的工作交给顾客去做，公司则专心致志地向顾客提供价格低廉而质量优良的产品。

【分析】价值链分析把供应商、分销商和客户的各项价值活动联系起来，实质上通过价值链管理达到了成本控制的目的。

【延伸】作为一名管理会计，如何从节约成本的角度入手进行价值链分析，从而提高成本节约意识？

02 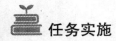 任务实施

任务资料和任务目标见本任务的"任务导入"，具体任务实施过程如下。

第一步，整理农夫山泉价值链管理的案例，形成案例分析报告。

第二步，分析农夫山泉是如何利用价值链分析来确认公司核心竞争力的。

首先，农夫山泉把主打产品定位在矿泉水而不是纯净水上。因为公司意识到随着生活水平的提高，人们对饮用水的要求不再仅仅停留在干净这个概念上，而是开始更多关注健康，富含微量矿物元素的矿泉水恰恰符合这个趋势。其次，农夫山泉在市场推广上提出了"农夫山泉有点甜"的广告创意，恰好符合中国人传统观念中把泉水"甘甜"等同于水质良好且有益健康的心理暗示，因此，其销量和品牌认可度大大提升。应该说，农夫山泉正确理解了天然水行业价值链的核心。

课后巩固与提升

一、单项选择题

1. 战略一词源于（　　）。

    A. 军事　　　　　　B. 企业管理　　　　C. 政治　　　　　　D. 外交

2. 通过分析企业的内部因素可以确定（　　）。

    A. 机会与优势　　　B. 优势与劣势　　　C. 机会与威胁　　　D. 威胁与劣势

3. 战略制定的方法是（　　）。

    A. 自上而下　　　　B. 自下而上　　　　C. 上下结合　　　　D. A、B、C 都正确

4. 下列属于战略地图顶层的是（　　）。

    A. 财务层面　　　　　　　　　　　　　　B. 客户层面

    C. 内部业务流程层面　　　　　　　　　　D. 学习与成长层面

5. 下列关于波士顿矩阵的表述中，错误的是（　　）。

    A. 纵轴表示企业销售额增长率

    B. 横轴表示企业在产业中的相对竞争地位

    C. 市场增长率是决定企业产品结构是否合理的外在因素

    D. 波士顿矩阵事实上暗含了一个假设，即企业的市场份额与投资回报是正相关的

6. 下列不属于波特五力分析要素的是（　　）。

    A. 政府定价干预　　　　　　　　　　　　B. 购买者议价能力

    C. 潜在进入者的威胁　　　　　　　　　　D. 替代品的威胁

二、多项选择题

1. 战略管理的原则有（ ）。
    A. 目标可行原则   B. 资源匹配原则   C. 责任落实原则   D. 协同管理原则
2. 下列属于战略地图层面的有（ ）。
    A. 财务层面   B. 客户层面
    C. 内部业务流程层面   D. 学习与成长层面
3. 企业战略一般分为（ ）层次。
    A. 总体战略   B. 业务单位战略   C. 职能战略   D. 个人战略
4. 战略管理的特点有（ ）。
    A. 对象的全面性   B. 主体的特定性   C. 过程的动态性   D. 结果的固定性
5. 战略分析常用的工具方法有（ ）。
    A. SWOT 分析法   B. 波特五力分析
    C. 波士顿矩阵分析法   D. 平衡计分卡
6. 甲公司是一家复印机生产企业。关于甲公司的价值链，下列表述正确的有（ ）。
    A. 进货材料搬运、部件装配、订单处理、广告、售后服务等活动属于基本活动
    B. 运输服务、原材料采购、信息系统开发、招聘等活动属于支持活动
    C. 价值链的每项活动对甲公司竞争优势的影响是不同的
    D. 企业基础设施包括厂房、建筑物等

三、判断题

1. 战略是指企业从全局考虑做出的长远性的谋划。（ ）
2. 战略管理是指对企业全局的、长远的发展方向、目标、任务和政策，以及资源配置做出决策和管理的过程。（ ）
3. 战略管理的程序包括战略分析、战略制定、战略实施、战略评价和控制、战略调整等。（ ）
4. 企业只要制定好战略目标就能实现。（ ）
5. 战略地图是图文结合的一种信息可视化工具。（ ）
6. 战略分析的目的是发现机会与威胁。（ ）

02

项目三

预算管理

案例导读 ↓

国家开发投资公司全面预算管理

作为一家投资控股集团，国家开发投资公司的业务范围复杂多样，包括实业、金融服务业、国有资产经营三大业务类型，涉及煤炭、电力、港口、机轻、化肥、基金、保险等诸多业务领域。该公司在管理提升活动中，始终把全面预算管理作为重点提升领域，多措并举，狠抓落实，助力自身管控能力和管理水平的不断提升。

基于前期的业务设计基础，国家开发投资公司在预算管理系统中设计了"集团通用、板块通用、板块专用"三类预算模板，分别用于满足集团总部、各板块间及板块内的预算管理需求。预算管理从业务预算出发，按照业务部门的专业条线管理内容，覆盖投资、人力资源、固定资产管理、资金预算、IT（Information Technology，信息技术）专项支出等业务预算，由业务预算形成财务预算指标的全面预算管理内容。

同时，预算系统内的组织架构体系覆盖了从集团总部到二级企业，以及三级投资企业的组织层级，体现预算管理的全面性、全员性及业务驱动性。

此外，在年度预算编制的基础上，国家开发投资公司根据管理需求的深入不断优化完善预算管理体系，先后实现了季度滚动预测、预算调整、预算与实际数据的集成分析、预算控制和预算编制数据校验功能等内容，形成了全过程的预算管理闭环。

思维导图 ↓

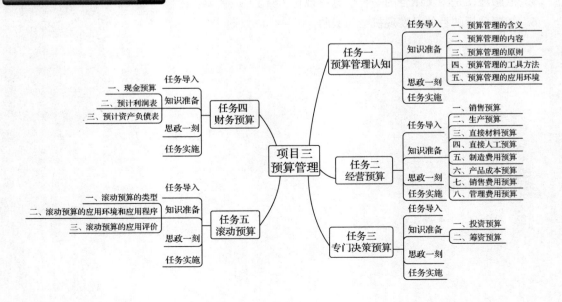

任务一　预算管理认知

学习目标

素质目标：具备敬业精神、计划意识、责任意识，热爱管理会计工作。

知识目标：了解预算管理的内容，熟悉预算管理的原则和应用环境，掌握预算管理的工具方法。

技能目标：能正确理解预算管理的内容，能应用预算管理的工具方法。

任务导入

任务资料：小张大学毕业应聘进入华强公司财务部从事管理会计岗位预算管理工作。华强公司生产并销售一种产品（甲产品），2021 年华强公司的财务基础数据如表 3-1 和表 3-2 所示。由于对公司基本业务和整体情况不熟悉，财务部经理老王安排小张首先熟悉企业经营业务流程、业务部门及财务部门具体业务，1 个月后跟进公司各业务部门编制经营预算，3 个月后从事财务部预算编制工作。那么，预算管理都有哪些工作内容，又有哪些预算编制方法呢？

表 3-1　　　　　　　　　　华强公司 2021 年年末数据　　　　　　　　　　单位：元

资产	年末数	负债及所有者权益	年末数
流动资产		**流动负债**	
库存现金	60 000.00	应付账款	200 000.00
应收账款	200 000.00	应交增值税	0.00
原材料	12 000.00	应交所得税	33 960.00
产成品	132 000.00	短期借款	0.00
流动资产合计	404 000.00	流动负债合计	233 960.00
非流动资产		**非流动负债**	
固定资产原值	2 300 000.00	长期借款	38 000.00
减：累计折旧	514 280.00	**所有者权益**	
固定资产净值	1 785 720.00	股本	1 800 000.00
无形资产	80 000.00	留存收益	197 760.00
资产合计	2 269 720.00	负债及所有者权益合计	2 269 720.00

表 3-2　　　　　　　华强公司 2021 年日常费用基础数据（按季度）　　　　　　　单位：元

生产车间的日常费用	季度支出	销售部门的日常费用	季度支出
管理人员工资	38 520.00	管理人员工资	20 000.00
折旧	23 000.00	折旧	8 500.00
修理费	25 000.00	专设销售机构办公费	3 400.00
水电费	21 000.00	广告宣传费	28 000.00
保险费	10 000.00	其他	4 000.00
设备租金	18 000.00		

续表

管理部门的日常费用	季度支出		
管理人员工资	50 000.00		
差旅费	24 000.00		
折旧	15 000.00		
办公费	12 000.00		
无形资产摊销	3 500.00		
其他	11 200.00		

任务目标：

① 了解华强公司的整体情况，熟悉公司的财务基本信息。

② 熟悉预算管理的内容，根据公司业务选择预算管理的工具方法。

知识准备

政策依据：《管理会计基本指引》《管理会计应用指引第 200 号——预算管理》《管理会计应用指引第 201 号——滚动预算》《管理会计应用指引第 202号——零基预算》《管理会计应用指引第 203 号——弹性预算》《管理会计应用指引第 204 号——作业预算》。

预算管理的内容

一、预算管理的含义

预算是指以货币作为计量手段，将决策的目标具体地、系统地反映出来的过程。预算主要包括经营预算、专门决策预算和财务预算，各项预算的有机组合构成企业总预算，也就是全面预算。

根据《管理会计应用指引第 200 号——预算管理》，预算管理是指企业以战略目标为导向，通过对未来一定期间内的经营活动和相应的财务结果进行全面预测和筹划，科学、合理配置企业各项财务和非财务资源，并对执行过程进行监督和分析，对执行结果进行评价和反馈，指导经营活动的改善和调整，进而推动实现企业战略目标的管理活动。

预算管理的作用是落实企业战略规划，优化资源配置，提高企业营运绩效，强化风险控制，推动企业战略规划的实现。

二、预算管理的内容

预算管理的内容主要包括经营预算、专门决策预算和财务预算。

1. 经营预算

经营预算（也称业务预算），是指与企业日常业务直接相关的一系列预算，包括销售预算、生产预算、采购预算、费用预算、人力资源预算等。

2. 专门决策预算

专门决策预算，是指企业重大的或不经常发生的、需要根据特定决策编制的预算，包括投资决策预算、融资决策预算等。

3．财务预算

财务预算，是指与企业资金收支、财务状况或经营成果等有关的预算，包括资金预算、预计资产负债表、预计利润表等。

三、预算管理的原则

企业进行预算管理一般应遵循以下原则。

1．战略导向原则

预算管理应围绕企业的战略目标和业务计划有序开展，引导各预算责任主体聚焦战略、专注执行、达成绩效。

2．过程控制原则

预算管理应通过及时监控、分析等把握预算目标的实现进度并实施有效评价，为企业经营决策提供有效支撑。

3．融合性原则

预算管理应以业务为先导、以财务为协同，将预算管理嵌入企业经营管理活动的各个领域、层次和环节。

4．平衡管理原则

预算管理应平衡长期目标与短期目标、整体利益与局部利益、收入与支出、结果与动因等关系，促进企业可持续发展。

5．权变性原则

预算管理应刚性与柔性相结合，强调预算对经营管理的刚性约束，又可根据内外环境的重大变化调整预算，并针对例外事项进行特殊处理。

四、预算管理的工具方法

预算管理的工具方法

经营预算、专门决策预算和财务预算构成内容比较复杂，因此，企业在编制预算时，可根据其战略目标、业务特点和管理需要，结合不同工具方法的特征及适用范围，选择恰当的管理会计工具方法综合运用。

1．预算管理的工具方法

（1）定期预算与滚动预算

预算按照编制时间的起止时间是否变动，分为定期预算和滚动预算。

定期预算也称为阶段性预算，是指在编制预算时以不变的会计期间（一般以会计年度）作为预算期的一种编制预算的方法。

滚动预算又称连续预算或永续预算，是指企业在编制预算时，根据上一期预算执行情况和新的预测结果，按既定的预算编制周期和滚动频率，对原有的预算方案进行整体调整和补充，逐期向后滚动，使预算期始终保持为一个固定期间的一种预算编制方法。按照滚动的时间单位不同，可以分为逐月滚动、逐季滚动和混合滚动。

（2）零基预算与增量预算

预算按照编制基础不同，分为零基预算和增量预算。

零基预算，是指企业不以历史期经济活动及其预算为基础，以零为起点，从实际需要出发分析预算期经济活动的合理性，经综合平衡形成预算的预算编制方法。

增量预算，是指以历史期实际经济活动及其预算为基础，结合预算期经济活动及相关影响因素的变动情况，通过调整历史期经济活动项目及金额形成预算的预算编制方法。

（3）弹性预算与固定预算

预算按照与业务量的关系，分为弹性预算和固定预算。

弹性预算，是指企业在分析业务量与预算项目之间数量依存关系的基础上，分别确定不同业务量及其相应预算项目所消耗资源的预算编制方法。

固定预算，是指以预算期内正常的、最可能实现的某一业务量水平为固定基础，不考虑可能发生的变动的预算编制方法。

业务量，是指企业销售量、产量、作业量等与预算项目相关的弹性变量。

（4）作业预算

作业预算，是指基于"作业消耗资源、产出消耗作业"的原理，以作业管理为基础的预算管理方法。作业预算是在传统预算方法的基础上，结合全面质量管理、作业成本法和作业管理的理念设计的一种新的预算管理方法。作业预算首先预测每件产品的计划销量，然后使用来自作业成本核算系统的历史数据估算实现上述产量所需的作业活动、支持这些作业活动所需的资源，以及这些资源的成本。

2. 预算管理与其他领域工具方法的整合

① 企业可整合预算与战略管理领域的管理会计工具方法，强化预算对战略目标的承接分解。

② 企业可整合预算与成本管理、风险管理领域的管理会计工具方法，强化预算对战略执行的过程控制。

③ 企业可整合预算与营运管理领域的管理会计工具方法，强化预算对生产经营的过程监控。

④ 企业可整合预算与绩效管理领域的管理会计工具方法，强化预算对战略目标的标杆引导。

3. 应用预算管理工具方法的程序

企业应用预算管理工具方法，一般按照预算编制、预算控制、预算调整和预算考核等程序进行。

（1）预算编制

预算编制是企业预算管理的起点，是将企业战略转化为短期的、具体的、可行的、可量化的预算目标及指标体系的过程。企业应建立和完善预算编制的工作制度，明确预算编制依据、编制内容、编制程序和编制方法，确保预算编制依据合理、内容全面、程序规范、方法科学，确保形成各层级广泛接受的、符合业务假设的、可实现的预算控制目标。

企业一般按照分级编制、逐级汇总的方式，采用自上而下、自下而上、上下结合或多维度相协调的流程编制预算。预算编制流程与编制方法的选择应与企业现有管理模式相适应。

预算编制完成后，应按照相关法律法规及企业章程的规定报经企业预算管理决策机构审议批准，以正式文件形式下达执行。

（2）预算控制

预算控制，是指企业以预算为标准，通过预算分解、过程监督、差异分析等促使日常经营不偏离预算标准的管理活动。企业应建立预算授权控制制度，强化预算责任，严格预算控制。企业应建立预算执行的监督、分析制度，提升预算管理对业务的控制能力。

企业应将预算目标层层分解至各预算责任中心。预算分解应按各责任中心权、责、利相匹配的原则进行，既公平合理，又有利于企业实现预算目标。企业应通过信息系统展示、会议、报告、调研等多种途径及形式，及时监督、分析预算执行情况，分析预算执行差异的原因，提出对策建议。

（3）预算调整

预算调整是指在预算执行时，由各预算责任主体根据经营管理要求、环境或政策变化，提出预算目标调整申请，经审批后，对预算进行修订的过程。年度预算经批准后，原则上不做调整。企业应在制度中严格明确预算调整的条件、主体、权限和程序等事宜，当内外战略环境发生重大变化或突发重大事件等，导致预算编制的基本假设发生重大变化时，可进行预算调整。

（4）预算考核

预算考核主要针对定量指标进行考核，是企业绩效考核的重要组成部分。企业应按照公开、公平、公正的原则实施预算考核。企业应建立健全预算考核制度，并将预算考核结果纳入绩效考核体系，切实做到有奖有惩、奖惩分明。

预算考核主体和考核对象的界定应坚持上级考核下级、逐级考核、预算执行与预算考核职务相分离的原则。预算考核以预算完成情况为考核核心，通过预算执行情况与预算目标的比较，确定差异并查明产生差异的原因，进而据以评价各责任中心的工作业绩，并通过与相应的激励制度挂钩，促进预算执行情况与预算目标相一致。

 视野拓展

【案例】提到预算管理，大家会想到《礼记·中庸》的一句话："凡事预则立，不预则废"。这里的"预"不是预算，而是计划，意思是做任何事情有了计划就容易成功，没有计划就容易失败，这说明预算的核心是计划。

【分析】预算管理除了预算的编制，还有预算的执行、分析和考核。企业既要关注工作任务的完成情况，也需要考核工作目标的实现情况，同时还要考核费用的控制情况。预算考核指标体系设计需要有三个维度：目标体系、任务体系、费用体系，这需要管理会计除具备上述专业能力外，还应具备计划意识和责任意识，做好企业的预算管理工作。

【延伸】计划思维不仅适用于经济管理，也适用于生活、学习、工作的各个方面，请思考生活中预算管理的小案例。

五、预算管理的应用环境

企业实施预算管理的基础环境包括战略目标、业务计划、组织架构、内部管理制度和信息系统等。

1. 战略目标

战略目标是对企业战略经营活动预期取得的主要成果的期望值。战略目标的设定，同时也是企业宗旨的展开和具体化，也是企业在既定的战略经营领域展开战略经营活动所要达到的水平的具体规定。企业应按照战略目标，确立预算管理的方向、重点和目标。

2. 业务计划

业务计划是指按照战略目标对业务活动的具体描述和详细计划。企业应将战略目标和业务计划具体化、数量化作为预算目标，促进战略目标落地。

3. 组织架构

组织架构是企业的流程运转、部门设置及职能规划等最基本的结构依据。企业可设置预算管理委员会等专门机构组织、监督预算管理工作。该机构的主要职责包括：审批企业预算管理制度、政策，审议年度预算草案或预算调整草案并报董事会等机构审批，监控、考核企业的预算执行情况并向董事会报告，协调预算编制、预算调整及预算执行中的有关问题等。

预算管理的机构设置、职责权限和工作程序应与企业的组织架构和管理体制互相协调，保障预算管理各环节职能衔接，流程顺畅。

4. 内部管理制度

管理制度是组织、机构、单位管理的工具，是对一定的管理机制、管理原则、管理方法以及管理机构设置的规范。合理的管理制度可以简化管理过程，提高管理效率。企业应建立健全预算管理制度、会计核算制度、定额标准制度、内部控制制度、内部审计制度、绩效考核和激励制度等内部管理制度，夯实预算管理的制度基础。

5. 信息系统

信息系统是由计算机硬件、网络和通信设备、计算机软件、信息资源、信息用户和规章制度组成的以处理信息流为目的的人机一体化系统。企业应充分利用现代信息技术，规范预算管理流程，提高预算管理效率。

任务实施

任务资料和任务目标见本任务的"任务导入"，具体任务实施过程如下。

第一步，熟悉华强公司的财务基本信息，了解公司的财务状况以及日常费用支出情况。

第二步，熟悉预算管理的内容，根据公司业务选择预算管理的工具方法。

由于华强公司产品业务单一，前期业务基础数据资料充实，可以根据 2021 年预算执行情况，结合 2022 年公司的经营预算情况，对原有预算管理方案进行调整和补充，并按季度进行滚动，选择滚动预算编制方法。

任务二　经营预算

学习目标

素质目标：具备诚信品质、敬业精神、工匠精神，热爱管理会计工作。

知识目标：了解经营预算的内容，掌握经营预算的编制方法。

技能目标：能根据经营预算的编制方法编制经营预算的相关预算表。

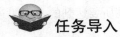

任务导入

任务资料：小张进入华强公司，熟悉了公司财务部具体业务和管理会计岗位预算管理的工作内容，现在按业务流程进入公司各业务部门，学习编制经营预算。根据确定的预算管理编制方法，华强公司采用滚动预算编制方法，接下来需要学习编制华强公司各业务部门 2022 年的经营预算。

华强公司 2022 年的基础数据如下。

① 销售预算基础数据：华强公司生产并销售一种产品（甲产品），该产品不含税售价为 400 元/件，增值税税率为 13%。根据销货合同和市场预测，2022 年产品销量为预计第一季度 5 000 件，第二季度销量增长 10%，后两个季度销量在第一季度基础上增长 20%。该公司销售用赊销与现销两种方式，每季度现销 80%，赊销 20%，赊销款于下一季度全部收回。2021 年年末应收账款余额 200 000 元将于预算年度第一季度全额收回现金。

② 生产预算基础数据：华强公司 2022 年年初有甲产品存货 500 件，预计年末留存 1 200 件，其他各期期末存货按下期预计销售量的 10%确定。

③ 直接材料预算基础数据：华强公司生产的甲产品只耗用一种材料（A 材料），2022 年年初、年末预计材料存量分别为 1 200 千克和 8 000 千克，其余各期期末材料存量为下期生产需要量的 10%。单位产品消耗 A 材料定额为 18 千克，材料计划单价为 10 元。预计各期采购材料的货款当期支付 70%，其余 30%在下季度付清；2021 年年末应付账款余额 200 000 元于预算年度第一季度支付，增值税税率为 13%。

④ 直接人工预算基础数据：华强公司直接人工的工种只有一种，2022 年生产的甲产品单件工时为 5 小时，每小时人工成本为 14 元，所有职工薪酬在当季全部支付。

⑤ 制造费用预算基础数据：华强公司 2022 年变动性制造费用预算数按预计直接人工工时和预计变动费用分配率计算。变动制造费用标准分配率分别为：材料费 2 元/时、人工费 1.8 元/时、修理费 1.6 元/时、水电费 2 元/时、其他费用 0.4 元/时。固定性制造费用与产量无关，每季度管理人员工资 38 520 元、折旧 23 000 元、修理费 25 000 元、水电费 21 000 元、保险费 10 000 元、设备租金 18 000 元。除折旧费用外，其余均以现金支付并于当季付款。

⑥ 产品成本预算基础数据：华强公司产品采用变动成本核算，2022 年甲产品年初单位成本为 264 元，产成品发出的计价方法是先进先出法。

⑦ 销售费用预算基础数据：华强公司 2022 年分别就变动性销售费用和固定性销售费用两部分内容编制销售费用预算。变动销售费用率为 3.8%，其中：销售佣金 1.6%、销售运杂费 1.2%、其他 1%。固定性销售费用与产量无关，每季度销售管理人员工资 20 000 元、折旧 8 500 元、专设销售机构办公费 3 400 元、广告宣传费 28 000 元、除折旧以外的其他销售费用 4 000 元。上述销售费用除折旧外，均以现金于当季支付。

⑧ 管理费用预算基础数据：华强公司 2022 年管理费用全部为固定性费用，每季度管理人员工资 50 000 元、差旅费 24 000 元、折旧 15 000 元、办公费 12 000 元、无形资产摊销 3 500 元、其他 11 200 元。除折旧和无形资产摊销以外的各项管理费用均以现金于当季支付。

任务目标：

① 编制华强公司 2022 年的销售预算。
② 编制华强公司 2022 年的生产预算。
③ 编制华强公司 2022 年的直接材料预算。
④ 编制华强公司 2022 年的直接人工预算。
⑤ 编制华强公司 2022 年的制造费用预算。
⑥ 编制华强公司 2022 年的产品成本预算。
⑦ 编制华强公司 2022 年的销售费用预算。
⑧ 编制华强公司 2022 年的管理费用预算。

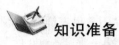

知识准备

政策依据:《管理会计基本指引》《管理会计应用指引第 200 号——预算管理》。

经营预算也称业务预算，是指与企业日常业务直接相关的一系列预算，包括销售预算、生产预算、直接材料预算、费用预算等。

一、销售预算

销售预算是根据"以销定产"的原则，对预算期内各种产品的销售数量、单价和销售收入进行规划和测算而编制的预算。销售预算是全面预算体系的核心，是编制年度预算的关键和起点，其他预算均以销售预算为基础。

销售预算

销售预算的主要内容是销售量、单价和销售收入，同时企业为了提供编制现金预算的资料，还包括预计现金收入的数据。销售量是根据市场预测或销货合同量以及企业生产能力来确定的，单价是由价格决策确定的。销售预算在实际工作中通常要分品种、月份、销售区域来编制，由销售部门负责编制。

$$预计销售收入=预计销售单价×预计销售量$$
$$预计现金收入=该期现销含税收入+该期回收以前期间的应收账款$$

二、生产预算

生产预算是指按产品分别编制的，安排企业在预算期内的产品生产活动，确定产品生产数量及其分布状况的预算。生产预算是安排预算期生产规模的计划，是在销售预算的基础上编制的。产品在生产预算中，有关生产量应与其销售量相对应。在具体确定预算期产品生产量时，还必须考虑预算期初和预算期末存货。

$$预计生产量=预计销售量+预计期末产成品存货-预计期初产成品存货$$

"预计销售量"可在销售预算中获得，"预计期末产成品存货"通常按下期销售量的一定百分比确定，"预计期初产成品存货"是上期的期末存货余额。

生产预算在实际编制时是比较复杂的，生产量受生产能力的限制，存货数量受到仓库容量的限制，只能在此范围内来安排存货数量和各期生产量。此外，有的季度可能销量很大，可以用赶工方法增产，为此要多付加班费，如果提前在淡季生产，会因增加存货而多付资金利息，因此要权衡两者得失，选择成本最低的方案。

三、直接材料预算

直接材料预算又称直接材料采购预算，它是为直接材料采购活动编制的预算，是在生产预算的基础上编制的。直接材料预算与生产预算一样，也要考虑期初与期末的存货水平。

直接材料预算主要由物资供应部门负责编制，主要内容包括单位产品直接材料耗用量、生产需用量、期初和期末存量、预计材料采购量和预计采购金额等。同时，为了便于编制现金预算，在直接材料预算中还应包括材料采购方面预期的现金支出。

$$预计材料生产需要量=预计生产量×单位产品材料耗用量$$
$$预计材料采购量=预计产品生产材料需要量+预计期末材料存量-预计期初材料存量$$

预计材料采购成本=预计材料采购量×预计材料单位采购成本

预计现金支出=该期采购材料现金支出+该期支付以前期的应付账款

"预计生产量"的数据从生产预算中获取，"单位产品材料耗用量"来自标准成本资料或消耗定额资料，"预计期末材料存量"是根据下期生产需用量的一定百分比确定的，"预计期初材料存量"是上期的材料期末存量，全年合计中"期初和期末材料存量"是根据当前情况和长期销售预测估计的。

四、直接人工预算

直接人工预算是为直接生产工人耗费编制的预算，是以生产预算为基础编制的。直接人工预算的主要内容包括预计生产量、单位产品工时、人工总工时、每工时人工成本和人工总成本。直接人工预算主要由生产部门或劳动人事部门编制，编制时可按不同工种分别计算直接人工成本，然后加以汇总。由于人工工资需要按月及时支付，因此不需要另外预计现金支出，在编制现金预算时，直接提取直接人工预算数据即可。

预计直接人工工时=单位产品所需直接人工工时×预计生产量

预计直接人工总成本=每小时人工成本×预计直接人工工时

单位产品所需的直接人工小时数，可根据产品生产工艺规定的劳动定额或历史资料来确定。

五、制造费用预算

制造费用预算是指应计入产品成本的各项间接费用的预算，是除了直接材料、直接人工预算以外的一切生产成本的预算。制造费用预算的编制主要由生产部门负责，在编制制造费用预算时，按其成本习性分别就变动制造费用和固定制造费用两部分内容编制。

变动制造费用是以生产预算为基础确定的，根据预计的生产量或预计的直接人工工时总数和预计的变动制造费用分配率来计算。固定制造费用与本期的生产量无关，可在上年的基础上采用增量预算法，根据预算变动加以修正，也可采用零基预算法逐项预计再汇总。

预计变动制造费用=变动制造费用标准分配率×预计生产量或预计直接人工工时

制造费用预算的编制依据主要包括有关制造费用的历史资料、标准成本资料、预算期的生产规模变动情况、费用的明细项目在预算期的开支水平等。编制制造费用预算时，明细项目除了折旧都需要当期支付现金，为了便于编制现金预算，在制造费用预算中还需要预计扣除折旧以后的现金支出。

六、产品成本预算

产品成本预算主要指产成品的单位成本和总成本预算。其中，总成本又分为生产成本、销售成本和期末产品存货成本三部分。产品成本预算一般由生产部门负责编制，也可以汇总到财务部门编制，必须按产品品种分别编制。

生产（销售、存货）总成本=生产（销售、存货）数量×单位成本

其中：生产数量和期末存货数量来自生产预算，销售数量来自销售预算。单位产品生产成本预算数等于各单位成本项目预算数之和。

单位产品直接材料预算成本=单位产品直接材料预算耗用量×计划单价

$$单位产品直接人工预算成本=单位产品工时标准×预算工资率$$

$$单位产品变动制造费用预算成本=单位产品工时标准×预算变动制造费用分配率$$

$$本年销售产品总成本=年初产品总成本+本年全年完工产品总成本-年末产品总成本$$

七、销售费用预算

销售费用预算是指为实现销售预算而需要支付的费用预算，是以销售预算为基础编制的。其编制方法与制造费用预算的编制方法非常接近，可按成本习性将其分为变动销售费用和固定销售费用两部分。有关计算公式如下。

$$预计变动销售费用=单位产品变动销售费用×预计销售量$$

或： $$预计变动销售费用=变动销售费用率×预计销售收入$$

固定销售费用与本期的生产量无关，可在上年的基础上采用增量预算法，根据预算变动加以修正，也可采用零基预算法逐项预计再汇总。

销售费用预算一般由销售部门负责编制。编制销售费用预算时，明细项目除了折旧都需要当期支付现金，为了便于编制现金预算，在销售费用预算中还需要预计扣除折旧以后的现金支出。

八、管理费用预算

管理费用预算是指一般行政管理业务所必要的费用预算。因为管理费用多属于固定成本，所以管理费用预算通常以历史资料为基础，按预算期的可预见变化来调整确定。管理费用预算一般由企业行政管理部门负责编制。编制管理费用预算时，明细项目除了折旧和无形资产摊销都需要当期支付现金，为了便于编制现金预算，在管理费用预算中还需要预计扣除折旧和无形资产摊销以后的现金支出。

 视野拓展

【案例】当前，我国正在由"制造大国"向"制造强国"迈进。制造业若要实现良性发展，产品质量是前提条件；而要确保产品质量过关，又离不开精益求精的匠人和独具匠心的工匠精神。工匠精神如果渗透社会发展的各个环节，严谨的文化精神与澎湃的创造力必定凝聚成强大的发展合力，从而实现中国制造向中国创造的全面跨越。

【分析】从某种程度来说，会计人员做账的过程也需要工匠精神，只有做到敬业、精益、专注和创新，才能保证账目清晰准确、手续清楚完备，从而使会计的事后反馈变为事前的预测和事中的控制，成为决策层的参谋和助手。

【延伸】利用计算机进行账务处理和预算管理时，如何培养自己的账务处理和预测决策习惯，以培养精益求精的工匠精神？

 任务实施

任务资料和任务目标见本任务的"任务导入"，具体任务实施过程如下。

第一步，编制华强公司2022年的销售预算，如表3-3所示。

表 3-3　　　　　　　　　　　华强公司 2022 年销售预算

项目	第一季度	第二季度	第三季度	第四季度	全年合计
预计销售量/件	5 000	5 500	6 000	6 000	22 500
销售单价/（元/件）	400.00	400.00	400.00	400.00	400.00
预计销售收入/元	2 000 000.00	2 200 000.00	2 400 000.00	2 400 000.00	9 000 000.00
增值税销项税额/元	260 000.00	286 000.00	312 000.00	312 000.00	1 170 000.00
含税销售收入/元	2 260 000.00	2 486 000.00	2 712 000.00	2 712 000.00	10 170 000.00
年初应收账款余额/元	200 000.00				200 000.00
第一季度销售现金收入/元	1 808 000.00	452 000.00			2 260 000.00
第二季度销售现金收入/元		1 988 800.00	497 200.00		2 486 000.00
第三季度销售现金收入/元			2 169 600.00	542 400.00	2 712 000.00
第四季度销售现金收入/元				2 169 600.00	2 169 600.00
销售现金收入合计/元	**2 008 000.00**	**2 440 800.00**	**2 666 800.00**	**2 712 000.00**	**9 827 600.00**

第二步，编制华强公司 2022 年的生产预算，如表 3-4 所示。

表 3-4　　　　　　　　　　　华强公司 2022 年生产预算　　　　　　　　　　　单位：件

项目	第一季度	第二季度	第三季度	第四季度	全年合计
预计销售量	5 000	5 500	6 000	6 000	22 500
加：预计期末存货量	550	600	600	1 200	1 200
减：预计期初存货量	500	550	600	600	500
预计生产量	**5 050**	**5 550**	**6 000**	**6 600**	**23 200**

第三步，编制华强公司 2022 年的直接材料预算，如表 3-5 所示。

表 3-5　　　　　　　　　　　华强公司 2022 年直接材料预算

项目	第一季度	第二季度	第三季度	第四季度	全年合计
预计生产量/件	5 050	5 550	6 000	6 600	23 200
单位产品材料耗用量/（千克/件）	18.00	18.00	18.00	18.00	18.00
产品生产材料需要量/千克	90 900.00	99 900.00	108 000.00	118 800.00	417 600.00
加：预计期末材料存量/千克	9 990.00	10 800.00	11 880.00	8 000.00	8 000.00
减：预计期初材料存量/千克	1 200.00	9 990.00	10 800.00	11 880.00	1 200.00
预计采购量/千克	99 690.00	100 710.00	109 080.00	114 920.00	424 400.00
单价/（元/千克）	10.00	10.00	10.00	10.00	10.00
预计材料采购成本/元	996 900.00	1 007 100.00	1 090 800.00	1 149 200.00	4 244 000.00
增值税进项税额/元	129 597.00	130 923.00	141 804.00	149 396.00	551 720.00
预计采购金额/元	1 126 497.00	1 138 023.00	1 232 604.00	1 298 596.00	4 795 720.00
年初应付账款余额/元	200 000.00				200 000.00
第一季度采购现金支出/元	788 547.90	337 949.10			1 126 497.00
第二季度采购现金支出/元		796 616.10	341 406.90		1 138 023.00
第三季度采购现金支出/元			862 822.80	369 781.20	1 232 604.00
第四季度采购现金支出/元				909 017.20	909 017.20
现金支出合计/元	**988 547.90**	**1 134 565.20**	**1 204 229.70**	**1 278 798.40**	**4 606 141.20**

第四步，编制华强公司 2022 年的直接人工预算，如表 3-6 所示。

表 3-6　　　　　　　　华强公司 2022 年直接人工预算

项目	第一季度	第二季度	第三季度	第四季度	全年合计
预计生产量/件	5 050	5 550	6 000	6 600	23 200
单位产品工时/（时/件）	5.00	5.00	5.00	5.00	5.00
人工总工时/时	25 250.00	27 750.00	30 000.00	33 000.00	116 000.00
每小时人工成本/元	14.00	14.00	14.00	14.00	14.00
人工总成本/元	353 500.00	388 500.00	420 000.00	462 000.00	1 624 000.00
现金支出合计/元	**353 500.00**	**388 500.00**	**420 000.00**	**462 000.00**	**1 624 000.00**

第五步，编制华强公司 2022 年的制造费用预算，如表 3-7 所示。

表 3-7　　　　　　　　　华强公司 2022 年制造费用预算

项目	变动制造费用分配率	第一季度	第二季度	第三季度	第四季度	全年合计
人工总工时/时		25 250	27 750	30 000	33 000	116 000
变动制造费用/元						
间接材料/元	2.00	50 500.00	55 500.00	60 000.00	66 000.00	232 000.00
间接人工/元	1.80	45 450.00	49 950.00	54 000.00	59 400.00	208 800.00
水电费/元	2.00	50 500.00	55 500.00	60 000.00	66 000.00	232 000.00
修理费/元	1.60	40 400.00	44 400.00	48 000.00	52 800.00	185 600.00
其他/元	0.40	10 100.00	11 100.00	12 000.00	13 200.00	46 400.00
小计/元	7.80	196 950.00	216 450.00	234 000.00	257 400.00	904 800.00
固定制造费用/元						
管理人员工资/元		38 520.00	38 520.00	38 520.00	38 520.00	154 080.00
折旧/元		23 000.00	23 000.00	23 000.00	23 000.00	92 000.00
修理费/元		25 000.00	25 000.00	25 000.00	25 000.00	100 000.00
水电费/元		21 000.00	21 000.00	21 000.00	21 000.00	84 000.00
保险费/元		10 000.00	10 000.00	10 000.00	10 000.00	40 000.00
设备租金/元		18 000.00	18 000.00	18 000.00	18 000.00	72 000.00
小计/元		135 520.00	135 520.00	135 520.00	135 520.00	542 080.00
制造费用合计/元		**332 470.00**	**351 970.00**	**369 520.00**	**392 920.00**	**1 446 880.00**
减：折旧/元		23 000.00	23 000.00	23 000.00	23 000.00	92 000.00
现金支出合计/元		**309 470.00**	**328 970.00**	**346 520.00**	**369 920.00**	**1 354 880.00**

第六步，编制华强公司 2022 年的产品成本预算，如表 3-8 所示。

表3-8 华强公司2022年产品成本预算

成本项目	全年生产量23 200件			
	单价	单耗	单位成本	总成本
直接材料	10元/千克	18千克/件	180.00元/件	4 176 000.00元
直接人工	14元/时	5时/件	70.00元/件	1 624 000.00元
变动制造费用	7.80元/时	5时/件	39.00元/件	904 800.00元
合计			289.00元/件	6 704 800.00元
产成品存货	数量	单位成本	总成本	
年初存货	500件	264.00元/件	132 000.00元	
年末存货	1 200件	289.00元/件	346 800.00元	
本年销售	22 500件		6 490 000.00元	

第七步，编制华强公司2022年的销售费用预算，如表3-9所示。

表3-9 华强公司2022年销售费用预算 单位：元

项目	变动销售费用率	第一季度	第二季度	第三季度	第四季度	全年合计
预计销售收入		2 000 000.00	2 200 000.00	2 400 000.00	2 400 000.00	9 000 000.00
变动销售费用						
销售佣金	1.6%	32 000.00	35 200.00	38 400.00	38 400.00	144 000.00
销售运杂费	1.2%	24 000.00	26 400.00	28 800.00	28 800.00	108 000.00
其他	1%	20 000.00	22 000.00	24 000.00	24 000.00	90 000.00
小计	3.8%	76 000.00	83 600.00	91 200.00	91 200.00	342 000.00
固定销售费用						
管理人员工资		20 000.00	20 000.00	20 000.00	20 000.00	80 000.00
折旧		8 500.00	8 500.00	8 500.00	8 500.00	34 000.00
专设销售机构办公费		3 400.00	3 400.00	3 400.00	3 400.00	13 600.00
广告宣传费		28 000.00	28 000.00	28 000.00	28 000.00	112 000.00
其他		4 000.00	4 000.00	4 000.00	4 000.00	16 000.00
小计		63 900.00	63 900.00	63 900.00	63 900.00	255 600.00
销售费用合计		**139 900.00**	**147 500.00**	**155 100.00**	**155 100.00**	**597 600.00**
减：折旧		8 500.00	8 500.00	8 500.00	8 500.00	34 000.00
现金支出合计		**131 400.00**	**139 000.00**	**146 600.00**	**146 600.00**	**563 600.00**

第八步，编制华强公司2022年的管理费用预算，如表3-10所示。

表 3-10　　　　　　　　　　华强公司 2022 年管理费用预算　　　　　　　　　　单位：元

项目	第一季度	第二季度	第三季度	第四季度	全年合计
管理人员工资	50 000.00	50 000.00	50 000.00	50 000.00	200 000.00
差旅费	24 000.00	24 000.00	24 000.00	24 000.00	96 000.00
折旧	15 000.00	15 000.00	15 000.00	15 000.00	60 000.00
办公费	12 000.00	12 000.00	12 000.00	12 000.00	48 000.00
无形资产摊销	3 500.00	3 500.00	3 500.00	3 500.00	14 000.00
其他	11 200.00	11 200.00	11 200.00	11 200.00	44 800.00
管理费用合计	**115 700.00**	**115 700.00**	**115 700.00**	**115 700.00**	**462 800.00**
减：折旧	15 000.00	15 000.00	15 000.00	15 000.00	60 000.00
无形资产摊销	3 500.00	3 500.00	3 500.00	3 500.00	14 000.00
现金支出合计	**97 200.00**	**97 200.00**	**97 200.00**	**97 200.00**	**388 800.00**

任务三　专门决策预算

学习目标

素质目标：具备诚信品质、家国情怀、担当意识，热爱管理会计工作。

知识目标：了解专门决策预算的内容，掌握专门决策预算的编制方法。

技能目标：能根据专门决策预算的编制方法编制专门决策预算的相关预算表。

任务导入

任务资料：小张完成华强公司 2022 年的经营预算的学习后，财务部经理老王给小张安排了一项紧急任务——编制华强公司 2022 年的固定资产投资预算，具体资料如下。

华强公司研发的新产品乙产品经过论证可以投产，公司决定 2022 年投资乙产品生产项目，预计第二季度投资 800 000 元购置机器设备并安装完成，第三季度开始投入使用。财务部需要编制生产乙产品相应的机器设备投资预算，并结合现金预算提出购置机器设备的付款进度。预计第二季度支付 20%，第三季度支付 40%，第四季度支付 40%，如果资金不足支付，可相应编制筹资预算报上级经营管理层批准。假定华强公司机器设备等均按年限平均法进行折旧，大型生产设备和运输设备按 10 年计提折旧，小型生产设备按 8 年计提折旧，检测设备和办公设备按 5 年计提折旧，上述设备均不考虑残值。

任务目标：编制华强公司 2022 年的固定资产投资预算。

知识准备

政策依据：《管理会计基本指引》《管理会计应用指引第 200 号——预算管理》。

专门决策预算是指对企业重大的或不经常发生的特定决策编制的预算，通常是指与企业投资活动、筹资活动或收益分配等相关的各种预算。

一、投资预算

投资预算是在可行性研究的基础上对企业的固定资产的购置、扩建、改造、更新等编制的预算。投资预算具体反映在何时进行投资、投资多少、资金从何处取得、何时可获得收益、每年的现金净流量为多少、需要多少时间回收全部投资等。由于投资的资金来源往往是影响企业决策的因素之一，而对厂房和设备等固定资产的投资又往往需要较长时间才能收回，因此，投资预算应当与企业的战略以及长期计划紧密联系。

投资预算一般由财务部门编制。

二、筹资预算

筹资预算是指对企业在预算期内需要新借入的长期借款、短期借款、经批准使用的债券，以及对原有借款、债券还本付息的预算。筹资预算主要关注两点：一是资本筹集方式，二是资本需要总量及时间安排。

由于项目投资总额并不等于对外筹资总额，对外筹资总额是投资总额减去部分内源性资金（如其他营业性现金流入量、项目折旧或利润再投资等）后的净额，因此预算的作用就在于事先明确项目的对外筹资总额，从而使筹资行为在事先规划的过程中为投资服务。因此，筹资预算的目的就在于事前规划，使筹集的资金不因安排提前而形成闲置浪费，也不因安排滞后而延误工期。

筹资预算一般由财务部门编制。

 视野拓展

【案例】新中国成立 70 多年来，党中央、国务院高度重视固定资产投资工作，采取了一系列关于固定资产投资的重大决策措施，全国固定资产投资保持了持续快速增长，投资规模不断扩大，投资结构逐步优化，投资质量持续提高，对经济社会持续健康发展和人民生活水平提高发挥了关键作用。党的十八大以来，随着一系列政策出台，固定资产投资补短板、强弱项、增动能作用更加明显，结构逐步优化，质量持续提高，为全面建成小康社会打下了更加坚实的基础。新中国成立初期，百废待兴，国家经济基础十分薄弱，固定资产投资保持较快增长。1953—1980 年，全国全民所有制单位固定资产投资年均增长 10.7%，建成一批国家工业化必需的冶金、汽车、机械、煤炭、石油、电力、化学及国防等基础产业项目，保障国民经济生产活动步入正轨。党的十一届三中全会提出"以经济建设为中心，大力发展生产力"，固定资产投资呈现高速增长的态势，投资增速明显加快，1981—2012 年，全社会固定资产投资年均增长 21.1%。党的十八大以来，投资保持平稳增长，投资结构持续改善，投资质量不断提高，2013—2018 年，全社会固定资产投资年均增长 10.7%。投资的快速增长拉动了经济持续快速增长，同时也扩大了生产能力，拓展了居民生活空间。

【分析】从固定资产投资可了解我国经济发展，我们应培养家国情怀和担当意识，增强制度自信和道路自信。

【延伸】企业在进行专门决策预算时，应具备哪些责任和担当？

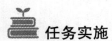

 任务实施

任务资料和任务目标见本任务的"任务导入"，具体任务实施过程如下。

第一步，编制华强公司 2022 年的固定资产投资预算，如表 3-11 所示。

表 3-11　　　　　　　　　　　华强公司 2022 年固定资产投资预算　　　　　　　　　　　单位：元

预算项目	增加资产投资额	年折旧额	资产净额	备注
大型生产设备	380 000.00	38 000.00	361 000.00	
小型生产设备	240 000.00	30 000.00	225 000.00	
检测设备	50 000.00	10 000.00	45 000.00	
运输设备	100 000.00	10 000.00	95 000.00	
办公设备	30 000.00	6 000.00	27 000.00	
投资预算合计		800 000.00		
预计支付进度	第二季度	第三季度	第四季度	全年合计
支付金额	160 000.00	320 000.00	320 000.00	800 000.00

注：上述新购置设备从第三季度开始计提折旧。

第二步，报上级主管部门审批。

任务四　财务预算

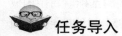 **学习目标**

素质目标：具备诚信品质、工匠精神、责任意识，热爱管理会计工作。

知识目标：了解财务预算的内容，掌握财务预算的编制方法。

技能目标：能编制现金预算、预计利润表和预计资产负债表。

任务导入

任务资料：小张进入华强公司，熟悉了公司管理会计岗位预算管理的工作内容和业务流程，现在能够独立处理预算管理业务。根据确定的预算编制方法，华强公司采用滚动预算编制方法，在编制公司经营预算和专门决策预算的基础上，接下来需要编制华强公司 2022 年的财务预算，华强公司 2022 年的基础数据如下。

华强公司预算年度 2022 年内各季度现金收支资料分别参见前述经营预算和专门决策预算任务导入内容，预算年初现金余额为 60 000 元。该公司政策规定，企业每季度现金余额不得低于 50 000 元，若资金不足，可以以万元为单位向银行取整借款。短期借款年利率为 5.4%，借款期限为四个季度，如年初借入，第四季度末偿还，借款利息于偿还本金时一起支付。另外，公司在 2022 年每季度预交所得税依次为：第一季度 30 000 元、第二季度 32 000 元、第三季度 35 000 元、第四季度 46 000 元；每季度预计缴纳增值税依次为：第一季度 87 380 元、第二季度 124 032 元、第三季度 37 500 元、第四季度 45 000 元。公司预计在第一季度发放现金股利 35 000 元。

任务目标：

① 编制华强公司 2022 年的现金预算。

② 编制华强公司 2022 年的预计利润表。

③ 编制华强公司 2022 年的预计资产负债表。

 知识准备

政策依据：《管理会计基本指引》《管理会计应用指引第 200 号——预算管理》。

财务预算是集中反映未来一定期间（预算年度）资金收支、经营成果和财务状况的预算，是企业经营预算的重要组成部分。财务预算的内容一般包括现金预算、预计利润表和预计资产负债表。

一、现金预算

现金预算是指用来详细反映预算期内现金收入、现金支出及其结果的预算。现金预算反映企业在预算期内，生产经营和投资活动所引起的现金收入、现金支出和现金余缺情况。现金是指广义的现金，包括库存现金、银行存款和其他货币资金。

编制现金预算的目的是保障合理地处理现金收支业务、正确地调度资金，保证企业资金的正常流转。现金预算的编制要以业务预算、投资预算、筹资预算为基础，一般由财务部门负责。

现金预算由现金收入、现金支出、现金多余或不足、资金的筹集和运用四个部分组成。

1. 现金收入

现金收入是指期初的现金结存数和预算期内发生的现金收入。"期初的现金结存数"是在编制预算时根据企业上期情况预计的，"发生的现金收入"数据来源于销售预算中每期销售现金收入合计。

2. 现金支出

现金支出是指预算期内预计发生的现金支出，包括采购材料支付货款，支付工资，支付部分制造费用、销售费用、管理费用、财务费用，偿还应付款项，缴纳税费，支付股利，投资固定资产等。"现金支出"数据来源于上述业务预算中每期的现金支出合计。

3. 现金多余或不足

现金多余或不足即现金收支相抵后的余额。如果收入大于支出，余额为正，则现金多余；如果收入小于支出，余额为负，则现金不足。若现金不足，就需要提前进行资金的规划与筹集。

4. 资金的筹集和运用

根据预算期现金收支的差额和企业有关资金管理的各项政策，确定筹集或运用资金的数额。

二、预计利润表

预计利润表反映企业在预算期内的经营成果的利润计划，即销售收入、变动成本、固定成本和税后净利润等构成情况。

预计利润表一般由财务部门负责编制，是在销售预算、产品成本预算、销售费用预算、管理费用预算、现金预算的基础上，根据权责发生制原则编制的。

变动生产成本=本期预计销售量×产品单位变动成本

销售变动成本总额按成本习性划分为变动生产成本、变动管理及销售费用，其中，产品单位变动成本从产品成本预算中获取数据，变动管理及销售费用分别从管理费用预算和销售费用预算中获取变动部分的数据。固定成本项目从相应的预算表中获取数据，所得税数据来源于现金预算中的"预交所得税"。

三、预计资产负债表

预计资产负债表反映企业在预算期末的财务状况，反映企业资金来源和资金占用以及它们各自的构成情况。预计资产负债表是以前期期末资产负债表为基础，根据销售、生产、成本等预算的有关资料进行汇总和调整而编制的。

1. 资产类

现金期末数=现金预算中的"期末现金余额"

应收账款期末数=销售预算中最后一期"含税销售收入"余额×赊销比例

原材料期末数=直接材料采购预算中最后一期"预计期末材料存量"×单价

产成品期末数=产品生产预算中"年末存货"总成本

固定资产原值期末数=固定资产期初数+现金预算中"机器设备等固定资产"的金额

累计折旧期末数=累计折旧期初数+制造费用预算中"折旧"金额+销售费用预算中"折旧"金额+管理费用预算中"折旧"金额

无形资产期末数=无形资产期初数+本期新增无形资产金额-管理费用预算中"无形资产摊销"金额

2. 负债类

应付账款期末数=直接材料采购预算中最后一期"预计采购金额"余额×未付款比例

应交增值税期末数=销售预算中"增值税销项税额"全年合计金额-直接材料采购预算中"增值税进项税额"全年合计金额-现金预算中"缴纳增值税"全年合计金额

应交所得税期末数=应交所得税期初数+预计利润表中"所得税"全年合计金额-现金预算中"预交所得税"全年合计金额

短期借款期末数=短期借款期初数+本期新增现金预算中"短期借款"金额-现金预算中"偿还短期借款"金额

3. 所有者权益类

留存收益期末数=留存收益期初数+预计利润表中"税后利润"全年合计金额-现金预算中支付的"现金股利"金额

 视野拓展

【案例】潘序伦被誉为"中国现代会计之父"，是我国著名的会计学家、会计教育家、会计实务专家和会计实业家，"三位一体"立信会计实业的创办者，对我国现代会计事业的启蒙与发展做出了重大贡献，他创立的"立信精神"更是作为一种精神被国人传承。潘序伦一直致力于会计理论的革新和会计人才的培养，开创了学校、事务所、出版社"三位一体"的立信会计事业，成为中国现代会计学界的泰斗。他对财政、金融、税务、经济管理有很深的研究，在会计学、审计学等方面有很深的造诣，是一位集大成的会计学家。

【分析】作为会计人员，除了要坚守爱岗敬业、诚实守信、廉洁自律、客观公正、坚持准则、提升技能、参与管理和强化服务的职业道德规范，也应当学习潘序伦先生"信以立志，信以守身，信以处事，信以待人，毋忘立信，当必有成"的"立信精神"。

【延伸】结合本例谈谈自己的心得体会，说一说从事财经工作的人员要传承哪些精神与文化修养。

任务实施

任务资料和任务目标见本任务的"任务导入"，具体任务实施过程如下。

第一步，编制华强公司 2022 年的现金预算，如表 3-12 所示。

表 3-12　　　　　　　　　　　华强公司 2022 年现金预算　　　　　　　　　　　单位：元

项目	第一季度	第二季度	第三季度	第四季度	全年合计
期初现金余额	60 000.00	55 502.10	92 034.90	151 785.20	60 000.00
加：销售现金收入	2 008 000.00	2 440 800.00	2 666 800.00	2 712 000.00	9 827 600.00
可供使用现金	**2 068 000.00**	**2 496 302.10**	**2 758 834.90**	**2 863 785.20**	**9 887 600.00**
减：各项现金支出					
直接材料	988 547.90	1 134 565.20	1 204 229.70	1 278 798.40	4 606 141.20
直接人工	353 500.00	388 500.00	420 000.00	462 000.00	1 624 000.00
制造费用	309 470.00	328 970.00	346 520.00	369 920.00	1 354 880.00
销售费用	131 400.00	139 000.00	146 600.00	146 600.00	563 600.00
管理费用	97 200.00	97 200.00	97 200.00	97 200.00	388 800.00
缴纳增值税	87 380.00	124 032.00	37 500.00	45 000.00	293 912.00
预交所得税	30 000.00	32 000.00	35 000.00	46 000.00	143 000.00
现金股利	35 000.00				35 000.00
机器设备		160 000.00	320 000.00	320 000.00	800 000.00
支出合计	**2 032 497.90**	**2 404 267.20**	**2 607 049.70**	**2 765 518.40**	**9 809 333.20**
现金多余（不足）	35 502.10	92 034.90	151 785.20	98 266.80	78 266.80
短期借款	20 000.00				20 000.00
偿还短期借款				20 000.00	20 000.00
支付短期借款利息				1 080.00	1 080.00
期末现金余额	**55 502.10**	**92 034.90**	**151 785.20**	**77 186.80**	**77 186.80**

第二步，编制华强公司 2022 年的预计利润表，如表 3-13 所示。

表 3-13　　　　　　　　　　　华强公司 2022 年预计利润表　　　　　　　　　　　单位：元

项目	第一季度	第二季度	第三季度	第四季度	全年合计
销售收入	2 000 000.00	2 200 000.00	2 400 000.00	2 400 000.00	9 000 000.00
减：变动成本					

续表

项目	第一季度	第二季度	第三季度	第四季度	全年合计
变动生产成本	1 432 500.00	1 589 500.00	1 734 000.00	1 734 000.00	6 490 000.00
变动管理及销售费用	76 000.00	83 600.00	91 200.00	91 200.00	342 000.00
变动成本总额	1 508 500.00	1 673 100.00	1 825 200.00	1 825 200.00	6 832 000.00
边际贡献	491 500.00	526 900.00	574 800.00	574 800.00	2 168 000.00
减：固定成本					
固定制造费用	135 520.00	135 520.00	135 520.00	135 520.00	542 080.00
固定管理及销售费用	179 600.00	179 600.00	179 600.00	179 600.00	718 400.00
利息支出				1 080.00	1 080.00
固定成本总额	315 120.00	315 120.00	315 120.00	316 200.00	1 261 560.00
税前利润	176 380.00	211 780.00	259 680.00	258 600.00	906 440.00
减：所得税	30 000.00	32 000.00	35 000.00	46 000.00	143 000.00
税后利润	**146 380.00**	**179 780.00**	**224 680.00**	**212 600.00**	**763 440.00**

注：部分项目填列说明如下。

第一季度变动生产成本=500×264+4 500×289=1 432 500

第二季度变动生产成本=5 500×289=1 589 500

第三步，编制华强公司 2022 年的预计资产负债表，如表 3-14 所示。

表 3-14　　　　　　　　　　华强公司 2022 年预计资产负债表　　　　　　　　单位：元

资产	年初数	年末数	负债及所有者权益	年初数	年末数
流动资产			**流动负债**		
库存现金	60 000.00	77 186.80	应付账款	200 000.00	389 578.80
应收账款	200 000.00	542 400.00	应交增值税	0.00	324 368.00
原材料	12 000.00	80 000.00	应交所得税	33 960.00	33 960.00
产成品	132 000.00	346 800.00	短期借款	0.00	0.00
流动资产合计	**404 000.00**	**1 046 386.80**	流动负债合计	**233 960.00**	**747 906.80**
非流动资产			**长期负债**		
固定资产原值	2 300 000.00	3 100 000.00	长期借款	38 000.00	38 000.00
减：累计折旧	514 280.00	700 280.00	**所有者权益**		
固定资产净值	1 785 720.00	2 399 720.00	股本	1 800 000.00	1 800 000.00
无形资产	80 000.00	66 000.00	留存收益	197 760.00	926 200.00
资产合计	**2 269 720.00**	**3 512 106.80**	负债及所有者权益合计	**2 269 720.00**	**3 512 106.80**

注：部分项目填列说明如下。

本期计提折旧=92 000+34 000+60 000=186 000

期末累计折旧=514 280+186 000=700 280

应交所得税=期初（33 960）+本期应交（143 000）-本期预交（143 000）=33 960

应交增值税=本期销项税额（1 170 000）-本期进项税额（551 720）-本期预交增值税（293 912）=324 368

留存收益=期初留存收益（197 760）+本期净利润（763 440）-本期预支付股利（35 000）=926 200

短期借款=20 000-20 000=0

期末应收账款=2 712 000×20%=542 400.00

期末应付账款=1 298 596×30%=389 578.80

任务五　滚动预算

 学习目标

素质目标：具备诚信品质、工匠精神、责任意识，热爱管理会计工作。

知识目标：了解滚动预算的内容，掌握滚动预算的编制方法。

技能目标：能根据滚动预算的编制方法编制滚动预算的相关预算表。

 任务导入

任务资料：华强公司根据 2022 年的经营预算、专门决策预算和财务预算进行相应的生产经营管理，公司运营状况良好。公司经营管理层根据华强公司 2022 年第一季度预算执行情况，以及对公司运营前景的预测，提出以下调整方案，要求小张编制公司 2022 年第二季度至 2023 年第一季度的滚动预算。

① 间接人工费用预算工时分配率将上涨 30%。

② 原车间设备租赁合同到期，新签订的租赁合同中设备年租金将降低 20%。

③ 直接人工预算总工时沿用前述数据，假定车间水电费、维修费预算工时分配率等其他条件不变。

④ 预计 2023 年第一季度生产量为 6 200 件，销售量为 6 500 件。

任务目标：

① 编制华强公司 2022 年第二季度－2023 年第一季度的生产滚动预算。

② 编制华强公司 2022 年第二季度－2023 年第一季度的制造费用滚动预算。

③ 编制华强公司 2022 年第二季度－2023 年第一季度的产品成本滚动预算。

 知识准备

政策依据：《管理会计基本指引》《管理会计应用指引第 200 号——预算管理》《管理会计应用指引第 201 号——滚动预算》。

滚动预算是指企业根据上一期预算执行情况和新的预测结果，按既定的预算编制周期和滚动频率，对原有的预算方案进行调整和补充，逐期滚动，持续推进的预算编制方法。

一、滚动预算的类型

预算编制周期是指每次预算编制所涵盖的时间跨度。

滚动频率是指调整和补充预算的时间间隔，一般可以为月度、季度、年度等。

滚动预算按照滚动的时间单位不同，可分为中期滚动预算和短期滚动预算。

1. 中期滚动预算

中期滚动预算的编制周期通常为 3 年或 5 年，以年度作为滚动频率。

2. 短期滚动预算

短期滚动预算的编制周期通常为 1 年，以月度、季度作为滚动频率。

（1）以月度作为预算滚动频率

按月滚动预算是指以月度为预算的编制和滚动单位，每个月调整一次预算的方法。图3-1中，凡预算执行过 1 个月后，即根据前一月的经营成果，并结合执行中发生的新情况，对剩余的 11 个月加以修订，并自动后续 1 个月，重新编制新一年的预算。

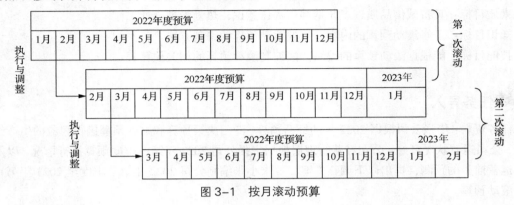

图 3-1　按月滚动预算

（2）以季度作为预算滚动频率

按季滚动预算是指以季度为预算的编制和滚动单位，每个季度调整一次预算的方法。图 3-2 中，编制短期滚动预算时，前几个月的预算要详细完整，后几个月可以粗略一些，随着时间的推移，原来较粗略的预算逐渐变详细，后面随之又补充新的较粗略的预算，以此往复，不断滚动。

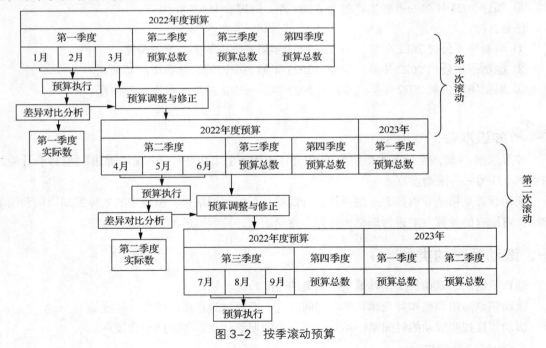

图 3-2　按季滚动预算

二、滚动预算的应用环境和应用程序

1. 滚动预算的应用环境

① 具备丰富的预算管理经验和能力。

② 建立先进科学的信息系统，及时获取充足可靠的外部市场数据和企业内部数据。

③ 重视预算编制基础数据，统一财务和非财务信息标准。

2．滚动预算的应用程序

① 研究外部环境，分析行业特点、战略目标和业务性质，结合自身的管理基础和信息化水平，确定预算编制的周期和预算滚动的频率。

② 结合业务性质和管理要求，遵循重要性和成本效益原则，确定滚动预算编制的内容。

③ 以战略目标和业务计划为依据，将上一期预算执行情况和新的预测信息，作为下一期滚动预算的编制基础。

④ 以战略目标和业务计划为基础，研究外部环境变化和内部重要事项，测算并提出预算方案。

⑤ 实行中期滚动预算的，应在方案的框架内滚动编制年度预算。

⑥ 短期滚动预算服务于年度预算目标的实施。实行短期滚动预算的，应以年度预算为基础，分解编制。

⑦ 分析影响预算目标的各种动因之间的关系，建立预算模型，生成预算编制方案。

⑧ 对比分析上一期的预算信息和预算执行情况，结合新的内外部环境预测信息，对下一期预算进行调整和修正，持续进行预算的滚动编制。

⑨ 借助数据仓库等信息技术，实现方案快速生成，减少工作量。

⑩ 根据编制结果，调整资源配置和管理要求。

 视野拓展

【小思考】作为一名会计人员，爱岗敬业是基础，不仅要对本职工作保持热爱，安心于本职岗位，稳定、持久地在会计天地中耕耘，恪尽职守地做好本职工作，还要做到兢兢业业，主动刻苦钻研业务，更新专业知识，提升业务技能。请根据自己的职业规划进行思考，为实现职业规划目标，可以从哪些方面展开。

三、滚动预算的应用评价

1．优点

企业通过持续编制滚动预算，逐期滚动管理，能够动态地反映市场，有利于企业建立跨期综合平衡，强化预算的决策和控制。

2．缺点

① 滚动预算滚动的频率越高，对预算沟通的要求越高，滚动预算编制的工作量就越大。

② 过高的滚动频率容易增加管理层的不稳定感，导致预算执行者无所适从。

任务实施

任务资料和任务目标见本任务的"任务导入"，具体任务实施过程如下。

第一步，编制华强公司 2022 年第二季度至 2023 年第一季度的生产滚动预算，如表 3-15 所示。

表 3-15　　　　华强公司 2022 年第二季度至 2023 年第一季度生产滚动预算　　　　单位：件

项目	第二季度	第三季度	第四季度	2023 年第一季度	全年合计
预计销售量	5 500	6 000	6 000	6 500	24 000
加：预计期末存货量	600	600	1 200	900	900
减：预计期初存货量	550	600	600	1 200	550
预计生产量	**5 550**	**6 000**	**6 600**	**6 200**	**24 350**

注：2023 年第一季度期末存货=1 200+6 200-6 500=900

第二步，编制华强公司 2022 年第二季度至 2023 年第一季度的制造费用滚动预算，如表 3-16 所示。

表 3-16　　　　华强公司 2022 年第二季度至 2023 年第一季度制造费用滚动预算

项目	变动制造费用分配率	第二季度	第三季度	第四季度	2023 年第一季度	全年合计
直接人工预算总工时/时		27 750	30 000	33 000	31 000	121 750
变动制造费用：						
间接材料/元	2	55 500.00	60 000.00	66 000.00	62 000.00	243 500.00
间接人工/元	2.34	64 935.00	70 200.00	77 220.00	72 540.00	284 895.00
水电费/元	2	55 500.00	60 000.00	66 000.00	62 000.00	243 500.00
修理费/元	1.6	44 400.00	48 000.00	52 800.00	49 600.00	194 800.00
其他/元	0.4	11 100.00	12 000.00	13 200.00	12 400.00	48 700.00
小计/元	8.34	231 435.00	250 200.00	275 220.00	258 540.00	1 015 395.00
固定制造费用：						
管理人员工资/元		38 520.00	38 520.00	38 520.00	38 520.00	154 080.00
折旧/元		23 000.00	23 000.00	23 000.00	23 000.00	92 000.00
修理费/元		25 000.00	25 000.00	25 000.00	25 000.00	100 000.00
水电费/元		21 000.00	21 000.00	21 000.00	21 000.00	84 000.00
保险费/元		10 000.00	10 000.00	10 000.00	10 000.00	40 000.00
设备租金/元		14 400.00	14 400.00	14 400.00	14 400.00	57 600.00
小计/元		131 920.00	131 920.00	131 920.00	131 920.00	527 680.00
制造费用合计/元		363 355.00	382 120.00	407 140.00	390 460.00	1 543 075.00
减：折旧/元		23 000.00	23 000.00	23 000.00	23 000.00	92 000.00
现金支出费用/元		340 355.00	359 120.00	384 140.00	367 460.00	1 451 075.00

注：部分项目填列说明如下。

2023 年第一季度直接人工预算总工时=6 200×5=31 000

2023 年第一季度间接人工费用预算工时分配率=1.8×（1+30%）=2.34

2023 年第一季度设备租金=18 000×（1-20%）=14 400

第三步，编制华强公司 2022 年第二季度至 2023 年第一季度的产品成本滚动预算，如表 3-17 所示。

表 3-17　　华强公司 2022 年第二季度至 2023 年第一季度产品成本滚动预算

成本项目	A 产品 2022 年第二季度—2023 年第一季度生产量 24 350 件			
	单价	单耗	单位成本	总成本
直接材料	10 元/千克	18 千克/件	180.00 元/件	4 383 000.00 元
直接人工	14 元/时	5 时/件	70.00 元/件	1 704 500.00 元
变动制造费用	8.34 元/时	5 时/件	41.70 元/件	1 015 395.00 元
合计			291.70 元/件	7 102 895.00 元
产成品存货	数量	单位成本	总成本	
期初存货（2022 年第二季度初）	550 件	289.00 元/件	158 950.00 元	
期末存货（2023 年第一季度末）	900 件	291.70 元/件	262 530.00 元	
本年销售	24 000 件		6 999 315.00 元	

注：部分项目填列说明如下。

完工入库生产量=5 550+6 000+6 600+6 200=24 350（件）

本年销售量=5 500+6 000+6 000+6 500=24 000（件）

期末存货=2023 年第一季度末的存货=900（件）

本年销售总成本=158 950+7 102 895-262 530= 6 999 315（元）

课后巩固与提升

一、单项选择题

1. 购置固定资产的预算是（　　　）。

　　A. 经营预算　　　　B. 财务预算　　　　C. 专门决策预算　　　D. 短期预算

2. 下列不属于预算管理工具方法的是（　　　）。

　　A. 全面预算　　　　B. 作业预算　　　　C. 滚动预算　　　　D. 固定预算

3. 下列属于滚动预算优点的是（　　　）。

　　A. 预算工作量小

　　B. 建立跨期综合平衡

　　C. 编制期间固定

　　D. 预算滚动的频率越高，对预算沟通的要求越低

4. 某公司预计 2022 年第一、第二季度销售甲产品分别为 250 件、380 件，单价分别为 3 元、3.6 元，各季度销售收现率为 60%，其余部分下一季度收回，则该公司第二季度现金收入是（　　　）元。

　　A. 820.80　　　　　B. 300　　　　　　C. 1 120.80　　　　　D. 520.80

5. 某企业编制直接材料预算，预计第四季度期初存量为 456 千克，季度生产需用量为 2 120 千克，预计期末存量为 350 千克，材料单价为 10 元，若材料采购货款有 50%在本季度内付清，另外 50%在下季度付清，假设不考虑其他因素，则该企业预计资产负债表年末"应付账款"项目是（　　　）元。

　　A. 13 560.00　　　　B. 14 630.00　　　　C. 11 130.00　　　　D. 10 070.00

二、多项选择题

1. 以下属于预算管理内容的有（　　　）。

　　A. 经营预算　　　　　B. 专门决策预算　　　C. 财务预算　　　　　D. 滚动预算

2. 我国《管理会计应用指引》规定的预算管理原则有（　　　）。

　　A. 战略导向原则　　　B. 过程控制原则　　　C. 平衡管理原则　　　D. 权变性原则

3. 滚动预算按照滚动的时间单位不同划分为（　　　）。

　　A. 中期滚动预算　　　B. 年度预算　　　　　C. 长期滚动预算　　　D. 短期滚动预算

4. 在编制现金预算的过程中，可作为其编制依据的有（　　　）。

　　A. 经营预算　　　　　B. 预计利润表　　　　C. 专门决策预算　　　D. 预计资产负债表

5. 企业预算管理工具方法的应用程序有（　　　）。

　　A. 预算编制　　　　　B. 预算控制　　　　　C. 预算调整　　　　　D. 预算考核

三、判断题

1. 企业只能单独选择使用一种适合的预算管理工具方法编制预算。（　　　）

2. 销售预算是全面预算体系的核心，是编制年度预算的关键和起点。（　　　）

3. 管理费用多属于固定成本，所以一般是以过去的实际开支为基础，按预算期的可预见变化来调整的。（　　　）

4. 滚动预算的主要特点就是它的预算期能永远保持 12 个月。（　　　）

5. 弹性预算，是指企业不以历史期经济活动及其预算为基础，以零为起点，从实际需要出发分析预算期经济活动的合理性，经综合平衡，形成预算的预算编制方法。（　　　）

03

项目四

成本管理

基于价值链的全方位成本管理

京东是我国知名的综合网络零售商，在线销售家电、数码、计算机、家居百货、服饰、母婴、图书、视频、在线旅游等多个大类数万个品牌百万种产品。2014年5月，京东成功在美国纳斯达克挂牌上市。京东成功的重要原因之一就是其基于价值链的全方位成本管理。

京东基于价值链的全方位成本管理以先进的信息系统为基础，以即时库存管理为前提，以高效的物流体系为核心，通过"提高价值链效率"和"降低价值链各个环节的成本"两条曲线，将成本管理嵌入价值链的各个环节，采取有针对性的措施对价值链的各节点加以完善，全方位降低成本，实现企业的战略目标。

通常来讲，商品从京东送至客户这一链条上包括以下几个环节：采购环节、销售环节、配送环节、支付环节和反馈环节。京东将成本管理嵌入价值链的各个环节，采取有针对性的措施对价值链节点加以完善，全方位降低企业的成本。

（1）即时库存管理，降低库存成本。

（2）精细化库存管理，提高运营效率。

（3）网络营销模式，压低经营成本。

（4）专业物流配送，优化物流成本。

（5）自建支付体系，节约资金成本。

（6）周到贴心服务，避免隐性成本。

思维导图 ↓

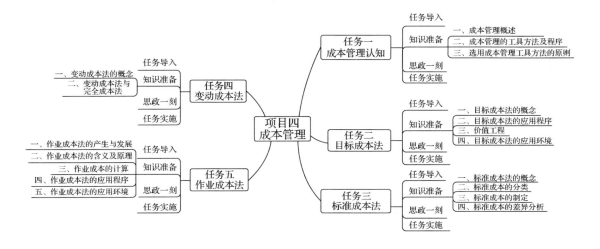

任务一　成本管理认知

 学习目标

素质目标：具备诚信品质、成本意识、质量意识，热爱管理会计工作。

知识目标：明确成本管理的目的和工具方法，熟悉选用成本管理工具方法的原则，熟悉成本管理的程序。

技能目标：能正确理解成本管理的目的及原则，能掌握成本管理的工具方法。

 **任务导入**

任务资料：沃尔玛是世界上最大的商业零售企业，世界 500 强之一，那么沃尔玛的竞争力是什么呢？有人认为是天天低价，有人认为是物流配送，有人认为是增值服务。一些国外专家研究得出的结果是：沃尔玛的竞争优势在于价格优势——天天低价。不过，天天低价不是产品，不是服务，不是环境，而是价格。

沃尔玛有五项竞争能力，最为核心的是成本控制能力，其他的竞争能力是业态创新能力、快速扩张能力、财务运作能力和营销管理能力，这些都是围绕成本控制能力体现的。沃尔玛的五项竞争能力最终在不同方面为沃尔玛节省了运营成本，增强了竞争优势服务。

业态创新能力方面，围绕低成本运营业态进行组合创新。营销管理能力方面，通过天天低价这个稳定的促销手段，大大降低了促销费用。沃尔玛通过一系列的成本控制方式和手段，获得了行业竞争优势。

任务目标：了解沃尔玛如何通过成本控制，使企业获得竞争优势。

知识准备

政策依据：《管理会计基本指引》《管理会计应用指引第 300 号——成本管理》。

成本作为一个价值范畴，其水平的高低直接影响企业的存亡。企业进行成本管理，通过提高企业成本管理水平，促进企业降低成本的同时能够增加企业效益，提升企业竞争能力。

一、成本管理概述

管理会计始于成本管理，随着竞争加剧，经济转型升级，许多企业深挖潜力，努力降低成本，增加效益，借助信息技术加大了对成本管理的力度，一些大型企业建立了集多种成本计算方法于一体的成本管理体系。

1. 成本管理的概念

成本管理，是指企业营运过程中实施成本预测、成本决策、成本计划、成本控制、成本核算、成本分析和成本考核等一系列管理活动的总称。

（1）成本预测

成本预测是以现有条件为前提，在历史成本资料的基础上，根据未来可能发生的变化，利用科学的方法，对未来的成本水平及其发展趋势进行描述和判断的成本管理活动。成本预测有助于减少决策的盲目性，能够帮助经营管理者选出最优方案，做出正确决策。成本预测是成本计划的基础，是编制成本计划的依据。没有成本预测，成本计划就会成为主观臆断，在此计划基础上所做的成本预算就失去了意义。

（2）成本决策

成本决策是在充分利用已有资料的基础上，对运营过程中与成本相关问题的各个方案，运用定性和定量的方法，综合经济效益、质量、效率和规模等指标，对各种备选方案进行分析比较，进而确定运营过程中与成本相关的最优方案的成本管理活动。它以成本预测为基础，进一步确定成本管理的思路和方法，同时也是成本管理工作的核心，是成本管理不可缺少的一项重要职能，它对正确地制订成本计划，促使企业降低成本、提高经济效益都具有十分重要的意义。

（3）成本计划

成本计划是以运营计划和有关成本资料为基础，根据成本决策所确定的目标，通过一定的程序，运用一定的方法，进行的针对计划期企业的生产耗费和成本水平具有约束力筹划的成本管理活动。成本计划是成本控制和成本考核的依据。

（4）成本控制

成本控制是成本管理者根据预定的目标，对成本发生和形成过程以及影响成本的各种因素条件施加主动的影响或干预，使成本按照预期方向发展的成本管理活动。

（5）成本核算

成本核算是根据成本计算对象，按照法规制度和企业管理的要求，利用会计核算体系，采用适当的成本计算方法，对运营过程中实际发生的各种耗费按照规定的成本项目进行计算、归集与分配，取得不同成本计算对象的总成本和单位成本并将其传递给有关使用者的成本管理活动。其目的是为成本管理的各个环节提供准确的信息。只有通过成本核算，才能全面准确地把握企业生产经营管理的效果。企业的劳动生产率、固定资产的利用程度、原材料和能源的消耗情况、生产单位（车间）的管理水平等，都直接或间接地表现在成本上。

（6）成本分析

成本分析是在成本核算提供的实际成本及其他有关资料的基础上，运用一定的方法，揭示成本变化情况，进一步查明影响成本变动的各种因素、产生的原因，明确相应的责任单位和责任人的责任，并提出建设性的建议，以采取有效措施控制成本的成本管理活动。成本分析有利于正确认识、掌握和运用成本变动的规律，实现降低成本的目标；有助于进行成本控制，正确评价成本计划完成情况；可为制订成本计划、经营决策提供重要依据，指明成本管理工作的努力方向。

（7）成本考核

成本考核是对成本计划及其有关指标实际完成情况进行定期总结和评价，并根据考核结果和责任制的落实情况，进行相应奖励和惩罚，以监督和促进企业加强成本管理责任制，提高成本管理水平的成本管理活动。成本考核主要是对每个成本责任单位和责任人，在降低成本方面所做的努力和贡献给予肯定，并根据贡献的大小给予相应的奖励，以稳定和提升员工进一步努力的积极性；对缺少成本意识、成本控制不到位的单位和个人给予处罚，以促其改进改善。

2. 成本管理的目的

成本管理是企业管理中的重要组成部分，是使企业能够具备竞争优势的重要方法。成本管理通过一系列的成本管理活动能够实现以下目的：一是降低成本；二是改善业务流程；三是消除不增值作业；四是减少浪费，提高资产利用率。

二、成本管理的工具方法及程序

成本管理的工具方法

为了实现企业的成本管理目标，结合企业生产的特点和管理要求，在成本管理领域常见的工具方法有目标成本法、标准成本法、变动成本法、作业成本法等。目前，这些工具方法在《管理会计应用指引》中都有相关的应用指导，具体内容在相关任务中详述。企业在选用不同的管理工具方法的时候，根据企业实际情况，可以单独使用一类工具方法，也可以将不同的管理工具方法综合运用，目的都是更好地实现企业成本管理的目标，降本增效。不同成本管理工具方法在综合应用时，应以各成本管理工具方法具体目标的兼容性、资源共享性、适用对象的差异性、方法的协调性和互补性为前提，确保成本管理工具方法结合运用效益。

成本管理的程序一般分为三个阶段：事前成本管理阶段，主要是对未来的成本水平及其发展趋势进行预测与规划，包括成本预测、成本决策和成本计划三个步骤；事中成本管理阶段，主要是对运营过程中发生的成本进行干预与控制，即成本控制步骤；事后成本管理阶段，主要是在成本发生之后进行核算、分析和考核，包括成本核算、成本分析和成本考核三个步骤。

视野拓展

【案例】党的十九大报告指出，加快建设制造强国，加快发展先进制造业，推动互联网、大数据、人工智能和实体经济深度融合。当前，智能制造已成为我国制造业转型升级的重要途径和参与国际竞争的先导力量，加快发展智能制造是推进信息化和工业化深度融合，推动中国制造迈向高质量发展的必然要求。制造业是一个国家综合实力的根本，是立国之本、强国之基，从根本上决定一个国家的综合实力和国际竞争力。这些年，我国综合国力不断增强，一个很重要的原因就是逐渐发展成为制造业大国。

【分析】我国经济由高速增长转向高质量发展，其中，制造业的高质量发展是最重要的一项内容。只有制造业实现了高质量发展，才能支撑整体经济转向高质量发展。

【延伸】质量意识不仅适用于企业经营管理，也同样适用于个人的生活、学习、工作的各个方面，请思考如何把质量意识融入管理会计的学习中。

三、选用成本管理工具方法的原则

企业应用成本管理工具方法进行成本管理时，应遵循以下原则。

1. 融合性原则

成本管理工具方法应用应与企业业务优势互补和相辅相成。成本管理应以企业业务模式为基础，将成本管理嵌入业务的各领域、各层次、各环节，实现成本管理责任到人、控制到位、考核严格、目标落实。

2. 适应性原则

成本管理工具方法应用应与生产经营特点和成本管理的目标要求相适应，尤其是要与企业发展战略或竞争战略相适应。企业还应根据经营特点、组织类型和成本管理要求，选择恰当的成本计算对象，确定不同的成本计算方法。

3. 成本效益原则

成本管理应用相关工具方法时，应权衡采用该工具方法为企业带来的收益和付出的成本，避免获得的收益小于投入的成本。

4. 重要性原则

成本管理工具方法应用应重点管理对成本有重大影响的项目，力求精确，从简处理不太重要的琐碎项目。

提示

　　企业应用成本管理工具方法时，首先，应建立健全成本相关原始记录，加强和完善成本数据的收集、记录、传递、汇总和整理工作，确保成本基础信息记录完整；其次，企业应加强存货的计量验收管理，建立存货的计量、验收、领退及清查制度；另外，企业应建立健全成本管理工具方法应用的相关规章制度，一般包括费用审报制度、定额管理制度、责任成本制度等。

 任务实施

任务资料和任务目标见本任务的"任务导入"，具体任务实施过程如下。

结合所学知识，整理沃尔玛成本控制的案例资料。

沃尔玛降低采购价格，利用自己的配送系统对店铺进行配送，这种配送方式，使企业可以采用天天低价销售的营销策略。由于实现了天天低价，销售量大大增加，销售量增加使得采购量增加，采购量的增加又回到低成本采购上，形成了业务流程低成本运行系统。

沃尔玛拥有如服装的配送中心、进口商品的配送中心、退货的配送中心等6个类别的配送中心，在全球建立了62个配送中心，为450多家店铺进行配送，配送半径最远为500千米。沃尔玛大约80个店铺需要建立一个配送中心，10万平方米的店铺面积一般有1万平方米左右的配送中心。

任务二　目标成本法

 学习目标

素质目标：具备诚信品质、工匠精神、成本意识，热爱管理会计工作。

知识目标：了解目标成本法的含义，熟悉目标成本法的应用程序。

技能目标：能理解目标成本法的原理，能运用价值工程降低成本、提高效益。

 **任务导入**

任务资料：丰田成立于1933年，是与通用、福特齐名的世界著名汽车公司。丰田为什么能历经几十年而充满活力、经久不衰？就管理会计制度而言，很大程度上得益于其著名的丰田原创——

目标成本法。目标成本法是丰田员工经过几十年努力探索出的杰作，是运用科学管理原理和工业工程技术开创的具有日本文化内涵的成本管理模式。

任务目标：了解丰田目标成本法的应用情况。

 知识准备

目标成本法

政策依据：《管理会计基本指引》《管理会计应用指引第 300 号——成本管理》《管理会计应用指引第 301 号——目标成本法》。

目标成本是在产品投产前进行控制的，最早产生于 20 世纪 60 年代美国国防部武器装备的研制过程中，为了有效控制采购成本，提出产品生命周期控制思想，也被称为目标成本管理，后来传入日本、西欧等地。目标成本法使成本管理模式从"客户收入=成本价格+平均利润贡献"转变为"客户收入-目标利润贡献=目标成本"。

一、目标成本法的概念

根据《管理会计应用指引第 301 号——目标成本法》，目标成本法是指企业以市场为导向，以目标售价和目标利润为基础确定产品的目标成本，从产品设计阶段开始，通过各部门、各环节乃至与供应商的通力合作，共同实现目标成本的成本管理方法。

目标成本法是丰田员工经过几十年的努力探索出的成本管理方法。在日本，目标成本计算与准时生产（Just in Time，JIT）密切相关，它包括成本企划和成本改善两个阶段，以市场为导向，以顾客能够接受的竞争价格为基础，来决定产品的成本，进而保证实现预期的利润。一般地，首先通过调研确定顾客会为产品/服务付多少钱，然后根据企业预期要实现的利润，计算产品承担的成本，根据这个成本，设计相应水平的产品或服务。一般地，相对比较成熟的制造业企业，企业在进行产品改造以及产品开发设计过程中会采用这种方法。

二、目标成本法的应用程序

目标成本法的应用程序一般包括确定应用对象、成立跨部门团队、收集相关信息、计算市场驱动产品成本、设定可实现目标成本、分解可实现目标成本、落实目标成本责任、考核成本管理业绩以及持续改善等九个环节。这些环节是从目标成本的设定、分解、达成再设定、再分解、再达成的多重循环的方法流程，以便于实现对现有产品方案的反复、连续的改进。目标成本法的目的不是在制造过程中降低成本，而是在产品研发或设计过程中设计好产品的成本。

1. 确定应用对象

企业一般应将拟开发的新产品作为目标成本法的应用对象，或选择功能与设计存在较大弹性空间、产销量较大且处于亏损状态或盈利水平较低、对企业经营业绩具有重大影响的老产品作为目标成本法的应用对象。确定应用对象需要明确目标成本法的目的，清楚企业的内外部环境和条件，同时需要综合考虑产品的产销量和盈利能力等。

2. 成立跨部门团队

应用目标成本法进行成本管理，需要企业设立由研究与开发、工程、供应、生产、营销、财务、信息等有关部门负责人组成的跨部门团队。这个团队由管理层授权，业务主管负责，通过建立成本规划、成本设计、成本确认、成本实施等小组，开展目标成本法的相关工作。每个小组都有各自不同的职责：成本规划小组由业务主管及财务人员组成，主要负责收集相关信息、计算市场驱动产品成本，即设定目标利润，制定新产品开发或老产品改进方针，考虑目标成本等；成本设计小组由技术及财务人员组成，主要负责可实现目标成本的设定和分解，即确定产品的技术性能、规格，并且对比各种成本因素，使用价值工程进行分解，在设计图上进行成本降低或成本优化的预演；成本确认小组由有关部门负责人、技术及财务人员组成，主要负责可实现目标成本的设定与分解的评价和确认，即分析设计方案或试制品评价的结果，确认目标成本，进行生产准备、设备投资等；成本实施小组由有关部门负责人及财务人员组成，主要负责落实目标成本责任、考核成本管理业绩等工作，即确认实现成本策划的各种措施，分析成本控制中出现的差异，并提出对策，对整个生产过程进行分析、评价等。

3. 收集相关信息

目标成本法的应用需要企业的研究与开发、工程、供应、生产、营销、财务和信息等部门收集与应用对象相关的信息。这些信息一般包括：产品成本构成及料、工、费等方面的财务和非财务信息；产品功能及其设计、生产流程与工艺等技术信息；材料的主要供应商、供求状况、市场价格及其变动趋势等信息；产品的主要消费者群体、分销方式和渠道、市场价格及其变动趋势等信息；本企业及同行业标杆企业产品盈利水平等信息和其他相关信息。

4. 计算市场驱动产品成本

计算市场驱动产品成本，按照以下步骤进行。

第一步，确定目标售价。目标售价的设定必须考虑顾客感知的产品价值、竞争产品的预期相对功能和售价、企业针对该产品的战略目标等因素。第二步，设定目标利润。目标利润的设定应综合考虑利润预期、历史数据、竞争地位分析等因素。第三步，计算容许成本。容许成本是指目标售价减去目标利润之后的余额。

$$容许成本=目标售价-目标利润$$

5. 设定可实现目标成本

企业需要将容许成本与新产品设计成本或老产品当前成本进行比较，确定二者的差异及相应的原因，设定可实现的目标成本。一般情况下，在保证产品的功能和质量的前提下，采取价值工程、拆装分析、流程再造、全面质量管理、供应链全程成本管理等措施和手段，寻找消除当前成本或设计成本与容许成本差异的措施，使容许成本成为可实现的目标成本。目标成本的确定如图4-1所示。

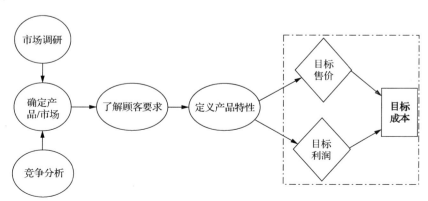

图4-1　目标成本的确定

以丰田实施目标成本管理为例，公司参考长期的利润率目标来决定目标利润率，再将目标售价减去目标利润得到目标成本。其产品目标成本的确定，以产品经理为中心，对企业产品——汽车式样及规格、开发计划进行设计推敲，结合市场变动趋向、竞争车种情况、新车型所增加新动能的价值等，与业务部门讨论确定目标售价及预计销量，编制新型车的开发提案，经高级主管所组成的产品规划委员会审核批准以后，即进入下一阶段。

 视野拓展

【案例】随着我国经济新常态的到来，供给侧结构性改革不断推进，实体企业步入产业结构调整拐点，倒逼其探索精益化管理，走科学发展之路。作为一家现代化铀矿冶生产企业，天山铀业通过生产精益化推动成本管理模式改进与优化，成效显著，产品成本由传统的事后算账发展到事前控制，为各单位控制成本提出了明确的目标，从而形成了一个全企业、全过程、全员的多层次、多方位的目标成本管控体系，达到少投入多产出，获得最佳经济效益的目的。

【分析】成本决定了企业的生存与发展，目标成本管控既是企业增加盈利的根本途径，也是企业抵御内外压力、求得生存的主要保障，更是企业发展的基础。

【延伸】从成本管理的角度，企业如何打造员工的工匠精神，通过精益化生产和管理，降低产品成本？

6. 分解可实现目标成本

企业对可实现的目标成本进行分解，按照主要功能，确定产品所包含的每一零件的目标成本。在分解时，首先要确定主要功能的目标成本，然后寻找实现这种功能的方法，把主要功能分解到零件，也就是将主要功能级的目标成本分配给零件，进而形成零件级目标成本。同时，企业可以将零件级目标成本与供应商的目标售价对接，将企业所面临的竞争压力传递给供应商的设计者。目标成本的分解如图 4-2 所示。

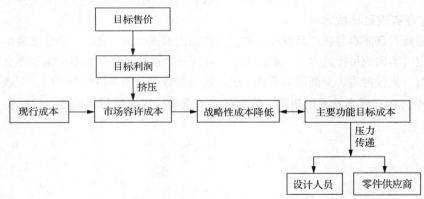

图 4-2　目标成本的分解

7. 落实目标成本责任

企业应按照可控性原则、责权利统一原则和可行性原则，将设定的可实现目标成本、零件级目标成本和供应商的目标售价进一步量化为可控制的财务和非财务指标，落实到各责任主体，形成各责任主体的责任成本和成本控制标准，并辅以相应的权限，将达成的可实现目标成本落到实处。

8. 考核成本管理业绩

企业应遵循目标一致性原则、全面性原则、层次性原则、差异性原则和动态性原则，以各责任主体的责任成本和成本控制标准为依据，依据业绩考核制度和办法，定期进行成本管理业绩的考核与评价，为各责任主体和人员的激励奠定基础。

在确定目标成本之后，则将成本规划目标进一步细分给负责设计的部门。在设计过程中，并不要求每个设计都一律按规定确定其成本降低的百分比，而是由产品经理根据以往实际业绩、经验等，与各设计部进行多次协调讨论后，确定各设计部的成本降低目标。另外，各设计部为实现目标成本，将成本目标进一步细分到构件、零件之中。

9. 持续改善

企业应定期将产品实际成本与设定的可实现目标成本进行对比，确定二者的差异及其性质，分析差异的成因，探求消除各种重要不利差异的可行途径和措施，进行可实现目标成本的重新设定、再达成，推动成本的持续改善。

目标成本法的程序如图 4-3 所示。

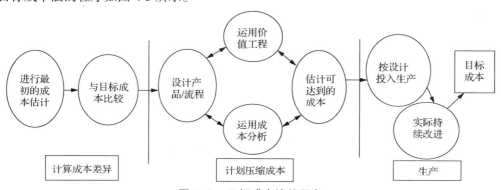

图 4-3　目标成本法的程序

三、价值工程

目标成本法中常用的分解方法是价值工程（Value Engineering，VE），也称为价值分析（Value Analysis，VA）。价值工程是一门新兴的管理技术，是降低成本、提高经济效益的有效方法。所谓价值工程，是指以产品或作业的功能分析为核心，以提高产品或作业的价值为目的，力求以最低寿命周期成本实现产品或作业使用所要求的必要功能的一项有组织的创造性活动。价值工程主要思想是通过对既定研究对象的功能及成本分析，提高研究对象的价值，即"以最低成本满足需求"。这里的价值指产品的必要功能与其寿命周期成本的比值，其计算公式如下。

$$价值 = \frac{产品具备的必要功能}{实现该功能的寿命周期成本}$$

简化：
$$价值 = \frac{功能}{成本}$$

功能是指产品的功能、效用、能力等，即产品所担负的职能或者说产品所具有的性能。成本指产品周期成本，即产品在研制、生产、销售、使用过程中全部耗费的成本之和。一般人们对商品都有"物美价廉"的要求，"物美"实际上反映商品的功能、质量水平符合顾客需求；"价廉"反映商品的成本水平，顾客购买时考虑"合算不合算"，这要求设计者要以尽可能低的成本来实现其功能，这里的成本不仅指产品的设计、生产成本，还包括顾客的使用成本和报废成本。对于电冰箱来说，省电型冰箱并不会减少生产者的成本，但是它会节省顾客的使用成本；无氟冰箱并不会减少生产者的成本，但是无氟冰箱会节省社会成本（减少污染）。因而它们都应是设计者的努力方向。

根据定义，提高价值的基本途径有五种：一是功能不变，成本降低，价值提高；二是成本不变，功能提高，价值提高；三是功能提高的幅度高于成本提高的幅度；四是功能降低的幅度小于成本降低的幅度；五是功能提高，成本降低，价值大大提高。

四、目标成本法的应用环境

企业为创造和提升顾客价值，以成本降低或成本优化为主要手段，谋求竞争中的成本优势，保证目标利润的实现。企业可以通过设立由研究与开发、工程、供应、生产、营销、财务、信息等有关部门负责人组成的跨部门组织，负责目标成本的制定、计划、分解、下达与考核，并建立相应的工作机制，有效协调有关部门之间的分工与合作，并能及时、准确取得目标成本计算所需要的各种财务和非财务信息。

当企业处于比较成熟的买方市场，且其产品的设计、性能、质量、价值等呈现出较为明显的多样化特征，企业能及时、准确地提供产品售价、成本、利润以及性能、质量、工艺、流程、技术等方面的信息时，企业通常会选用目标成本法。

目标成本法具有以下优点：一是突出从原材料到产品完工的全过程成本管理，有助于提高成本管理的效率和效果；二是强调产品生命周期成本的全过程和全员管理，有助于提升客户价值和产品市场竞争力；三是谋求成本规划与利润规划活动的有机统一，有助于提升产品的综合竞争力。当然这种方法的应用不仅要求企业具有各类所需人才，更需要各有关部门和人员通力合作，对管理水平要求较高。

提示

目标成本法的特点是将成本管理的出发点，从生产现场转移到产品设计与规划上，从源头着手，具有大幅度降低成本的功效。

任务实施

任务资料和任务目标见本任务的"任务导入"，具体任务实施过程如下。

整理丰田目标成本法的案例资料。

丰田目标成本法所体现的成本管理特色主要表现在以下几个方面。

拓宽了企业成本管理的范围；明确了企业成本管理必须着眼于未来市场以求取竞争优势；调整了企业成本管理的重点；深化了企业成本管理的目标；丰富了成本管理的手段；进行了独特的差额估计与差额管理。

任务三　标准成本法

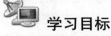

学习目标

素质目标：具备诚信品质、工匠精神、责任意识，热爱管理会计工作。

知识目标：了解标准成本法的概念，熟悉标准成本的制定，掌握成本差异分析。

技能目标：能运用标准成本法进行成本管理，能做成本差异分析。

 **任务导入**

任务资料：作为中国兵器装备集团建设工业所属骨干企业之一，重庆建设工业（集团）有限责任公司按照中国兵器装备集团价值创造行动的推进要求，结合企业实际，推行工序标准成本管理，全面提升了成本管控水平，成本费用得到了有效控制和降低，各项运营指标显著改善，连续四年荣获中国兵器装备集团"成本领先单位"称号。

任务目标：分析重庆建设工业（集团）有限责任公司的标准成本管理是如何推进的。

 知识准备

政策依据：《管理会计基本指引》《管理会计应用指引第 300 号——成本管理》《管理会计应用指引第 302 号——标准成本法》。

标准成本控制产生于 20 世纪初的美国，为了应对世界性经济危机，泰罗的科学管理得到广泛的推行，会计学为了紧密配合科学管理以提高企业经济效益，将"标准成本""预算控制""差异分析"引入会计核算体系。

04

一、标准成本法的概念

根据《管理会计应用指引第 302 号——标准成本法》，标准成本法是指企业以预先制定的标准成本为基础，通过比较标准成本与实际成本，计算和分析两者的成本差异，揭示成本差异动因，实施成本控制、评价经营业绩的一种成本管理方法。其中，标准成本是指在正常的生产技术水平和有效的经营管理条件下，企业经过努力应达到的产品成本水平。成本差异则是指实际成本与相应标准成本之间的差额。当实际成本高于标准成本时，形成超支差异；当实际成本低于标准成本时，形成节约差异。

企业通过比较标准成本与实际成本，揭示与分析两者之间的差异，按照例外管理的原则，对不利差异予以纠正，以提高工作效率，不断改善产品成本。标准成本控制与分析如图 4-4 所示。这种方法一般适用于产品及其生产条件相对稳定，或生产流程与工艺标准化程度较高的企业。

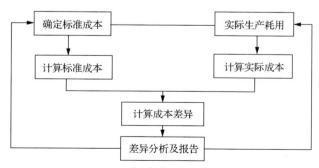

图 4-4　标准成本控制与分析

二、标准成本的分类

标准成本按照制定所依据的生产技术和经营管理水平的不同，可分为理想标准成本和正常标准成本。

理想标准成本是指在现有的生产能力、技术装备、经营管理水平和生产工人技术发挥均达到最佳状态时，能够达到的最低成本。制定理想标准成本的依据，是在生产过程中没有一点浪费的生产要素，最熟练的工人全力以赴工作，不存在废品损失和停工等。这种标准很难实现，即使暂时出现也不可能持久，也不宜作为考核的依据，但是作为一个完美的目标，具有一定的激励作用。

正常标准成本是指在现有的生产能力、技术装备水平下，在合理的工作效率、有效的管理水平前提下所达到的成本水平。制定这种标准成本时，把生产经营活动中一般难以避免的损耗和低效率等情况都考虑在内，切合实际情况，使之成为可行的控制标准。这个标准成本是能够达到的，但是也不是轻易就能实现的。一般地，正常标准成本要大于理想标准成本，采用这个标准成本，可能出现超支差异，正常标准成本要经过努力才能实现，具有调动员工积极性的作用。

在选用标准成本时，一般选用正常标准成本，具有一定的客观性和科学性；又考虑了各种偶然和意外，即正常情况下的消耗水平，具有现实性；在生产工艺水平和管理水平不变的情况下，也具有相对稳定性。

三、标准成本的制定

当企业具备良好的外部市场经营环境，产品产销平稳时可以选用标准成本法。应用标准成本法，需要结合企业内部管理要求，先确定应用对象（可以是不同种类、不同批次或不同步骤的产品），然后制定企业标准成本。在制定标准成本时，企业可以结合经验数据、行业标杆或实地测算的结果，运用统计分析、工程试验等方法，按照以下程序进行：第一步，针对不同的成本或费用项目，分别确定消耗量标准和价格标准；第二步，确定每一成本或费用项目的标准成本；第三步，汇总不同成本项目的标准成本，确定产品的标准成本。

一般地，企业产品标准成本通常由直接材料标准成本、直接人工标准成本和制造费用标准成本构成。每一成本项目的标准成本分为用量标准（包括单位产品消耗量、单位产品人工工时等）和价格标准（包括原材料单价、小时工资率、小时制造费用分配率等）。各个成本项目的用量标准和价格标准如表 4-1 所示。

单位产品的标准成本=直接材料标准成本+直接人工标准成本+制造费用标准成本

$$=\sum（用量标准×价格标准）$$

标准成本（总额）=实际产量×单位产品标准成本

表 4-1　　　　　　　　　各个成本项目的用量标准和价格标准

成本项目	用量标准	价格标准
直接材料	单位产品材料消耗量	原材料单价
直接人工	单位产品直接人工工时	小时工资率
制造费用	单位产品直接人工工时 （或单位产品机器工时）	小时制造费用分配率

1. 直接材料标准成本

直接材料标准成本是指直接用于产品生产的材料成本标准,包括用量标准和价格标准两方面。用量标准是现有技术条件生产单位产品所需的材料数量,包括必不可少的消耗以及各种难以避免的损失。用量标准一般由生产部门负责制定,技术、财务、信息等部门协同。首先,根据产品的图纸等技术文件进行产品研究,列出所需的各种材料以及可能的代用材料,所需材料的种类、质量和库存情况;然后,对历史记录进行分析,采用平均值,或最高与最低值的平均数,或最节省数量,或实际测定数据,或技术分析数据等,科学地制定标准用量。价格标准是指预计下一年度实际需要支付的进料单位成本,包括发票价格、运费、检验和正常损耗等成本,是取得材料的全部成本。价格标准一般由采购部门负责,财务、生产、信息等部门协同,在综合考虑市场环境及其变化趋势、订货价格以及最佳采购批量等因素的基础上确定。直接材料标准成本的计算公式如下。

$$直接材料标准成本=单位产品的标准用量×材料的标准单价$$

如果企业材料成本采用计划成本法核算,则材料的标准单价可以采用材料计划单价。

2. 直接人工标准成本

直接人工标准成本是指直接用于产品生产的人工成本标准,包括标准工时和标准工资率。标准工时是指在现有生产技术条件下,生产单位产品所需要的时间,包括直接加工操作必不可少的时间,以及必要的间歇和停工,如工间休息、设备调整准备时间、不可避免的废品耗用工时等。标准工资率可以是预定的工资率,也可以是正常的工资率。如果采用计件工资制,标准工资率是预定的每件产品支付的工资除以标准工时,或者预定的小时工资;如果采用月工资制,需要用月工资总额除以可用工时总量来计算标准工资率。直接人工标准成本的计算公式如下。

$$直接人工标准成本=单位产品的标准工时×小时标准工资率$$

3. 制造费用标准成本

制造费用标准成本根据成本性态,可分为变动制造费用标准成本和固定制造费用标准成本。

（1）变动制造费用标准成本

变动制造费用,是指通常随产量变化而成正比例变化的制造费用。变动制造费用项目的标准成本包括用量标准和价格标准。用量标准通常采用单位产品直接人工工时标准和直接人工标准成本制定时相同,也有企业采用机器工时或其他用量标准。变动制造费用的价格标准是单位工时变动制造费用的标准分配率,它根据变动制造费用预算总额和直接人工标准总工时计算求得。变动制造费用标准成本的计算公式如下。

$$变动制造费用标准成本=单位产品直接人工标准工时×变动制造费用标准分配率$$

$$变动制造费用标准分配率 = \frac{变动制造费用预算总额}{直接人工标准总工时}$$

（2）固定制造费用标准成本

固定制造费用,是指在一定产量范围内,其费用总额不会随产量变化而变化,始终保持固定不变的制造费用。固定制造费用一般按照费用的构成项目实行总量控制;也可以根据需要,通过计算标准分配率,将固定制造费用分配至单位产品,形成固定制造费用标准成本。固定制造费用的用量标准与变动制造费用的用量标准相同,包括直接人工工时、机器工时、其他用量标准等,两者保持一致,以便于差异分析。固定制造费用的价格标准是单位工时固定制造费用的标准分配率,它根据固定制造费用预算和直接人工标准总工时计算求得。

$$固定制造费用标准成本=单位产品直接人工标准工时×固定制造费用标准分配率$$

$$固定制造费用标准分配率=\frac{固定制造费用预算总额}{直接人工标准总工时}$$

四、标准成本的差异分析

标准成本的差异分析

由于各种原因，产品的实际成本和标准成本往往不一致，实际成本与标准成本之间的差异称为标准成本差异，简称"成本差异"。当实际成本大于标准成本，成本差异属于不利差异，当实际成本小于标准成本，成本差异属于有利差异。实践中，需要对产生的成本差异进行分析，寻找原因，落实责任主体，采取改进途径和措施。有关计算公式如下。

成本差异=实际成本-标准成本

　　　=实际用量×实际价格-标准用量×标准价格

　　　=实际用量×实际价格-实际用量×标准价格+实际用量×标准价格-标准用量×标准价格

　　　=实际用量×（实际价格-标准价格）+（实际用量-标准用量）×标准价格

　　　=价格差异+数量差异

1. 直接材料成本差异

直接材料成本差异，是指直接材料实际成本与标准成本之间的差额，该项差异可分解为直接材料价格差异和直接材料数量差异。

直接材料价格差异，是指在采购过程中，直接材料实际价格脱离标准价格所形成的差异。直接材料数量差异，是指在产品生产过程中，直接材料实际消耗量脱离标准消耗量所形成的差异。有关计算公式如下。

直接材料成本差异=实际成本-标准成本

直接材料价格差异=实际用量×（实际价格-标准价格）

直接材料数量差异=（实际用量-标准用量）×标准价格

【例 4-1】A 企业本月生产产品 100 件，使用材料 500 千克，材料单价为 0.55 元/千克；单位产品的直接材料标准成本为 1 元，即每件产品耗用 2 千克直接材料，每千克材料的标准价格为 0.5 元。

要求： 计算直接材料成本差异。

解析：

直接材料价格差异=500×（0.55-0.5）=25（元）

直接材料数量差异=（500-100×2）×0.5=150（元）

直接材料成本差异=实际成本-标准成本

　　　　　　　　=500×0.55-100×2×0.5=275-100=175（元）

或：直接材料成本差异=直接材料价格差异+直接材料数量差异

　　　　　　　　　　=25+150=175（元）

直接材料的价格差异与数量差异之和，应当等于直接材料成本的总差异，并可据此验算差异分析计算的正确性。

2. 直接人工成本差异

直接人工成本差异，是指直接人工实际成本与标准成本之间的差额，该差异可分解为工资率差异和人工效率差异。

工资率差异，是指实际工资率脱离标准工资率形成的差异，按实际工时计算确定。人工效率差异，是指实际工时脱离标准工时形成的差异，按标准工资率计算确定。有关计算公式如下。

$$直接人工成本差异=实际成本-标准成本$$
$$=实际工时×实际工资率-标准工时×标准工资率$$
$$直接人工工资率差异=实际工时×（实际工资率-标准工资率）$$
$$直接人工效率差异=（实际工时-标准工时）×标准工资率$$

【例 4-2】B 企业本月生产产品 100 件，实际使用工时 400 小时，支付工资 1 640 元；直接人工的标准成本是 14 元/件，即每件产品标准工时为 3.5 小时，标准工资率为 4 元/时。

要求：计算直接人工成本差异。

解析：

直接人工工资率差异=400×（1 640÷400-4）=400×（4.1-4）=40（元）

直接人工效率差异=（400-100×3.5）×4=（400-350）×4=200（元）

直接人工成本差异=实际成本 - 标准成本
$$=1 640-100×14=240（元）$$

或：直接人工成本差异=直接人工工资率差异+直接人工效率差异
$$=40 +200=240（元）$$

3．变动制造费用成本差异

变动制造费用成本差异，是指变动制造费用的实际发生额与变动制造费用的标准成本之间的差额，该差异可分解为变动制造费用的价格差异和数量差异。

价格差异是指燃料、动力、辅助材料等变动制造费用项目的实际价格脱离标准价格的差异，价格差异按实际工时计算，反映耗费水平的高低，称为"耗费差异"。数量差异是指燃料、动力、辅助材料等变动制造费用项目的实际消耗量脱离标准用量的差异，数量差异按标准的小时费用率计算，反映费用节约或超支，称为"效率差异"。计算公式列示如下。

$$变动制造费用成本差异=实际变动制造费用-标准变动制造费用$$
$$耗费差异=实际工时×（变动制造费用实际分配率-变动制造费用标准分配率）$$
$$效率差异=（实际工时-标准工时）×变动制造费用标准分配率$$

变动制造费用成本差异的计算和分析原理与直接材料和直接人工成本差异的计算和分析原理类似。

【例 4-3】C 企业本月实际产量 100 件，使用工时 400 小时，实际发生变动制造费用 880 元；变动制造费用标准成本为 4 元/件，即每件产品标准工时为 2 小时，变动制造费用标准分配率为 2 元/时。

要求：计算变动制造费用成本差异。

解析：

耗费差异=400×（880÷400-2）=400×（2.2-2）=80（元）

效率差异=（400-100×2）×2=200×2=400（元）

变动制造费用成本差异=880-100×4=480（元）

或：变动制造费用成本差异=耗费差异+效率差异
$$=80+400=480（元）$$

4. 固定制造费用成本差异

固定制造费用成本差异，是指固定制造费用实际成本与其标准成本之间的差额。其计算公式如下。

固定制造费用成本差异=固定制造费用实际成本-固定制造费用标准成本（预算）

企业应根据固定制造费用项目的性质，分析差异的形成原因，并追溯至相关的责任主体。固定制造费用的差异分析与各项变动成本差异分析不同，其分析方法有二因素分析法和三因素分析法两种。

（1）二因素分析法

二因素分析法下，将固定制造费用差异分为耗费差异和能量差异。

耗费差异是指固定制造费用的实际金额与固定制造费用预算金额之间的差额。固定费用与变动费用不同，不随业务量变化，在分析时，以原来的预算数作为标准，若实际数超过预算数，则耗费过多。其计算公式如下。

固定制造费用耗费差异=实际数-预算数

=实际产量下的实际成本-生产能量×标准分配率

能量差异是指固定制造费用预算与固定制造费用标准成本的差额，或者说是生产能量与实际业务量的标准工时的差额用标准分配率计算的金额。它反映实际产量标准工时未能达到生产能量而造成的损失。其计算公式如下。

固定制造费用能量差异=预算数-标准成本

=固定制造费用标准分配率×生产能量-固定制造费用标准分配率×
实际产量标准工时

=（生产能量-实际产量标准工时）×固定制造费用标准分配率

【例4-4】D企业本月实际产量100件，发生固定制造费用700元，实际工时为400小时；企业生产能量为500小时；每件产品固定制造费用标准成本为3元/件，即每件产品标准工时为2小时，标准分配率为1.5元/时。

要求：根据二因素分析法计算固定制造费用成本差异。

解析：

固定制造费用耗费差异=700-500×1.5=-50（元）

固定制造费用能量差异=500×1.5-100×2×1.5=750-300=450（元）

固定制造费用成本差异=固定制造费用实际成本-固定制造费用标准成本

=700-100×3=400（元）

或：固定制造费用成本差异=耗费差异+能量差异=-50+450=400（元）

（2）三因素分析法

三因素分析法下，将固定制造费用成本差异分为耗费差异、效率差异和闲置能量差异三部分。耗费差异的计算与二因素分析法下的计算相同。不同的是要将二因素分析法中的"能量差异"进一步分为闲置能量差异和效率差异。一部分是实际工时未达到生产能量而形成的闲置能量差异，另一部分是实际工时脱离标准工时而形成的效率差异。因为固定制造费用一般与形成企业生产能力的机械设备和厂房相联系。比如一台机器，它每月设计可运行1 000小时，这是它的能力或能量，但实际它一个月运转了800小时，那它就闲置了200小时，这就会产生闲置能量差异。实际产量的标准工时与实际加工的实际工时产生的差异称为效率差异。

闲置能量差异=预算数-实际产量实际工时×标准分配率

$\quad\quad$=生产能量×标准分配率-实际产量实际工时×标准分配率

$\quad\quad$=（生产能量-实际产量实际工时）×标准分配率

效率差异=实际产量实际工时×标准分配率-实际产量标准工时×标准分配率

$\quad\quad$=（实际产量实际工时-实际产量标准工时）×标准分配率

【例4-5】沿用【例4-4】资料。

要求：根据三因素分析法计算固定制造费用成本差异。

解析：

固定制造费用闲置能量差异=（500-400）×1.5=150（元）

固定制造费用效率差异=（400-100×2）×1.5=200×1.5=300（元）

固定制造费用成本差异=耗费差异+效率差异+闲置能量差异=-50+300+150=400（元）

三因素分析法下的闲置能量差异（150元）与效率差异（300元）之和为450元，与二因素分析法下的"能量差异"金额相同。

 提示

　　在标准成本差异分析中，数量差异的主要责任部门是生产部门；而价格差异的责任部门要分情况，材料价格差异的责任部门是采购部门，人工工资率差异由人事部门负责，变动制造费用的耗费差异则由相关的生产部门经理负责。

04

 视野拓展

　　【案例】恒隆公司是一家专业从事汽车动力转向系统研发、生产和销售的高新技术企业，其主导产品齿轮齿条式动力转向器覆盖轿车、轻型车、微型车等各类车型。该公司拥有国内一流的转向器专业生产线、专业检测设备和产品研发实力。恒隆公司采用标准成本制度提高了核算工作效率，公司零部件物料品种成千上万，过去采用实际成本法核算结账周期需要十天，现在采用标准成本法核算，结账周期缩短，将会计人员从繁重的核算事务中解放出来。同时，标准成本制度的推行，把事后会计核算系统改造成了适时系统，会计信息的时效性得到极大加强。另外，标准成本法的应用使产品成本核算更加准确。

　　【分析】合理的选择成本的核算方法，有利于提升工作效率，提高成本核算的准确性，同时还能推进深化改革，实现新突破。

　　【延伸】从成本管理的角度，企业应如何结合实际，合理选择核算方法，降低产品成本，提高工作效率，进一步打造员工精益求精的工匠精神。

 任务实施

　　任务资料和任务目标见本任务的"任务导入"，具体任务实施过程如下。

　　分析重庆建设工业（集团）有限责任公司的标准成本管理过程。

　　① 工序标准成本管理就是以工序为控制点，按照生产工艺分工序测算并制定相应的成本标准，运用标准与实际成本的差异对比分析，揭示差异形成原因，并努力寻找改进措施，以使成本得到有效控制的一种细化的成本经营管理工具方法。

② 重庆建设工业（集团）有限责任公司的标准成本管理运用到各个生产工序中，以零部件的生产加工工序为直接对象，根据一定的方法和规则，结合理想产能和正常产量，综合各种因素综合测算具体产品的相关工序的各项成本费用标准，测算产品制造过程中每一道加工工序应消耗（或付出）的成本代价，即工序的标准成本。

任务四　变动成本法

 **学习目标**

素质目标：具备诚信品质、爱国情怀、成本意识，热爱管理会计工作。

知识目标：了解变动成本法的概念，掌握变动成本法。

技能目标：能运用变动成本法计算产品成本，会编制利润表。

 任务导入

任务资料：联想公司成立于 1984 年，是一家在信息产业内多元化发展的大型企业集团，是富有创新性的国际化的科技公司。联想公司某型号产品 2014 年产量为 500 000 台，实际销售量为 450 000 台，2015 年产量为 450 000 台，全年最终实际销售量为 500 000 台。连续两年，该型号产品在市场上的实际销售价格为 0.3 万元，其中单位变动成本为 0.12 万元，单位变动销售费用为 0.06 万元，另外，这两年固定制造费用没有变化，均为 3 000 万元，固定性销售及管理费用为 10 000 万元。（资料来源于张璠、王瑞琪、魏姗姗《变动成本法在联想公司的应用》）

任务目标：

① 根据变动成本法，计算联想公司两年的营业利润。

② 根据完全成本法，计算联想公司两年的营业利润。

③ 对比分析两种成本计算方法下的税前利润。

 知识准备

政策依据：《管理会计基本指引》《管理会计应用指引第 300 号——成本管理》《管理会计应用指引第 303 号——变动成本法》。

变动成本法是美国学者哈里斯（M. J. Harris）于 1936 年提出的。随着社会的不断发展，企业采用的完全成本法计算成本具有一定的不合理性，不能满足企业的内部需求。变动成本法区别于完全成本法，在一定程度上弥补了完全成本法的不足，能够帮助企业加强内部管理。

一、变动成本法的概念

企业市场竞争环境激烈，需要频繁进行短期经营决策。企业在不断发展中，规模越来越大，产品或服务的种类越来越多，要在产品间准确地分摊固定成本存在较大困难；另外，在满足客户个性化需求时，产品更新换代的速度也加快了，这使得分摊到产品中的固定成本比重变大，这时采用完全成本法已不能真实地反映产品的成本。如果根据不准确的信息做决策，那么决策可能是错误的，而变动成本法则不考虑固定制造费用，可以正确反映产品成本及盈利状况。

固定制造费用是为企业提供一定的生产经营条件，保持生产能力，并使企业处于准备状态而发生的成本。固定制造费用同产品的实际产量没有直接联系，既不会由于产量的提高而增加，也不会因为产量的下降而减少。它实质上是会计期间所发生的费用，并随着时间的消逝而逐渐丧失，所以固定制造费用不应该递延到下一个会计期间，而应在费用发生的当期全部列入损益，作为当期边际贡献总额的扣除项目。

变动成本法也称为直接成本法，是指企业以成本性态分析为前提条件，仅将生产过程中消耗的变动生产成本作为产品成本的构成内容，而将固定生产成本和非生产成本作为期间成本，直接由当期损益予以补偿的一种成本管理方法。变动成本法下成本的构成如图 4-5 所示，完全成本法下成本的构成如图 4-6 所示。

变动成本法

图 4-5　变动成本法下成本的构成

图 4-6　完全成本法下成本的构成

04

二、变动成本法与完全成本法

完全成本法也称吸收成本法，是指以成本按经济职能划分为基础，在计算产品成本时，将生产过程中发生的全部生产成本（直接材料、直接人工和制造费用等）计入产品成本，而只将非生产成本作为期间成本在当期损益中扣减的一种成本计算方法。完全成本法是一种传统的财务会计计算产品成本的方法。

变动成本法下，为加强短期经营决策，按照成本性态，企业的生产成本可分为变动生产成本和固定生产成本，非生产成本分为变动非生产成本和固定非生产成本。其中，只有变动生产成本才构成产品成本，其随产品实体的流动而流动，随产量的变动而变动。

完全成本法和变动成本法的区别在于对固定制造费用的处理方法不同，一个计入产品成本，一个作为期间成本在当期损益中扣除。两种方法的区别主要表现在以下几个方面。

1. 应用的前提不同

变动成本法的应用是以成本按照成本性态分类为前提的。按照成本性态，成本分为变动成本和固定成本两大类，其中具有混合成本性质的制造费用按照与业务量的依存关系，可以分解为变动制造费用和固定制造费用，产品成本只考虑变动的生产成本。

完全成本法的应用是以成本按照经济职能分类为前提的。按照经济职能，成本分为生产成本和非生产成本两部分，在生产车间为组织管理产品而发生的全部生产成本计入产品成本。

2. 产品成本及期间成本的构成不同

变动成本法下，产品成本是指变动的生产成本，即与产量密切相关的，会随着产量的变化而成正比例变动的成本，期间成本则是与产量没有直接关系的固定成本和变动的非生产成本。

完全成本法下，产品成本是指车间所发生的全部生产成本，对于非生产成本则全部计入期间成本。

变动成本法与完全成本法下产品成本及期间成本构成如表 4-2 所示。

表 4-2　　　　　　　　　变动成本法与完全成本法下产品成本及期间成本构成

分类	变动成本法		完全成本法	
产品成本	变动生产成本	直接材料	生产成本	直接材料
		直接人工		直接人工
		变动制造费用		制造费用
期间成本	变动非生产成本	变动管理费用	非生产成本	管理费用
		变动销售费用		
	固定非生产成本	固定制造费用		
		固定管理费用		销售费用
		固定销售费用		

3. 对存货的估价不同

变动成本法下，产品成本只包括变动生产成本，所以无论是在产品、库存商品还是已售商品的成本都只包括变动生产成本，期末存货成本也只包括变动生产成本。固定制造费用在当期损益中一次扣除，不影响存货成本。

完全成本法下，全部生产成本需要在已售商品和期末存货之间分配，全部生产成本包括固定制造费用，所以固定制造费用也需要在已售商品和期末存货之间分配。固定制造费用的一部分作为已售商品的成本组成部分，影响当期损益，另一部分则分配到期末存货上，影响以后期间的损益。

4. 税前利润的计算程序不同

在变动成本法下，利润的计算通常采用贡献式利润表。利润表中一般包括营业收入、变动成本、边际贡献、固定成本、利润等项目。其中，变动成本包括变动生产成本和变动非生产成本两部分，固定成本包括固定制造费用和固定非生产成本两部分。贡献式利润表中损益计算包括以下两个步骤。

第一步，计算边际贡献总额。

$$边际贡献总额 = 营业收入总额 - 变动成本总额$$
$$= 销售单价 \times 销售量 - 单位变动成本 \times 销售量$$
$$= （销售单价 - 单位变动成本） \times 销售量$$
$$= 单位边际贡献 \times 销售量$$

第二步，计算当期利润。

$$税前利润 = 边际贡献总额 - 固定成本总额$$

其中，

$$变动成本 = 单位变动成本 \times 销售量$$
$$= 变动生产成本 + 变动非生产成本$$
$$固定成本 = 固定制造费用 + 固定非生产成本$$
$$= 固定制造费用 + 固定管理费用 + 固定销售费用$$

完全成本法下，利润的计算通常采用职能式利润表。利润表中包括营业收入、营业成本、管理费用、销售费用、财务费用等项目。职能式利润表中损益计算包括以下步骤。

第一步，计算销售毛利。

$$销售毛利=营业收入-营业成本$$

第二步，计算税前利润。

$$税前利润=销售毛利-期间成本$$

其中，

$$营业收入=单价\times销售量$$

营业成本=期初存货成本+本期生产成本-期末存货成本（假设存货发出的计价方法采用先进先出法）

$$期间成本=管理费用+销售费用$$

$$=固定销售及管理费用+变动销售及管理费用$$

 视野拓展

【案例】随着统筹疫情防控和经济社会发展成效的持续显现，在国内外市场需求稳定恢复、同期基数较低以及"就地过年"等因素共同作用下，工业生产销售增长加快，企业收入、利润加速恢复，盈利水平回升明显。2021 年 1—2 月，全国规模以上工业企业实现利润 11 140.1 亿元，同比增长 1.79 倍，比 2019 年 1—2 月增长 72.1%，两年平均增长 31.2%，延续了 2020 年下半年以来较快增长的良好态势。（来源：国家统计局 2021 年 3 月数据）

【分析】我们看到了工业企业效益状况延续快速复苏态势，但也要看到，国际形势依然复杂严峻，国内疫情防控不容放松，各行业效益改善还不平衡，工业经济全面恢复的基础还需进一步巩固。下一阶段，要按照党中央决策部署和两会精神，加快构建新发展格局，为工业经济持续稳定恢复创造有利条件。

【延伸】国内经济增长态势良好，更加坚定了我们的道路自信和制度自信，从成本管理的角度，谈谈企业在控制成本的经营管理中，如何提高安全生产意识。

【例 4-6】C 企业生产甲产品，3 月生产甲产品 6 000 件，期初无存货，3 月销售量为 4 000 件，期末存货为 2 000 件。甲产品的成本构成及相关信息如表 4-3 所示。

表 4-3　　　　　　　　　　甲产品的成本构成及相关信息

成本构成	费用总额/元	单价/（元/件）
直接材料	420 000	200
直接人工	180 000	
变动制造费用	60 000	
固定制造费用	120 000	
变动管理费用	18 000	3
固定管理费用	72 000	
变动销售费用	36 000	6
固定销售费用	48 000	

要求：（1）分别用完全成本法和变动成本法计算企业甲产品的总成本和单位成本。

（2）分别用完全成本法和变动成本法编制利润表。

解析：

（1）计算企业甲产品的总成本和单位成本，如表4-4所示。

表4-4 完全成本法和变动成本法下企业甲产品的总成本和单位成本

成本项目	完全成本法		变动成本法	
	总成本/元	单位成本/（元/件）	总成本/元	单位成本/（元/件）
直接材料	420 000	70	420 000	70
直接人工	180 000	30	180 000	30
变动制造费用	60 000	10	60 000	10
固定制造费用	120 000	20	—	—
合计	780 000	130	660 000	110

（2）分别采用完全成本法和变动成本法编制利润表，如表4-5所示。

表4-5 完全成本法和变动成本法下编制的利润表 单位：元

完全成本法–职能式利润表		变动成本法–贡献式利润表	
营业收入	800 000	营业收入	800 000
减：营业成本		减：变动成本	
期初存货成本	0	变动生产成本	440 000
本期生产成本	780 000	变动管理费用	12 000
本期可供销售成本	780 000	变动销售费用	24 000
减：期末存货成本	260 000	变动成本总额	476 000
本期销售成本总额	520 000	边际贡献总额	324 000
销售毛利	280 000	减：固定成本	
减：期间成本		固定制造费用	120 000
管理费用	90 000	固定管理费用	72 000
销售费用	84 000	固定销售费用	48 000
期间成本总额	174 000	固定成本总额	240 000
税前利润	106 000	税前利润	84 000

两种成本计算方法下，计算的税前利润不同，差额为22 000元，是因为本期生产了6 000件甲产品，销售了4 000件，期末存货2 000件。按照完全成本法计算产品成本时，固定制造费用按照4：2的比例在销售成本和存货成本之间分配，使得一部分成本费用结转到以后的会计期间，影响以后会计期间的损益；按照变动成本法计算产品成本时，固定制造费用虽然不计入产品成本，但是全部在当期的损益中扣除，因此，完全成本法计算的税前利润高于变动成本法计算的税前利润。

变动成本法为企业内部管理提供了成本决策的依据，这种方法是在成本按照成本性态分类的基础上进行成本管理的，把成本分为固定成本与变动成本，这样有利于明确企业产品盈利能力、划分各部门成本管理职责和进行业绩评价。这种方法在保持利润与销售量增减相一致的情况下，促使企业重视销售工作，以便于实现以销定产，防止产品大量积压。另外，变动成本法也揭示了销售量、成本和利润之间的依存关系，结合营运管理的本量利分析，使当期利润能真正反映企业经营状况，帮助企业进行经营预测和决策。

当然，变动成本法也存在一些不利影响，如在计算单位产品或服务成本时，只考虑变动的生产成本，不能完整反映完全的产品或服务成本，即产品或服务的全部耗费；另外，变动成本法中，期末存货估价中不含固定制造费用，因此可能会低估其价值，使当期的税前利润降低，影响所得税，这种方法适合短期决策，不合适长期决策。

 任务实施

任务资料和任务目标见本任务的"任务导入"，具体任务实施过程如下。

第一步，根据变动成本法，计算联想公司两年的营业利润。

2014 年的营业利润=营业收入-变动成本-固定成本

$$=450\ 000×0.3-450\ 000×（0.12+0.06）-（3\ 000+10\ 000）$$
$$=41\ 000（万元）$$

2015 年的营业利润=营业收入-变动成本-固定成本

$$=500\ 000×0.3-500\ 000×（0.12+0.06）-（3\ 000+10\ 000）$$
$$=47\ 000（万元）$$

第二步，根据完全成本法，计算联想公司两年的营业利润。

2014 年的营业利润=营业收入-营业成本-管理费用-销售费用

$$=450\ 000×（0.3-0.12-0.06-3\ 000÷500\ 000）-10\ 000$$
$$=41\ 300（万元）$$

2015 年的营业利润=营业收入-营业成本-管理费用-销售费用

$$=500\ 000×0.3-450\ 000×（0.12+0.06+3\ 000÷450\ 000）-50\ 000×（0.12+0.06+$$
$$3\ 000÷500\ 000）-10\ 000$$
$$=46\ 700（万元）$$

第三步，对比分析两种成本计算方法下的税前利润。

同一时期两种不同计算方法下，税前利润结果不同。2014 年，完全成本法下的税前利润 41 300 万元是高于变动成本法下的税前利润 41 000 万元的，2014 年销售量低于产量；2015 年，完全成本法下的税前利润 46 700 万元是低于变动成本法下的税前利润 47 000 万元，而 2015 年销售量高于当年产量。在这两年中，我们发现联想公司采用完全成本法核算，其销售和税前利润之间脱节，销售得越多反而利润越低，最终利润表中的当期营业利润和公司的实际经营情况并不相符，而变动成本法可以反映正确的销售量和利润的关系。

任务五　作业成本法

 学习目标

素质目标：具备诚信品质、敬业精神、创新意识，热爱管理会计工作。

知识目标：了解作业成本法的概念，熟悉作业成本法的应用程序和应用环境，掌握作业成本的计算。

技能目标：能运用作业成本法分配间接费用，进而计算产品成本。

任务导入

任务资料：华强公司生产三种电子产品，分别是甲产品、乙产品、丙产品。甲产品是三种产品中工艺最简单的一种，单价 260 元/件，公司每年销售 20 000 件；乙产品工艺相对复杂一些，单价 320 元/件，公司每年销售 40 000 件，在三种产品中销量最大；丙产品工艺最复杂，单价 250 元/件，公司每年销售 8 000 件。华强公司三种产品主要工序包括材料采购、材料处理、生产准备、产品装配、产品检验、产品包装、工程处理和管理，原材料和零部件均外购。华强公司一直采用传统成本法计算产品成本。在这个过程中，甲产品基本上为产销平衡；乙产品则为产能过剩，滞销；丙产品则为销售势头一片大好，生产力严重不足。公司面临一个艰难的选择。

财务经理老王建议改用作业成本法计算产品成本，以分析产品盈利能力。公司发生的业务可以根据产品主要工序划分为不同的作业成本库，公司发生的间接费用在各作业成本库中进行归集，根据作业量由资源追溯到作业中，再将作业成本追溯到三种产品成本中。公司管理层应如何选择呢？公司产品相关资料如表 4-6、表 4-7 和表 4-8 所示。

表 4-6　　　　　　　　　　　华强公司有关成本资料

项目	甲产品	乙产品	丙产品	合计
产量/件	20 000	40 000	8 000	
直接材料/元	1 000 000	3 600 000	160 000	4 760 000
直接人工/元	1 160 000	3 200 000	320 000	4 680 000
制造费用/元				7 788 000
直接人工工时/时	30 000	80 000	8 000	118 000

表 4-7　　　　　　　　　　华强公司各作业成本库的作业成本

制造费用	金额/元
材料采购作业	400 000
材料处理作业	1 200 000
生产准备作业	6 000
产品装配作业	2 425 200
产品检验作业	842 000
产品包装作业	500 000
工程处理作业	1 400 000
管理作业	1 014 800
合计	7 788 000

表4-8 华强公司各作业成本库的成本动因

制造费用	成本动因	甲产品作业量	乙产品作业量	丙产品作业量	合计作业量
材料采购作业（产量级作业）	订单数量/张	240	960	2 800	4 000
材料处理作业（批别级作业）	材料移动次数/次	140	600	1 260	2 000
生产准备作业（批别级作业）	准备次数/次	200	800	2 000	3 000
产品装配作业（产量级作业）	机器工时/时	2 000	5 000	1 600	8 600
产品检验作业（批别级作业）	检验工时/时	800	1 600	1 600	4 000
产品包装作业（产量级作业）	包装次数/次	80	600	1 320	2 000
工程处理作业（设施级作业）	工程处理时间/时	2 000	3 600	2 400	8 000
管理作业（设施级作业）	直接人工工时/时	30 000	80 000	8 000	118 000

任务目标：

① 按传统成本法以直接人工工时作为制造费用的分配标准，计算华强公司甲、乙、丙三种产品应分配的制造费用及单位产品成本。

② 按作业成本法，计算华强公司甲、乙、丙三种产品应分配的制造费用及单位产品成本。

③ 请根据上述两种方法的计算结果，做出相应决策。

 知识准备

政策依据：《管理会计基本指引》《管理会计应用指引第 300 号——成本管理》《管理会计应用指引第 304 号——作业成本法》。

作业成本法（Activity-Based Costing Method）也叫 ABC 成本法，最早是由美国会计学家埃里克·科勒于 20 世纪 40 年代提出的，主要用于帮助电力发电行业正确计算成本。

一、作业成本法的产生与发展

1952 年，科勒根据水力发电行业的成本特点，在《会计师词典》中系统阐述了间接费用的分配问题，首次提出了作业、作业账户、作业会计等概念，这是早期作业成本法的雏形。1971 年，乔治·斯托布斯（George Staubus）教授在《作业成本计算和投入产出会计》中对"作业""成本""作业会计""作业投入产出系统"等概念进行了全面、系统的讨论，他认为会计是一个信息系统，作业成本会计是一种与决策有用性目标相联系的会计。20 世纪 80 年代后期，美国芝加哥大学的青年学者库伯（Cooper）和哈佛大学教授卡普兰（Kaplan）在对美国公司调查研究之后，发展了乔治·斯托布斯的思想，提出了以作业为基础的成本计算方法，在《哈佛商业评论》上发表了《计算成本的正确性：制定正确的决策》，此时，作业成本法由理论走向实践应用。

20 世纪末，西方会计界对作业成本法的理论和实践进行了广泛的研究，发表和出版了大量的研究论文和专著，作业成本法在西方企业也得到了推广，这加快了其发展速度。

20 世纪 80 年代末，我国会计学家余绪缨教授率先撰文介绍作业成本法，掀起我国会计界对作业成本法的研究热潮。

随着"机器取代人"的自动化制造时代来临，企业的经营环境正在发生巨大改变。新技术、新形势下，产品或劳务的成本结构也在发生重大改变，直接人工成本比重大幅下降，而制造费用

（主要是折旧费用等固定成本）比重大幅增加，准确地计算产品成本，科学地分配制造费用成为必须重点关注的项目。传统成本法将固定成本分摊给不同种类产品，随着产量的增加，单位产品分摊的固定成本下降，即使单位变动成本不变，平均成本也会随产量增加而下降。在销售收入不变的情况下，增加生产量可以使部分固定成本被存货吸收，减少当期销货成本，增加当期利润，从而可能导致企业过度生产。另外，在传统成本法下，制造费用通常按直接人工工时比例等进行分配，实际上，许多制造费用项目并不与产量形成比例关系，而与生产批次等其他变量存在一定的因果关系。因此，全部按产量基础分配制造费用，会产生误导决策的成本信息，作业成本法正是针对这个缺陷提出的。

2013 年 8 月 16 日，我国财政部印发《企业产品成本核算制度（试行）》，并于 2014 年 1 月 1 日起在除金融保险业以外的大中型企业范围内施行。该制度第三十六条明确指出，制造企业可以采用作业成本法核算间接制造费用。这标志着作业成本法在我国已有明确的法律地位。

二、作业成本法的含义、核心概念及原理

1. 作业成本法的含义

作业成本法是将间接成本和辅助费用更准确地分配到产品和服务中的一种成本计算方法。依据作业成本法的观念，企业的全部经营活动是由一系列相互关联的作业组成的，企业每进行一项作业都要耗用一定的资源；与此同时，产品（包括提供的服务）被一系列的作业生产出来。产品成本是全部作业所消耗资源的总和，产品是消耗全部作业的结果。在计算产品成本时，首先按经营活动中发生的各项作业来归集成本，计算出作业成本；然后再按各项作业成本与成本对象（产品、服务或顾客）之间的因果关系，将作业成本分配到成本对象，最终完成成本计算过程。具体的分配路径如图 4-7 所示。

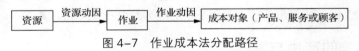

图 4-7　作业成本法分配路径

作业成本法下，直接成本直接计入有关产品成本，与传统成本法处理相同，即凡是能追溯到产品成本的都直接计入相关产品成本中；对于不能追溯到产品成本的，先追溯到有关作业，或者分配到有关作业，进而计算作业成本，然后再将作业成本分配到相关产品。传统成本法与作业成本法的工作原理如图 4-8 所示。

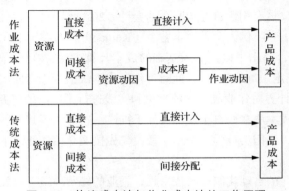

图 4-8　传统成本法与作业成本法的工作原理

2. 作业成本法的核心概念

作业成本法以"作业消耗资源、产品消耗作业"为原则，按照资源动因将资源费用追溯或分配到各项作业中，计算出作业成本，然后再根据作业动因，将作业成本追溯或分配至各成本对象，最终完成成本计算的过程。具体涉及以下核心概念。

资源费用，是指企业在一定期间内开展经济活动所发生的各项资源耗费。资源费用既包括各种房屋及建筑物、设备、材料、商品等各种有形资源的耗费，也包括信息、知识产权、土地使用权等各种无形资源的耗费，还包括人力资源耗费以及其他各种税费支出等。

作业，是指企业基于特定组织（成本中心、部门或产品线）重复执行的任务或活动，是连接资源和成本对象的媒介。一项作业，既可以是一项非常具体的任务或活动，也可以泛指一类任务或活动。由若干个相互关联的具体作业组成的集合，称为作业中心。

按消耗对象不同，作业可分为主要作业和次要作业。主要作业是指被产品、服务或顾客等最终成本对象消耗的作业。次要作业是指被原材料、主要作业等处于中间地位的成本对象消耗的作业。

成本对象，是指企业追溯或分配资源费用、计算成本的对象。成本对象可以是工艺、流程、零部件、产品、服务、分销渠道、顾客、作业、作业链等需要计量和分配成本的项目。

成本动因，是指诱导成本发生的原因，是成本对象与其直接关联的作业和最终关联的资源之间的中介。按其在资源流动中所处的位置和作用，成本动因可分为资源动因和作业动因。

资源动因是引起作业成本增加的因素，用来衡量一项作业的资源消耗量。依据资源动因可以将资源成本分配给各有关作业，即资源动因是将资源成本分配给各个作业的分配标准。

作业动因用于衡量一个成本对象（产品、服务或顾客）需要的作业量，是引起产品成本增加的因素。作业动因用于衡量各成本对象耗用作业的情况，并被用来作为作业成本的分配基础。例如，每批产品完工后都需进行质量检验，如果对任何产品的每一批次进行质量检验所发生的成本相同，则检验的"次数"就是检验作业的成本动因，它是引起产品检验成本增加的因素。

3. 作业成本法的原理

作业成本法以作业为核心，产品消耗作业，作业消耗资源，并促使间接成本和间接费用的发生。产品成本就是制造和运送产品所需的全部作业成本的总和。作业成本法的实质就是在资源耗费与产品耗费之间借助"作业"这一"媒介"来分离、归纳、组合各项耗费，最后形成产品成本。

作业成本法下，资源动因是引起资源耗用的成本动因，它反映了资源耗用与作业量之间的因果关系。资源动因选择与计量为将各项资源费用归集到作业中心提供了依据。企业需要识别当期发生的每一项资源消耗。一般地，对于有直接因果关系的资源耗用，不需要分配，直接计入对应产品成本；对于间接成本，需要分析资源耗用与作业中心作业量之间的因果关系，在分配资源费用时，选择与资源费用总额成正比例变动关系的资源动因作为分配的依据。将所有的资源成本直接追溯或按资源动因分配至各作业中心，计算各作业总成本的过程，称为作业成本归集。

作业动因是引起作业耗用的成本动因，它反映了作业耗用与最终产出的因果关系，是将作业成本分配到流程、产品、分销渠道、顾客等成本对象的依据。当作业中心只包含一种作业时，所选择的作业动因应该是引起该作业耗用的成本动因；当作业中心由若干个作业集合而成时，企业可采用回归分析法或分析判断法，分析比较各具体作业动因与该作业中心成本之间的相关关系，选择相关性最大的作业动因，即代表性作业动因。常见的作业动因有交易动因、持续时间动因和强度动因三类。其中，交易动因，是指使用执行频率或次数计量的成本动因，包括接受或发出订单数、处理收据数等；持续时间动因，是指用执行时间计量的成本动因，包括产品安装时间、检查小时等；强度动因，是指不易按照频率、次数或执行时间进行分配而需要直接衡量每次执行所需资源的成本动因，包括特别复杂产品的安装、质量检验等。这些作业动因都是将作业成本分配给产品的基础。如果企业每次执行作业所需要的资源数量相同或接近，这时选择交易动因作为作业量的计量单位；如果企业每次执行作业所需要的时间明显不同，这时选择持续时间动因作为作业量的计量单位；如果作业的执行比较特殊或复杂，这时选择强度动因作为作业量的计量单位。作业成本法原理如图4-9所示。

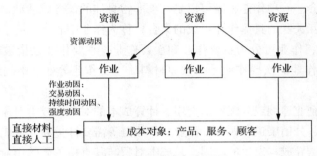

图4-9　作业成本法原理

三、作业成本的计算

作业成本的计算

1. 作业的认定

作业的认定，指企业识别由间接或辅助资源执行的作业集，确认每一项作业完成的工作以及执行该作业耗用的资源成本。这项活动需要对每项消耗资源的作业进行认定，确认每项作业在生产活动中的作用及与其他作业的区别，同时需要确认每项作业与耗用资源的关系。作业的认定可以根据企业总的生产流程，自上而下进行分解认定，也可以通过与员工和经理进行交谈，自下而上地认定。例如，在快递行业中，按照公司业务流程，快递公司在接受客户来电或者系统下单后，需要安排快递员上门或到快递点取货，这里就需要包裹收寄作业，这项作业将包裹运输到配送中心，或者从配送中心运输到快递点。当然，如果和快递员交谈，问"你是做什么的？"也可以区分快递员的这项作业。当然实际工作中，往往都是自上而下和自下而上这两种方式结合起来使用的。这样，可以把生产流程中的全部作业一一识别出来，并加以认定。以服装加工企业为例，常见的作业分类如表4-9所示。

表4-9　　　　　　　　　　　　　　某服装加工企业作业单

作业名称	作业说明
材料订购	包括选择供应商、签订合同、明确供应方式等
材料检验	对购入的材料进行质量、数量检验
生产准备	每批产品投产前，进行设备调整等准备工作
发放材料	每批产品投产前，将生产所需材料发往各个生产车间
样板制作	按照不同款式打版制样
布料裁剪	按照不同款式裁剪布料

续表

作业名称	作业说明
服装缝纫	按照流程进行服装缝纫
钉珠/锁眼	根据款式进行钉珠/锁眼
服装熨烫	对制作的半成品或成品进行熨烫
服装检验	人工检验产品质量
服装包装	用包装盒/袋包装产品

作业的认定有调查表法和座谈法。调查表法，是指通过向企业全体员工发放调查表，并通过分析调查表来识别和确定作业的方法。座谈法，是指通过与企业员工的面对面交谈，来识别和确定作业的方法。企业一般应将两种方法相结合，以保证正确识别和确定员工所执行的作业。

企业对认定的作业需要进行分析和归类，按顺序列出作业清单或编制出作业字典。作业清单或作业字典一般应当包括作业名称、作业内容、作业类别、所属作业中心等内容，这有助于作业成本法的运用。

2. 作业中心的设计

作业确定后，可以设计作业中心。作业中心可以是某一项具体的作业，也可以是若干个相互联系的能够实现某种特定功能的作业的集合。作业中心的设计，是指企业将认定的所有作业按照一定的标准进行分类，形成不同的作业中心，作为资源费用的追溯或分配的对象的过程。企业可按照受益对象、层次和重要性设计作业及作业中心。不同层次的作业通常分为五类，如图4-10所示。

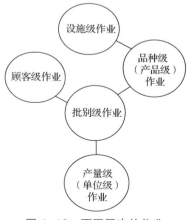

图 4-10　不同层次的作业

（1）产量级（单位级）作业

产量级作业，是指明确地为个别产品（或服务）实施的、使单个产品（或服务）受益的作业，即每一单位产品至少要执行一次的作业，该类作业的数量与产品（或服务）的数量成正比例变动。例如，产品加工、组装、检验。每个产品都必须执行这些作业。这类作业的成本包括直接材料、直接人工工时、机器成本和直接能源消耗等，都属于直接成本，可以追溯到每个单位产品上，即直接计入成本对象中。

（2）批别级作业

批别级作业，是指为一组（或一批）产品（或服务）实施的、使该组（或该批）产品（或服务）受益的作业。该类作业的发生是由生产的批量数引起的，其数量与产品（或服务）的批量数成正比例变动，即它们的成本取决于批次而不是每批中单位产品的数量。批别级作业包括设备调试、成批产品转移至下一工序的运输、成批采购和检验等生产准备作业。这类成本需要单独归集，计算每一批的成本，然后分配给不同批次（如某订单），最后根据产品的数量在单个产品之间进行分配。

（3）品种级（产品级）作业

品种级作业，是指为生产和销售某种型号或样式产品（或服务）实施的、使该种产品（或服务）的每个单位都受益的作业。例如，产品设计、产品生产工艺规程制定、工艺改造、产品更新、产品广告等，这类作业仅仅因为某个特定的产品品种存在而发生，随产品品种数而变化，不随产量、批次数而变化。例如，维护某一产品的工程师的数量取决于产品的复杂程度，而产品的复杂程度是产品零件数量的函数，因此，可以零件数量为基础分配品种级（产品级）成本至每一种产品；然后，再分配给不同的批次（如某订单）；最后，根据产品的数量在单个产品之间进行分配。

（4）顾客级作业

顾客级作业是指为服务特定顾客所实施的作业。该类作业保证企业将产品（或服务）销售给个别顾客，但作业本身与产品（或服务）数量独立。顾客级作业包括向个别顾客提供的技术支持活动、咨询活动、独特包装等。

（5）设施级作业

设施级作业，是指为提供生产产品（或服务）的基本能力而实施的作业。例如，工厂安保、维修、行政管理、保险等。它们是为了维护生产能力而进行的作业，不依赖于产品的数量、批次和种类。

无法追溯到单位产品，与产品批次、产品品种也没有明显关系的成本，都属于设施级作业成本。这些成本首先被分配到不同产品品种，然后再分配到成本对象（如某订单），最后分配给单位产品。这种分配顺序不是唯一选择，也可以直接依据直接人工或机器工时分配给成本对象。这是一种不准确的成本分摊方法。

企业采用作业成本法将资源费用直接追溯或分配至各作业中心时，按照资源与不同层次作业的关系，将资源分为以下五类：产量级资源，包括为单个产品（或服务）所取得的原材料、零部件、人工、能源等；批别级资源，包括用于生产准备、机器调试的人工等；品种级资源，包括为生产某一种产品（或服务）所需要的专用化设备、软件或人力等；顾客级资源，包括为服务特定顾客所需要的专门化设备、软件和人力等；设施级资源，包括土地使用权、房屋及建筑物，以及所保持的不受产量、批别、产品、服务和顾客变化影响的人力资源等。一般地，对于产量级资源费用，直接追溯至各作业中心的产品等成本对象；对于其他级别的资源费用，需要选择合理的资源动因，按照各作业中心的资源动因量比例，分配至各作业中心。企业为执行每一项作业所消耗的资源费用的总和，构成该项作业的总成本。

视野拓展

【案例】大数据时代，徐工集团探索建立了基于作业成本法的盈利分析模型，介绍如下。

① 应用作业成本法。首先，根据公司和每个部门的业务流程对作业进行分类；其次，基于对各个作业消耗的资源的分析，根据资源动因将资源归集至各个作业并形成不同的成本类型库，根据成本动因将成本分配给成本对象；最后，在信息系统中计算作业成本，包括确定作业中心作业

量、进行成本费用分摊、计算实际作业单价和结算订单实际成本等。

② 基于 ERP 系统和作业成本法核算产品成本，从以下三方面构建盈利分析模型。

首先，产品盈利性分析。根据售价与成本计算产品毛利率，与达到盈利要求所需的基准毛利率进行比较，对低于基准毛利率的产品，做出调整售价或研发替代产品的决策。其次，经销商盈利性分析。通过 ERP 系统的销售管理模块、获利分析模块等提供的信息进行区域、经销商等不同维度的盈利性分析，分别找出最有价值和持续盈利能力较弱的经销商并相应采取不同的策略。最后，组件盈利性分析。运用作业成本法核算组件成本，并在 ERP 系统中进行成本估算、查询、分析，及时为公司半成品的自制或外包决策提供合理依据。（来源：《新理财》2015 年 11 期）

【分析】2014 年 1 月 1 日起，自作业成本法在除金融保险业以外的大中型企业范围内施行以来，我国企业通过探索作业成本法的实施，提升了企业的管理水平和盈利能力，管理会计转型实现了与国际的快速接轨。

【延伸】作为一名财经专业学生，应如何提升创新意识和创新思维，强化自身知识、能力和素养，以适应管理会计的快速发展？

四、作业成本法的应用程序

作业成本法在分配间接成本和辅助费用时，具体的计算过程有以下步骤。

第一步，资源识别及资源费用的确认与计量。其是指识别出由企业拥有或控制的所有资源，遵循相关会计制度的规定，合理选择会计政策，确认和计量全部资源费用，编制资源费用清单，为资源费用的追溯或分配奠定基础。这项工作一般由企业的财务部门负责，基础设施管理、人力资源管理、研究与开发、采购、生产、技术、营销、服务、信息等部门协助共同完成。编制的资源费用清单一般包括发生部门、费用性质、所属类别、受益对象等内容，且包含当期发生的所有资源费用。

第二步，确定成本计算对象。可以选择产品的品种、批别或步骤等作为成本计算对象，类似于传统成本法。

第三步，作业认定。作业认定包括对企业每项消耗资源的作业进行识别、定义和划分，确定每项作业在生产经营活动中的作用、同其他作业的区别以及每项作业与耗用资源之间的关系，编制作业清单。

第四步，确认作业类别和作业中心。企业的作业可能多达数百种，通常只对企业的重点作业进行分析，比如进货作业、生产作业、质检作业等，一个作业中心是生产过程中的一部分。

第五步，资源动因选择与计量。资源动因是将资源成本分配到作业中心的依据，企业要识别当期发生的每一项资源消耗，分析资源耗用与作业中心作业量之间的因果关系，通常选择与资源费用总额成正比例关系变动的资源动因作为资源费用分配的依据，同时计量资源动因。

$$资源分配率 = 资源 \div 该资源动因总量$$
$$某作业中心分配到的资源 = 该作业中心耗用的资源动因量 \times 资源分配率$$

第六步，作业成本汇集。企业根据资源耗用与作业之间的因果关系，对于为执行某种作业直接消耗的资源，直接追溯至该作业中心；对于为执行两种或两种以上作业共同消耗的资源，应按照各种作业中心的资源动因量比例分配至各作业中心，然后计算各作业中心总成本。

第七步，作业动因选择与计量。常见的作业动因有交易动因、持续时间动因和强度动因。作业动因是将各个作业中心的成本分配到成本对象的依据。

某作业中心作业成本分配率=该作业中心的作业成本÷该作业中心动因总量

某成本对象应分配的成本=该成本对象耗用的成本动因量×该作业中心成本分配率

第八步，作业成本分配，计算产品成本。

产品成本=直接计入产品的成本+分配计入产品的成本

【例4-7】欣欣服装制造有限公司采用作业成本法核算产品成本。该公司9月发生直接材料成本64 000元，其中甲产品耗用36 000元，乙产品耗用28 000元；发生直接人工成本38 000元，其中甲产品应负担22 000元，乙产品应负担16 000元；发生制造费用112 000元。该公司的作业情况如表4-10所示。

表4-10　　　　　　　　　　　欣欣服装制造有限公司的作业情况

作业中心	资源分配/元	成本动因	动因量	
			甲产品	乙产品
材料整理	28 000	处理材料批数/批	10	30
质量检验	20 000	检验次数/次	10	15
机器调试	40 000	调试次数/次	80	120
使用机器	24 000	机器工时/时	20	80

要求：（1）计算各作业中心的成本动因率。

（2）假定该公司当月的生产量为甲产品1 000件，乙产品800件，甲、乙产品期初、期末无在制品，计算该公司9月完工产品的总成本和完工产品的单位成本。

（3）编制有关费用归集、分配和完工产品入库的会计分录。

解析：

（1）计算各作业中心的成本动因率，如表4-11所示。

表4-11　　　　　　　　　　　　　成本动因率

作业中心	资源分配/元	成本动因	动因量			动因率
			甲产品	乙产品	合计	
材料整理	28 000	处理材料批数/批	10	30	40	700/（元/批）
质量检验	20 000	检验次数/次	10	15	25	800/（元/次）
机器调试	40 000	调试次数/次	80	120	200	200/（元/次）
使用机器	24 000	机器工时/时	20	80	100	240/（元/时）

（2）将作业中心的制造费用按成本动因率分配到各产品，如表4-12所示。

表4-12　　　　　　　　　各作业中心将制造费用分配到各产品

作业中心	动因量		动因率	资源成本分配/元	
	甲产品	乙产品		甲产品	乙产品
材料整理/批	10	30	700/（元/批）	7 000	21 000
质量检验/次	10	15	800/（元/次）	8 000	12 000

续表

作业中心	动因量		动因率	资源成本分配/元	
	甲产品	乙产品		甲产品	乙产品
机器调试/次	80	120	200/（元/次）	16 000	24 000
使用机器/时	20	80	240/（元/时）	4 800	19 200
合计	—	—	—	35 800	76 200

（3）计算完工产品总成本和完工产品的单位成本，如表4-13所示。

表4-13　　　　　　　　　完工产品总成本和完工产品单位成本

项目	甲产品	乙产品
直接材料/元	36 000	28 000
直接人工/元	22 000	16 000
制造费用/元	35 800	76 200
完工产品总成本/元	93 800	120 200
完工产品产量/件	1 000	800
完工产品单位成本/（元/件）	93.8	150.25

（4）编制有关费用归集、分配和完工产品入库的会计分录。

① 直接材料耗用。

借：生产成本——甲产品　　　　　　　　　　　　　　　　　36 000
　　　　　　——乙产品　　　　　　　　　　　　　　　　　28 000
　　贷：原材料　　　　　　　　　　　　　　　　　　　　　　　64 000

② 直接人工耗用。

借：生产成本——甲产品　　　　　　　　　　　　　　　　　22 000
　　　　　　——乙产品　　　　　　　　　　　　　　　　　16 000
　　贷：应付职工薪酬——工资　　　　　　　　　　　　　　　38 000

③ 间接成本按作业成本法分配。

借：生产成本——甲产品　　　　　　　　　　　　　　　　　35 800
　　　　　　——乙产品　　　　　　　　　　　　　　　　　76 200
　　贷：制造费用——材料整理　　　　　　　　　　　　　　　28 000
　　　　　　　　——质量检验　　　　　　　　　　　　　　　20 000
　　　　　　　　——机器调试　　　　　　　　　　　　　　　40 000
　　　　　　　　——使用机器　　　　　　　　　　　　　　　24 000

④ 结转完工入库产品。

借：库存商品——甲产品　　　　　　　　　　　　　　　　　93 800
　　　　　　——乙产品　　　　　　　　　　　　　　　　　120 200
　　贷：生产成本——甲产品　　　　　　　　　　　　　　　　93 800
　　　　　　　　——乙产品　　　　　　　　　　　　　　　120 200

04

五、作业成本法的应用环境

随着顾客个性化需求越来越高，市场竞争越来越激烈，企业产品的需求弹性越来越大，产品的市场价格敏感度越来越高。企业为最终满足顾客需求而设计一系列作业的集合体，并进行业务组织和管理，通常会成立专题领导小组，设立由管理、生产、技术、销售、财务、信息等部门的相关人员构成的设计小组和实施小组，由管理层授权，负责作业成本系统的开发设计与组织实施工作；通过识别作业、作业链、资源动因和成本动因，为资源费用以及作业成本的追溯或分配提供合理的依据。另外，为保证能够及时、准确提供各项资源、作业、成本动因等方面的信息，企业需要拥有先进的计算机及网络技术，配备完善的信息系统。

作业成本法通过追踪所有资源费用到作业，然后再到流程、产品、分销渠道或顾客等成本对象，提供全口径、多维度的更加准确的成本信息。作业成本法通过作业认定、成本动因分析以及对作业效率、质量和时间的计量，更真实地揭示资源、作业和成本之间的联动关系，为资源的合理配置以及作业、流程和作业链（价值链）的持续优化提供依据。通过作业成本法提供的信息及其分析，企业可以更有效地开展决策、规划、控制、考核、激励等各种管理活动。

作业成本法主要适用于作业类型较多且作业链较长，产品、顾客和生产过程多样化程度较高，以及间接或辅助资源费用所占比重较大的企业。

04

任务实施

任务资料和任务目标见本任务的"任务导入"，具体任务实施过程如下。

第一步，按传统成本法，以直接人工工时作为制造费用的分配标准，计算甲、乙、丙三种产品应分配的制造费用及单位产品成本。

① 分配制造费用。按直接人工工时比例分配制造费用，如表 4-14 所示。

表 4-14 　　　　　　　　　甲、乙、丙产品分摊的制造费用

项目	甲产品	乙产品	丙产品	总计
直接人工工时/时	30 000	80 000	8 000	118 000
分配率/（元/时）	7 788 000÷118 000=66			
制造费用/元	1 980 000	5 280 000	528 000	7 788 000

② 计算甲、乙、丙产品的总成本和单位成本，如表 4-15 所示。

表 4-15 　　　　　　　　　　传统成本法下的各产品成本

项目	甲产品	乙产品	丙产品	合计
产量/件	20 000	40 000	8 000	68 000
直接材料/元	1 000 000	3 600 000	160 000	4 760 000
直接人工/元	1 160 000	3 200 000	320 000	4 680 000
制造费用/元	1 980 000	5 280 000	528 000	7 788 000
产品成本/元	4 140 000	12 080 000	1 008 000	17 228 000
单位产品成本/（元/件）	207	302	126	—

第二步，按照作业成本法，计算甲、乙、丙三种产品应分配的制造费用及单位产品成本。

① 各作业成本库归集的成本按照成本动因进行分配，计算各作业成本库的单位作业成本，如表 4-16 所示。

表 4-16　　　　　　　　　　　　　　单位作业成本

制造费用	成本动因	年制造费用/元	年作业量	单位作业成本
材料采购作业（产量级作业）	订单数量/张	400 000	4 000	100 元/张
材料处理作业（批别级作业）	材料移动次数/次	1 200 000	2 000	600 元/次
生产准备作业（批别级作业）	准备次数/次	6 000	3 000	2 元/次
产品装配作业（产量级作业）	机器工时/时	2 425 200	8 600	282 元/时
产品检验作业（批别级作业）	检验工时/时	842 000	4 000	210.5 元/时
产品包装作业（产量级作业）	包装次数/次	500 000	2 000	250 元/次
工程处理作业（设施级作业）	工程处理时间/时	1 400 000	8 000	175 元/时
管理作业（设施级作业）	直接人工工时/时	1 014 800	118 000	8.6 元/时

② 按照作业动因计算各作业成本库的消耗，即把各作业成本库的成本分配给甲产品、乙产品和丙产品，如表 4-17 所示。

表 4-17　　　　　　　　　各产品按照作业动因分配作业成本库成本

作业	单位作业成本	甲产品		乙产品		丙产品	
		作业量	作业成本/元	作业量	作业成本/元	作业量	作业成本/元
材料采购作业	100/（元/张）	240/张	24 000	960/张	96 000	2 800/张	280 000
材料处理作业	600/（元/次）	140/次	84 000	600/次	360 000	1 260/次	756 000
生产准备作业	2/（元/次）	200/次	400	800/次	1 600	2 000/次	4 000
产品装配作业	282/（元/时）	2 000/时	564 000	5 000/时	1 410 000	1 600/时	451 200
产品检验作业	210.5/（元/时）	800/时	168 400	1 600/时	336 800	1 600/时	336 800
产品包装作业	250/（元/次）	80/次	20 000	600/次	150 000	1 320/次	330 000
工程处理作业	175/（元/时）	2 000/时	350 000	3 600/时	630 000	2 400/时	420 000
管理作业	8.6/（元/时）	30 000/时	258 000	80 000/时	688 000	8 000/时	68 800
合计	—	—	1 468 800	—	3 672 400	—	2 646 800

注：传统成本法按照生产部门归集的制造费用与作业成本法中的间接费用的数额可能是不同的，这里相同，只是为了方便比较两种方法。

③ 间接费用采用作业成本法分配完成后，加上生产各产品直接耗用的材料费和直接耗用的人工费，计算甲、乙、丙产品的总成本和单位成本，如表 4-18 所示。

表 4-18　　　　　　　　　　　甲、乙、丙产品的成本

项目	甲产品	乙产品	丙产品
直接材料/元	1 000 000	3 600 000	160 000
直接人工/元	1 160 000	3 200 000	320 000

续表

项目	甲产品	乙产品	丙产品
材料采购作业/元	24 000	96 000	280 000
材料处理作业/元	84 000	360 000	756 000
生产准备作业/元	400	1 600	4 000
产品装配作业/元	564 000	1 410 000	451 200
产品检验作业/元	168 400	336 800	336 800
产品包装作业/元	20 000	150 000	330 000
工程处理作业/元	350 000	630 000	420 000
管理作业/元	258 000	688 000	68 800
总成本/元	3 628 800	10 472 400	3 126 800
产量/件	20 000	40 000	8 000
单位成本/（元/件）	181.44	261.81	390.85

第三步，根据两种方法计算结果，做出相应决策。

企业定价策略中，影响产品售价的主要因素之一是产品的成本，准确计算甲产品、乙产品和丙产品成本成为定价策略中重要的一环。通过比较传统成本法和作业成本法下计算的三种产品成本可知：甲产品和乙产品在传统成本法下的计算结果要大于在作业成本法下的计算结果；而丙产品则相反，在作业成本法下的计算结果远大于在传统成本法下的计算结果。按照不同成本计算方法计算的结果，企业在面临选择困境的时候，可能会做出不同的选择：按照传统成本法计算的结果及企业中三种产品的供销状况，可能会停产乙产品、加大对丙产品的生产；但是运用作业成本法，把间接费用先归集到不同作业，然后归集到产品成本中，比传统成本法下分配间接费用的分配标准更加精细。经过计算我们发现，错误的产品成本计算方法，使得产品的定价出现很大偏差，导致企业对产品的需求判断不准确：乙产品因为定价明显偏高，而出现了滞销的现象；丙产品则是因为定价明显偏低，产品销售势头很好，如果简单地做出加大丙产品的生产能力的决策，会使企业销售丙产品越多，亏损越多。因此企业应根据正确的成本计算结果，及时调整丙产品的定价策略，然后根据市场销售状况进一步做决策。决策比较如表4-19所示。

表4-19　　　　各产品在传统成本法下和作业成本法下的决策比较

产品	年销量/件	单价/（元/件）	销售状况	传统成本法下成本	传统成本法下决策	作业成本法下成本	作业成本法下决策
甲产品	20 000	260	产销平衡	207.00	保持	181.44	盈利性好，加大生产
乙产品	40 000	320	滞销	302.00	保持	261.81	适当降价，提升盈利能力
丙产品	8 000	250	销售好，生产不足	126.00	扩大生产	390.85	提高定价或者降低成本，根据情况考虑放弃

课后巩固与提升

一、单项选择题

1. 从产品生命周期的角度看，目标成本法主要适用于（　　）阶段。

A. 产品研发设计　　B. 产品试制　　　　C. 产品成熟　　　　D. 产品退出

2. 目标成本法的计算基于（　　　）。

 A. 各项成本之和   B. 目标价格-目标利润

 C. 投入-利润   D. 价格-利润

3. 变动成本法下产品成本包括（　　　）。

 A. 生产成本   B. 变动生产成本

 C. 变动非生产成本   D. 固定成本

4. 在变动成本法与完全成本法下，分期营业净利润出现差异的根本原因在于两种成本计算法下计入当期损益的（　　　）水平差异。

 A. 变动生产成本   B. 固定制造费用   C. 销售收入   D. 期间成本

5. 现有的生产能力、技术装备、经营管理水平和生产工人技术发挥均达到最佳状态时能够达到的最低成本属于（　　　）。

 A. 正常标准成本   B. 历史标准成本   C. 理想标准成本   D. 预计标准成本

6. 作业成本法与传统成本法的主要差异在于对（　　　）等间接费用的分配上。

 A. 管理费用   B. 期间成本   C. 财务费用   D. 制造费用

7. （　　　）是负责完成某一项特定产品制造功能的一系列作业的集合。

 A. 作业中心   B. 生产中心   C. 企业   D. 车间

8. 在成本差异分析中，数量差异的大小是（　　　）。

 A. 由用量脱离标准的程度以及实际价格高低所决定的

 B. 由用量脱离标准的程度以及标准价格高低所决定的

 C. 由价格脱离标准的程度以及实际用量高低所决定的

 D. 由价格脱离标准的程度以及标准数量高低所决定的

9. 下列作业中属于品种级作业的是（　　　）。

 A. 机器加工、组装   B. 产品更新

 C. 工厂安保   D. 生产前机器调试

二、多项选择题

1. 常见的成本管理的工具方法有（　　　）。

 A. 传统成本法   B. 目标成本法   C. 变动成本法   D. 作业成本法

2. 目标成本的制定是目标成本控制的首要环节，目标成本制定得合理与否，直接关系到目标成本控制的成效好坏。目标成本制定的步骤包括（　　　）。

 A. 预测销售量和价格   B. 计算目标利润

 C. 匡算目标成本   D. 分解目标成本

3. 下列项目中属于变动成本的有（　　　）。

 A. 直接材料费   B. 按直线法计提的折旧费

 C. 直接人工费   D. 按销量支付的佣金

4. 下列有关作业成本法的表述，正确的有（　　　）。

 A. 作业成本法认为，企业的全部经营活动是由一系列相互关联的作业组成的

 B. 作业成本法认为，企业每进行一项作业都要耗用一定的资源

 C. 作业成本法认为，产品成本是全部作业所消耗资源的总和

 D. 作业成本法认为，产品是消耗全部作业的成果

5. 在进行标准成本差异分析时，通常把变动成本差异分为价格脱离标准造成的价格差异和用量脱离标准造成的数量差异两种类型。下列标准成本差异中，通常应由生产部门负责的有（　　）。

    A. 直接材料的价格差异   B. 直接人工的数量差异

    C. 变动制造费用的价格差异   D. 变动制造费用的数量差异

6. 完全成本法与变动成本法的区别在于（　　）。

    A. 应用的前提不同

    B. 产品成本及期间成本的构成不同

    C. 对固定制造费用的认识与处理方法不同

    D. 税前利润的计算程序不同

三、判断题

1. 成本管理，是指企业营运过程中实施成本预测、成本决策、成本计划、成本核算、成本分析和成本考核等一系列管理活动的总称。（　　）

2. 目标成本法是产品生命周期处于成熟期的产品广泛采用的成本计算方法。（　　）

3. 作业动因是将作业中心的成本分配到产品或劳务的标准，它反映了作业中心对资源的耗用情况。（　　）

4. 变动成本法中固定制造费用也需要计入产品成本。（　　）

5. 作业成本法适用于直接材料和直接人工在产品成本中所占比例较大的产品核算。（　　）

6. 企业将认定的所有作业按照一定的标准进行分类，形成 5 种不同的作业中心。（　　）

四、业务题

1. 甲公司是一家制造业企业，只生产和销售防滑瓷砖一种产品。产品生产工艺流程比较成熟，生产工人技术操作比较熟练，生产组织管理水平较高，公司实行标准成本制度，定期进行标准成本差异分析。甲公司生产能量为 6 000 平方米，2021 年 9 月实际生产 5 000 平方米，其他相关资料如表 4-20、表 4-21 所示。

表 4-20　　　　　　　　　　　　　　实际消耗量

项目	直接材料	直接人工	变动制造费用	固定制造费用
实际使用量	2 400 千克	500 人工工时	800 机器工时	800 机器工时
实际单价	1.5 元/千克	20 元/时	15 元/时	10 元/时

表 4-21　　　　　　　　　　　　　　标准成本资料

项目	用量标准	价格标准
直接材料	5 千克/平方米	1.6 元/千克
直接人工	1.2 时/平方米	19 元/时
变动制造费用	1.6 时/平方米	12.5 元/时
固定制造费用	1.5 时/平方米	8 元/时

要求：（1）计算直接材料的价格差异、数量差异和成本差异。

（2）计算直接人工的工资率差异、人工效率差异和成本差异。

（3）计算变动制造费用的耗费差异、效率差异和成本差异。

（4）计算固定制造费用的耗费差异、闲置能量差异、效率差异和成本差异。

（5）计算产品成本差异总额和单位成本差异。

2. 某公司只产销一种产品，计划年度生产量为 5 000 件，销售量为 4 500 件，期初存货为零。预计发生直接材料 30 000 元、直接人工 35 000 元、变动制造费用 28 000 元、固定制造费用 20 000 元。

要求：分别用完全成本法和变动成本法计算单位产品成本、期末存货成本。

3. 某公司只产销一种产品，连续三年的生产量均为 10 000 件，销售量分别为 10 000 件、9 000件和 11 000 件，单价为 25 元，单位变动生产成本为 15 元，每年固定制造费用总额为 20 000 元，固定管理及销售费用总额为 16 000 元。

要求：（1）分别用变动成本法和完全成本法计算税前利润，试填制表 4-22、表 4-23。

（2）分析采用两种方法计算税前利润产生差异的原因。

表 4-22　　　　　　　　　　　利润表（按完全成本法编制）　　　　　　　　　　单位：元

摘要	第一年	第二年	第三年	合计
销售收入				
减：销售成本				
期初存货成本				
本期生产成本				
本期可供销售成本				
减：期末存货成本				
本期销售成本总额				
销售毛利				
减：期间成本				
固定管理及销售费用				
期间成本总额				
税前利润				

表 4-23　　　　　　　　　　　利润表（按变动成本法编制）　　　　　　　　　　单位：元

摘要	第一年	第二年	第三年	合计
销售收入				
减：变动成本				
变动生产成本				
变动成本总额				
边际贡献总额				
减：固定成本				
固定制造费用				

续表

摘要	第一年	第二年	第三年	合计
固定管理及销售费用				
固定成本总额				
税前利润				

4. 某企业生产甲、乙两种产品，有关资料如表 4-24 所示。

表 4-24　　　　　　　　　甲、乙两种产品的成本资料

产品名称	产量/件	单位直接材料和直接人工/（元/件）	直接人工工时/时
甲产品	400	250	1 000
乙产品	625	380	2 000

该企业制造费用总额为 150 000 元，按以下作业进行了划分，如表 4-25 所示。

表 4-25　　　　　　　　　各个作业中心的相关资料

作业名称	成本动因	作业成本/元	甲产品耗用作业量	乙产品耗用作业量	合计
生产订单	订单份数	40 000	200	120	320
机器调整	调整次数	60 000	400	600	1 000
质量检验	检验次数	20 000	100	300	400
材料验收	验收次数	30 000	150	150	300

要求：（1）按照传统成本法，以直接人工工时为分配标准，计算甲、乙两种产品的单位成本，并填写表 4-26。

表 4-26　　　　　　　　传统成本法下甲、乙产品成本

名称	直接人工工时/时	分配率/（元/时）	分配制造费用/元	产量/件	单位制造费用/（元/件）	单位直接材料和直接人工/（元/件）	单位成本/（元/件）
甲产品							
乙产品							
合计					—		—

（2）按照作业成本法计算甲、乙两种产品的单位成本，并填写表 4-27、表 4-28。

表 4-27　　　　　　　作业成本法下甲、乙两种产品应分配的制造费用

作业名称	生产订单	机器调整	质量检验	材料验收	合计
作业成本/元					
作业量					—

续表

作业名称	生产订单	机器调整	质量检验	材料验收	合计
分配率					—
甲产品的制造费用/元					
乙产品的制造费用/元					

表 4-28　　　　　　　　　作业成本法下甲、乙产品的成本

项目	甲产品	乙产品
单位直接材料和直接人工/（元/件）		
制造费用/元		
产量/件		
单位制造费用/（元/件）		
单位成本/（元/件）		
完工产品总成本/元		

04

项目五

营运管理

案例导读 ↓

美孚石油公司的标杆管理

美孚石油公司进行标杆管理之初，从它的行业跳出来，到与所在行业不同的企业里去，以至于人们认为它是"疯子"。

1992年，美孚石油公司向4 000多名客户询问需求，结果令公司震惊。只有20%的人关心价格，80%的人关心的则是服务。客户一而再、再而三地要求同样三件事情：他们需要乐于助人的、友好的加油站服务人员，希望能够得到快捷的服务，希望自己对美孚的忠诚能得到一些认可。而调查的结论显示，客户基本上都不喜欢加油站的服务。因此，美孚石油公司考虑如何才能使加油变成一个愉快的体验，成为客户会记住的经历。于是美孚石油公司组建了三支团队，运用标杆管理来改变客户不满意的状况。

微笑团队将以提供优异客户服务而著称的丽嘉-卡尔顿酒店公司作为标杆，速度团队将以能够快速完成服务而著称的Penske公司作为标杆，安抚团队将以致力于客户忠诚而著称的"家庭仓库"公司作为标杆。团队成员的组成背景是多样化的，有相关职能部门的人员，有技术人员，还有来自加油站的一线员工。这些成员中有的从来没有做过销售或市场方面的工作，但这并不影响他们的学习和改进加油站服务的想法。

美孚石油公司经过标杆管理后，客户一到加油站，迎接他们的是服务人员真诚的微笑与问候。所有服务人员都穿着整洁的制服，打着领带，配有电子头套耳机，以便能及时地将客户的需求传递到加油站的出纳那里。希望得到快速服务的客户可以开进站外的特设通道中，只需要几分钟，就可以完成洗车和收费的全部流程。这样做的结果是，加油站的平均年收入增长了10%，经营业绩得到了提升。

思维导图 ↓

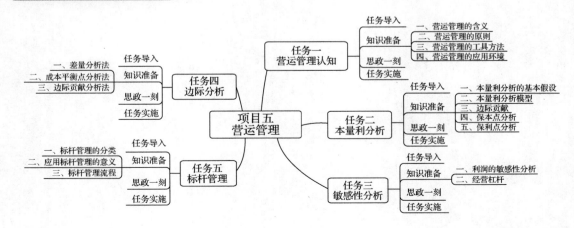

任务一　营运管理认知

学习目标

素质目标：具备诚信品质、工匠精神、创新思维、责任意识，热爱管理会计工作。

知识目标：了解营运管理的原则和应用环境，掌握营运管理的工具方法。

技能目标：能正确理解营运管理的原则和应用环境，能应用营运管理的工具方法。

任务导入

任务资料：华强公司不断发展壮大，营运管理工作急需改进提升，财务经理老王安排小于、小杨进行营运管理的推进工作。经过一段时间的调研，小于、小杨向公司建议采用营运管理工具方法，增加敏感性分析和本量利分析，以提升公司内部管理会计管理工作水平。公司高层管理人员经过讨论决定采用两种营运管理工具方法，并成立营运管理工作小组推进改革。那么，营运管理都有哪些工作内容，又有哪些工具方法呢？公司应该如何制定两种工具方法的融合工作方案呢？

任务目标：

① 通过营运管理工作的开展，熟悉营运管理的工具方法。

② 选择公司营运管理的工具方法，并结合公司管理会计具体业务，制定应用营运管理工具方法的程序。

知识准备

政策依据：《管理会计基本指引》《管理会计应用指引第 400 号——营运管理》。

营运管理

一、营运管理的含义

根据《管理会计应用指引第 400 号——营运管理》，营运管理是指为了实现企业战略和营运目标，各级管理者通过计划、组织、指挥、协调、控制、激励等活动，实现对企业生产经营过程中的物料供应、产品生产和销售等环节的价值增值管理。

企业进行营运管理，应区分计划（Plan）、实施（Do）、检查（Check）、处理（Act）等四个阶段（简称"PDCA 管理原则"），形成闭环管理，使营运管理工作更加条理化、系统化、科学化。

二、营运管理的原则

企业进行营运管理，一般应遵循以下原则。

1. 系统性原则

企业在制订计划时不仅应考虑营运管理的各个环节，还要从整个系统的角度出发，既要考虑大系统的利益，也要兼顾各个环节的利益。

2. 平衡性原则

企业应考虑内外部环境之间的矛盾，有效平衡可能对营运过程中的研发、生产、供应、销售

05

等存在影响的各个方面，使其保持合理的比例关系。

3. 灵活性原则

企业应当充分考虑未来的不确定性，在进行营运管理过程中保持一定的灵活性。

三、营运管理的工具方法

营运管理领域应用的管理会计工具方法，一般包括本量利分析、敏感性分析、边际分析和标杆管理等。企业应根据自身业务特点和管理需要等，选择单独或综合运用营运管理工具方法，以更好地实现营运管理目标。

1. 营运管理的工具方法

（1）本量利分析

本量利分析亦称"CVP 分析"，全称为成本-业务量-利润分析，它是研究成本、业务量和利润三者之间依存关系的一种技术方法。其具体用来研究产品价格、业务量（销售量、服务量或产量）、单位变动成本、固定成本总额、销售产品的品种结构等因素的相互关系，据以做出关于产品结构、产品定价、促销策略以及生产设备利用等决策的一种方法。

（2）敏感性分析

敏感性分析是指从定量分析的角度研究有关因素发生某种变化对某一个或一组关键指标影响程度的一种不确定分析技术。其实质是通过逐一改变相关变量数值的方法来解释关键指标受这些因素变动影响大小的规律。

（3）边际分析

在经济学中，把研究一种可变因素的数量变动会对其他可变因素的变动产生多大影响的方法，称为边际分析方法。其决策思路通常是把追加的支出和因此而增加的收入相比较，二者相等时企业的目标利润最大，从而决定项目的取舍。

（4）标杆管理

标杆管理又称"基准管理"，是指不断寻找和研究同行一流公司的最佳实践，并以此为基准与本企业进行比较、分析、判断，从而使自己企业得到不断改进，进入或赶超一流公司，创造优秀业绩的良性循环过程。其核心是向业内或业外的最优秀的企业学习，本质是不断寻找最佳实践，以此为基准不断地测量分析与持续改进。

2. 应用营运管理工具方法的程序

企业应用营运管理工具方法，一般按照营运计划的制订、营运计划的执行、营运计划的调整、营运监控分析与报告、营运绩效管理等程序进行。

（1）营运计划的制订

营运计划是指企业根据战略决策和营运目标的要求，从时间和空间上对营运过程中各种资源所做出的统筹安排，主要作用是分解营运目标，分配企业资源，安排营运过程中的各项活动。

营运计划按计划的时间可分为长期营运计划、中期营运计划和短期营运计划。营运计划按计划的内容可分为销售、生产、供应、财务、人力资源、产品开发、技术改造和设备投资等营运计划。

企业应采取自上而下、自下而上或上下结合的方式制定营运计划，充分调动全员积极性，通过沟通和讨论达成共识。

（2）营运计划的执行

经审批的营运计划，应以正式文件的形式下达执行。企业应逐级分解营运计划，按照横向到边、纵向到底的要求分解落实到各所属企业、部门、岗位或员工，确保营运计划得到充分落实。

经审批的营运计划应分解到季度、月度，月度营运计划应逐月下达、执行。各企业应根据月度营运计划组织开展各项营运活动。

企业应在月度营运计划的基础上开展月度、季度滚动预测，及时反映滚动营运计划所对应的实际营运状况，为企业做出资源配置的决策提供有效支持。

（3）营运计划的调整

营运计划一旦批准下达，一般不予调整。宏观经济形势、市场竞争形势等发生重大变化，使企业营运状况与预期出现较大偏差的企业可以适时对营运计划做出调整，使营运目标更加切合实际。

企业在营运计划执行过程中，应关注和识别存在的各种不确定因素，分析和评估其对企业营运的影响，适时启动调整原计划的有关工作，确保企业营运目标更加切合实际，更合理地进行资源配置。

企业在做出营运计划调整决策时，应分析和评估营运计划调整方案对企业营运的影响，包括对短期的资源配置、营运成本、营运效益等的影响以及对长期战略的影响。

（4）营运监控分析与报告

为了强化营运监控，确保企业营运目标的顺利完成，企业应结合自身实际情况，按照日、周、月、季、年等频率建立营运监控体系，并按照 PDCA 管理原则，不断优化营运监控体系的各项机制，做好营运监控分析工作。

企业的营运监控分析是指以本期财务和管理指标为起点，通过指标分析查找异常，并进一步揭示差异所反映的营运缺陷，追踪缺陷成因，提出并落实改进措施，不断提高企业营运管理水平。

（5）营运绩效管理

企业可以开展营运绩效管理，激励员工为实现营运管理目标做出贡献。企业可以建立营运绩效管理委员会、营运绩效管理办公室等不同层级的绩效管理组织，明确绩效管理流程和审批权限，制定绩效管理制度。

企业可以营运计划为基础制定绩效管理指标体系，明确绩效指标的定义、计算口径、统计范围、绩效目标、评价标准、评价周期、评价流程等内容，确保绩效指标具体、可衡量、可实现、相关以及具有明确期限。

 视野拓展

【案例】2016 年 6 月 25 日 20 时，长征七号运载火箭在海南文昌航天发射场首次升空。在长征七号运载火箭的总装车间里，数以万计的火箭零部件来自全国各地，经过严格的组合测试后被运送到海南文昌发射场组装。但有一个部件被特别处理，这就是长征七号运载火箭的惯性导航组合（以下简称"惯组"）。在航天科技集团九院的车间里，李峰加工的部件就是火箭"惯组"中的加速度计。如果说"惯组"是长征七号运载火箭的重中之重，那么加速度计就是"惯组"的重中之重。1971 年出生的李峰是航天科技集团九院 13 所的铣工、特级技师，李峰一进厂就被分配为铣工，26 年里只干过这一个工种，曾获"中央企业技术能手""全国技术能手""大国工匠"等荣誉称号。李峰心细如发、探手轻柔，手上积淀着他的技艺、心智和人生阅历，如同参天大树的年轮记载着大树所承接的日月风霜。在他心里，精益求精已经成为一种信仰。

【分析】李峰所具有的工匠精神在当今企业管理中有着重要的学习价值，作为一名会计人员，不仅要精通财务知识，还应当具备仔细、认真做事的态度。只有在工作过程中严格要求自己，摒弃心浮气躁，才能在会计这条道路上越走越远。

【延伸】结合本例，谈谈自己的心得体会。

四、营运管理的应用环境

企业营运管理的应用环境包括组织架构、管理制度和流程、信息系统等。

1. 组织架构

为确保营运管理的有序开展，企业应建立健全营运管理组织架构，明确各管理层级或管理部门在营运管理中的职责，有效组织开展营运计划的制定审批、分解下达、执行监控、分析报告、绩效管理等日常营运管理工作。

2. 管理制度和流程

企业应建立健全营运管理的制度体系，明确营运管理各环节的工作目标、职责分工、工作程序、工具方法、信息报告等内容。

3. 信息系统

企业应建立完整的业务信息系统，规范信息的收集、整理、传递和使用等，有效支持企业经营管理者决策。

 任务实施

任务资料和任务目标见本任务的"任务导入"，具体任务实施过程如下。

第一步，熟悉企业营运管理的工具方法。选择企业营运管理的两种工具方法：敏感性分析和本量利分析。

第二步，结合企业管理会计具体业务，制定应用营运管理工具方法的程序。

结合企业管理会计业务，营运管理一般按照营运计划的制订、营运计划的执行、营运计划的调整、营运监控分析与报告、营运绩效管理等程序进行。

任务二　本量利分析

 学习目标

素质目标：具备诚信品质、工匠精神、风险意识、底线思维，热爱管理会计工作。

知识目标：了解本量利分析的内容，掌握本量利分析方法。

技能目标：能根据本量利分析方法进行保本点和保利点的分析。

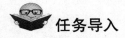 **任务导入**

任务资料：华强公司生产甲产品，单价为 200 元/件，单位变动成本为 150 元/件，固定成本

总额为 500 万元，预计目标税后利润为 750 万元，企业所得税税率为 25%。

任务目标：

① 计算华强公司甲产品的保净利量。

② 计算华强公司甲产品的保净利额。

知识准备

政策依据：《管理会计基本指引》《管理会计应用指引第 400 号——营运管理》《管理会计应用指引第 401 号——本量利分析》。

本量利分析

本量利分析亦称"CVP 分析"，全称为成本-业务量-利润分析，它是研究成本、业务量和利润三者之间依存关系的一种技术方法。

一、本量利分析的基本假设

本量利分析基本模型是建立在一系列的假设基础之上的，它将企业日常具体而复杂的生产经营活动简单化，为揭示成本、业务量、利润三者之间内在的依存关系提供了理论基础和现实依据。本量利分析的基本假设如下。

1. 成本性态分析及变动成本计算

企业全部成本划分为变动成本和固定成本，产品成本只包括变动生产成本，固定成本全部作为期间成本处理，这是本量利分析的前提。

2. 单位售价和相关范围保持不变

根据成本性态分析，在一定的相关范围内，单位变动成本和固定成本总额均保持不变。在短期内，单价、单位变动成本和固定成本总额可以保持相对稳定，这三个因素是进行本量利分析的重要因素，预测结果具有一定的参考价值。

3. 业务量是影响销售收入和总成本的唯一因素

由于一定时期内单价、单位变动成本和固定成本总额均保持不变，因此，业务量与销售收入、成本总额均保持线性相关关系，业务量成为影响销售收入和总成本的唯一因素。

4. 产销平衡和产品品种结构不变

产销平衡是指业务量既是销量又是产量，各期生产的产品总能在市场上找到销路。同时，若企业生产多种产品，假设产销量的增减变化不会改变各产品销售的结构比例。

二、本量利分析模型

本量利分析是成本性态分析的延伸，建立本量利分析基本模型基于以下五个基本因素：销售量（x）、销售价格（p）、单位变动成本（b）、固定成本总额（a）、目标利润（P）。

1. 本量利分析基本模型

目标利润=销售收入总额-变动成本总额-固定成本总额

目标利润=销售价格×销售量-单位变动成本×销售量-固定成本总额

$$P=px-bx-a$$

2. 本量利分析基本模型的变形

（1）预测销售价格

$$销售价格 = \frac{固定成本总额+目标利润}{销售量} + 单位变动成本$$

【例5-1】 某企业生产甲产品，预计销售量为 5 000 件，单位变动成本为 200 元/件，固定成本总额为 20 000 元，目标利润为 100 000 元，则销售价格计算如下。

销售价格=（20 000+100 000）÷5 000+200=224（元/件）

（2）预测销售量

$$销售量 = \frac{固定成本总额+目标利润}{销售价格-单位变动成本}$$

【例5-2】 某企业生产乙产品，销售价格为 300 元/件，单位变动成本为 180 元/件，固定成本总额为 40 000 元，目标利润为 80 000 元，则销售量和销售额分别计算如下。

销售量=（40 000+80 000）÷（300-180）=1 000（件）

销售额=300×1 000=300 000（元）

（3）预测单位变动成本

$$单位变动成本 = 销售价格 - \frac{固定成本总额+目标利润}{销售量}$$

【例5-3】 某企业生产丙产品，预计销售量为 500 件，销售价格为 400 元/件，固定成本总额为 20 000 元，目标利润为 100 000 元，则单位变动成本计算如下。

单位变动成本=400-（20 000+100 000）÷500=160（元/件）

（4）预测固定成本总额

$$固定成本总额=销售收入总额-变动成本总额-目标利润$$

【例5-4】 某企业生产丁产品，预计销售量为 500 件，销售价格为 400 元/件，企业单位变动成本最低为 180 元/件，目标利润为 80 000 元，则固定成本总额计算如下。

固定成本总额=400×500-180×500-80 000=30 000（元）

3. 多品种生产条件下的本量利模型

目标利润总额=各种产品销售收入合计-各种产品变动成本合计-固定成本总额

设 i 为产品品种，n 为产品品种总数，则：

$$P = \sum_{i=1}^{n} p_i x_i - \sum_{i=1}^{n} b_i x_i - a$$

三、边际贡献

边际贡献又称为"边际利润"或"贡献毛益"等，是指销售收入减去变动成本后的余额，边际贡献是运用盈亏分析原理进行产品生产决策的一个十分重要的指标。边际贡献一般可分为单位产品的边际贡献和全部产品的边际贡献。

1. 单位边际贡献

单位边际贡献=销售价格-单位变动成本

$cm=p-b$，其中 cm 为单位边际贡献。

2. 边际贡献总额

$$边际贡献总额=销售收入总额-变动成本总额$$

$Tcm=px-bx$，其中 Tcm 为边际贡献总额。

3. 边际贡献率

边际贡献率是指产品的边际贡献总额占产品销售收入总额的比率，也是单位边际贡献占销售价格的百分比，它表明每增加一元的销售收入能够为企业提供的边际贡献，计算公式如下。

$$边际贡献率=\frac{边际贡献总额}{销售收入总额}\times100\%$$

$$边际贡献率=\frac{单位边际贡献}{销售价格}\times100\%$$

4. 变动成本率

变动成本率是指产品的变动成本总额与产品的销售收入总额的比率，也是单位变动成本占销售价格的百分比。它表明每增加一元的销售收入所增加的变动成本，计算公式如下。

$$变动成本率=\frac{变动成本总额}{销售收入总额}\times100\%$$

$$变动成本率=\frac{单位变动成本}{销售价格}\times100\%$$

5. 边际贡献率与变动成本率的关系

$$边际贡献率+变动成本率=\frac{边际贡献总额}{销售收入总额}+\frac{变动成本总额}{销售收入总额}=1$$

$$边际贡献率+变动成本率=\frac{单位边际贡献}{销售价格}+\frac{单位变动成本}{销售价格}=1$$

$$边际贡献率+变动成本率=1$$

根据上述公式，边际贡献率与变动成本率具有互补关系：企业变动成本率越低，则边际贡献率越高，企业的盈利能力越强；反之，变动成本率越高，则边际贡献率越低，企业的盈利能力越弱。

【例 5-5】 某企业生产甲产品，销售价格为 60 元/件，单位变动成本为 24 元/件，固定成本总额为 100 000 元，当年产销量为 20 000 件。

要求：计算企业的单位边际贡献、边际贡献总额、边际贡献率、变动成本率及目标利润。

解析：

单位边际贡献=销售价格-单位变动成本=60-24=36（元）

边际贡献总额=单位边际贡献×产销量=36×20 000=720 000（元）

边际贡献率=单位边际贡献/销售价格=36÷60×100%=60%

或　边际贡献率=边际贡献总额/销售收入总额=720 000÷（60×20 000）×100%=60%

变动成本率=单位变动成本/销售价格=24÷60×100%=40%

或　变动成本率=1-边际贡献率=1-60%=40%

目标利润=边际贡献总额-固定成本总额=720 000-100 000=620 000（元）

四、保本点分析

保本，是指企业在一定时期内的收支相等、损益平衡的一种状态，此时企业利润为零。当企业当期销售收入与当期成本费用刚好相等时，可称之为达到了保本状态。保本分析，又称盈亏临界分析，是研究当企业恰好处于保本状态时本量利关系的一种定量分析方法，是本量利分析的核心内容。

1. 单一产品保本点分析

保本分析的关键是保本点的确定。保本点，又称盈亏临界点，是指企业达到保本状态的业务量或金额，即企业一定时期的总收入等于总成本、利润为零时的业务量或金额。单一产品的保本点有两种表现形式：一种是以实物量来表现的，称为保本销售量；另一种是以货币单位表示的，称为保本销售额。

根据本量利分析基本关系式：利润=销售价格×销售量-单位变动成本×销售量-固定成本总额，当利润为零时，求出的销售量就是保本销售量，即 $P=px-bx-a=0$。

保本销售量=固定成本总额÷（销售价格-单位变动成本）=固定成本总额÷单位边际贡献

即：
$$x_{保}=a÷(p-b)=a÷cm$$

保本销售额=销售价格×保本销售量

【例 5-6】某企业只生产一种产品，销售价格为 500 元/件，单位变动成本为 300 元/件，固定成本总额为 100 000 元。

要求：计算企业的保本销售量和保本销售额。

解析：

保本销售量=100 000÷（500-300）=500（件）

保本销售额=500×500=250 000（元）

2. 多产品保本点分析

在市场经济环境下，企业不可能只生产一种产品，大多数企业同时进行着多种产品的生产和经营。由于各种产品的销售价格、单位变动成本、固定成本不一样，所以各种产品的边际贡献或边际贡献率不一致。因此，对多种产品进行保本点分析，在单一产品的保本点分析的基础上，应根据不同情况采用相应的具体方法。目前，进行多产品保本点分析的方法主要包括加权平均边际贡献率法、综合边际贡献率法、联合单位法、分别计算法、顺序法、主要产品法等。

（1）加权平均边际贡献率法

加权平均边际贡献率法是指在各种产品边际贡献率的基础上，以各种产品的预计销售收入占总收入的比重为权数，确定企业加权平均的综合边际贡献率，进而分析多产品条件下本量利关系的一种方法。

采用加权平均边际贡献率法计算多种产品保本销售额的关键，是根据各种产品的销售价格、单位变动成本和销售量计算出加权平均边际贡献率，然后根据固定成本总额和加权平均边际贡献率计算出保本销售额。

$$加权平均边际贡献率 = \sum \frac{某产品的}{边际贡献率} × \frac{该产品的}{销售比重}$$

$$综合保本销售额 = \frac{固定成本}{加权平均边际贡献率}$$

$$某产品的保本销售额 = \frac{该产品的}{销售比重} × 综合保本销售额$$

$$某产品的保本销售量 = \frac{某产品的保本销售额}{该产品销售价格}$$

【例5-7】某企业计划生产A、B、C三种产品，计划年度预计固定成本总额为270 000元，产品有关资料如表5-1所示。

要求：根据加权平均边际贡献率法，计算企业三种产品各自的保本销售量和保本销售额。

表5-1　　　　　　　　　　A、B、C产品相关资料

序号	项目	A产品	B产品	C产品	合计
①	销售价格/（元/件）	200	300	500	—
②	单位变动成本/（元/件）	120	150	300	—
③	单位边际贡献/（元/件）	80	150	200	—
④	边际贡献率③÷①	40%	50%	40%	—
⑤	销售量/件	1 200	2 000	720	—
⑥	销售额/元（①×⑤）	240 000	600 000	360 000	1 200 000
⑦	销售比重（⑥÷Σ⑥）	20%	50%	30%	100%
⑧	边际贡献额/元（③×⑤）	96 000	300 000	144 000	540 000

解析：该企业的保本点计算如下。

加权平均边际贡献率=40%×20%+50%×50%+40%×30%=45%

综合保本销售额=270 000÷45%=600 000（元）

A产品的保本销售额=600 000×20%=120 000（元）

A产品的保本销售量=120 000÷200=600（件）

B产品的保本销售额=600 000×50%=300 000（元）

B产品的保本销售量=300 000÷300=1 000（件）

C产品的保本销售额=600 000×30%=180 000（元）

C产品的保本销售量=180 000÷500=360（件）

（2）综合边际贡献率法

$$综合边际贡献率 = \sum \frac{p-b}{p} \times \frac{px}{\sum px} = \frac{\sum \frac{p-b}{p} \times px}{\sum px}$$

$$= \frac{\sum (p-b) \times x}{\sum px} = \frac{各种产品边际贡献之和}{各种产品销售收入之和}$$

$$综合保本销售额 = \frac{固定成本总额}{综合边际贡献率}$$

【例5-8】某企业计划生产甲、乙、丙三种产品，计划年度预计固定成本总额为270 000元，产品有关资料如表5-2所示。

要求：根据综合边际贡献率法，计算企业三种产品各自的保本销售量和保本销售额。

05

表5-2　　　　　　　　　　　　　甲、乙、丙产品相关资料

序号	项目	甲产品	乙产品	丙产品	合计
①	销售价格/（元/件）	200	300	400	—
②	销售量/件	1 000	2 000	1 000	—
③	单位变动成本/（元/件）	100	180	200	—
④	销售收入/元（④=①×②）	200 000	600 000	400 000	1 200 000
⑤	边际贡献/元[⑤=②×（①-③）]	100 000	240 000	200 000	540 000
⑥	边际贡献率（⑥=⑤÷④）	50%	40%	50%	—
⑦	销售比重（⑦=④÷Σ④）	16.67%	50%	33.33%	100%

解析：

综合边际贡献率=540 000÷1 200 000×100%=45%

综合保本销售额=270 000÷45%=600 000（元）

甲产品保本销售额=600 000×16.67%=100 020（元）

甲产品保本销售量=100 020÷200=501（件）

乙产品保本销售额=600 000×50%=300 000（元）

乙产品保本销售量=300 000÷300=1 000（件）

丙产品保本销售额=600 000-100 020-300 000=199 980（元）

丙产品保本销售量=199 980÷400=500（件）

（3）联合单位法

联合单位法是指在事先确定各种产品间产销实物量比例的基础上，将各种产品产销实物量的最小比例作为一个联合单位，确定每一联合单位的销售价格、单位变动成本，进行本量利分析的一种分析方法。

该方法将多产品保本点的计算问题转换为单一产品保本点的计算问题。根据存在稳定比例关系的产销量比，可以计算出每一联合单位的联合单位边际贡献和联合单位变动成本，并以此计算整个企业的联合保本销售量以及各产品的保本销售量。

> **提示**
>
> 　　所谓联合单位，是指固定实物比例构成的一组产品。如企业同时生产甲、乙、丙三种产品，且三种产品之间的销售量长期保持固定比例关系，产销量比为1：2：3。那么，1件甲产品、2件乙产品和3件丙产品就构成一组产品，简称"联合单位"。

【例5-9】某公司生产销售A、B、C三种产品，销售价格分别为20元、30元、40元；预计销售量分别为30 000件、20 000件、10 000件；预计各产品的单位变动成本分别为12元、24元、28元；预计固定成本总额为180 000元。

要求：按联合单位法进行多种产品的本量利分析。

解析：

产品销量比=A：B：C=3：2：1

联合单价=20×3+30×2+40×1=160（元）

联合单位变动成本=12×3+24×2+28×1=112（元）

联合保本销售量=180 000÷（160-112）=3 750（件）

各种产品保本销售量计算如下。

A 产品保本销售量=3 750×3=11 250（件）

B 产品保本销售量=3 750×2=7 500（件）

C 产品保本销售量=3 750×1=3 750（件）

（4）分别计算法

分别计算法是指在一定的条件下，将全部固定成本按一定标准在各种产品之间进行合理分配，确定每种产品应补偿的固定成本数额，然后再对每一种产品按单一品种条件下的情况分别进行本量利分析的方法。

> **提示**
>
> ① 在分配固定成本时，对于专属于某种产品的固定成本应直接计入该产品成本；②对于应由多种产品共同负担的公共性固定成本，则应选择适当的分配标准（如销售额、边际贡献、工时、产品质量、长度、体积等）在各产品之间进行分配；③鉴于固定成本需要由边际贡献来补偿，故按照各种产品的边际贡献比重分配固定成本的方法最为常见。

【例 5-10】某公司生产销售 A、B、C 三种产品，销售价格分别为 20 元、30 元、40 元；预计销售量分别为 30 000 件、20 000 件、10 000 件；预计各产品的单位变动成本分别为 12 元、24 元、28 元；预计固定成本总额为 180 000 元。A、B、C 三种产品相关资料如表 5-3 所示。

要求：按分别计算法进行多种产品的本量利分析。

表 5-3　　　　　　　　　　A、B、C 三种产品相关资料

项目	销售量/件①	销售价格/元②	单位变动成本/元③	销售收入/元 ④=①×②	各产品的销售比重 ⑤=④÷∑④	边际贡献/元 ⑥=①×（②-③）	边际贡献率 ⑦=⑥÷④
A 产品	30 000	20	12	600 000	37.5%	240 000	40%
B 产品	20 000	30	24	600 000	37.5%	120 000	20%
C 产品	10 000	40	28	400 000	25%	120 000	30%
合计				1 600 000	100%	480 000	

解析：假设固定成本按边际贡献的比重分配。

固定成本分配率=180 000÷480 000×100%=37.5%

分配给 A 产品的固定成本=240 000×37.5%=90 000（元）

分配给 B 产品的固定成本=120 000×37.5%=45 000（元）

分配给 C 产品的固定成本=120 000×37.5%=45 000（元）

A 产品的保本销售量=90 000÷（20-12）=11 250（件）

A 产品的保本销售额=11 250×20=225 000（元）

同理，B 产品和 C 产品的保本销售量分别为 7 500 件、3 750 件，它们的保本销售额分别为 225 000 元、150 000 元。

（5）顺序法

顺序法是指按照事先规定的品种顺序，依次用各种产品的边际贡献补偿整个企业的全部固定成本，直至全部由产品的边际贡献补偿完为止，从而完成本量利分析的一种方法。顺序法又分为乐观排序和悲观排序两种方法。

乐观排序是指按照各种产品的边际贡献率由高到低排列，边际贡献率高的产品先销售、先补偿，边际贡献率低的产品后销售、后补偿。而悲观排序则假定各产品销售顺序与乐观排序相反。

【例 5-11】 某公司生产销售 A、B、C 三种产品，销售单价分别为 200 元、300 元、400 元；预计销售量分别为 3 000 件、2 000 件、1 000 件；预计各产品的单位变动成本分别为 120 元、240 元、280 元；预计固定成本总额为 180 000 元。

要求： 按顺序法进行多种产品的本量利分析。

解析：

（1）乐观排序

A、B、C 三种产品乐观排序如表 5-4 所示。

表 5-4　　　　　　　　　　　　　A、B、C 三种产品乐观排序　　　　　　　　　　　　　　单位：元

序号	产品	边际贡献率	销售收入	累计销售收入	边际贡献	累计边际贡献	固定成本补偿额	累计固定成本补偿额	累计损益
1	A	40%	600 000	600 000	240 000	240 000	180 000	180 000	60 000
2	C	30%	400 000	1 000 000	120 000	360 000	0	180 000	180 000
3	B	20%	600 000	1 600 000	120 000	480 000	0	180 000	300 000

要想达到保本状态，A 产品的销售额（量）需达到：

销售额=180 000÷40%=450 000（元）

销售量=450 000÷200=2 250（件）

当 A 产品销售额达到 450 000 元，即销售 2 250 件时，企业保本。企业的保本状态与 B、C 产品无关。

（2）悲观排序

A、B、C 三种产品悲观排序如表 5-5 所示。

表 5-5　　　　　　　　　　　　　A、B、C 三种产品悲观排序　　　　　　　　　　　　　　单位：元

序号	产品	边际贡献率	销售收入	累计销售收入	边际贡献	累计边际贡献	固定成本补偿额	累计固定成本补偿额	累计损益
1	B	20%	600 000	600 000	120 000	120 000	120 000	120 000	-60 000
2	C	30%	400 000	1 000 000	120 000	240 000	60 000	180 000	60 000
3	A	40%	600 000	1 600 000	240 000	480 000	0	180 000	300 000

企业要想达到保本状态，B 产品的销售量需达到 2 000 件，此时销售额为 600 000 元。

C 产品的销售额（量）需达到以下标准。

销售额=60 000÷30%=200 000（元）

销售量=200 000÷400=500（件）

当 B 产品销售额达到 600 000 元，即销售 2 000 件，同时，C 产品销售额达到 200 000 元，即销售 500 件时，企业保本。企业的保本状态与 A 产品无关。

（6）主要产品法

在企业产品品种较多的情况下，如果存在一种产品是主要产品，它提供的边际贡献占企业边际贡献总额的比重较大，代表了企业产品的主导方向，则可以按该主要品种的有关资料进行本量利分析，视同于单一品种。

提示

确定主要产品应以边际贡献为标志，并只能选择一种主要产品。主要产品法计算方法与单一品种的本量利分析相同。

3. 保本作业率

保本作业率是指保本销售量（额）占正常销售量（额）的百分比，该比率表明企业在保本状态下生产经营能力的利用程度。该指标是一个反指标，指标越小说明企业经营越安全。

$$保本作业率=保本销售量÷正常销售量×100\%$$
$$=保本销售额÷正常销售额×100\%$$

正常销售量是指正常市场和正常开工条件下的销售量，正常销售额是指正常市场和正常开工条件下的销售收入。

【例 5-12】某企业只生产一种产品，销售价格为 500 元/件，单位变动成本为 300 元/件，固定成本总额为 100 000 元，该企业的正常销售量为 1 000 件。

要求： 计算企业的保本作业率。

解析：

保本销售量=100 000÷（500-300）=500（件）

保本作业率=500÷1 000×100%=50%

4. 安全边际

安全边际指现有销售量（额）超过保本销售量（额）的差额，表明从现有销售水平到盈亏临界点有多大的差距，或者说，现有销售量（额）再降低多少，才会发生亏损。安全边际越大，发生亏损的风险就越小。安全边际如图 5-1 所示。

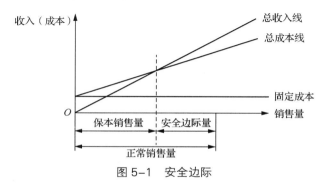

图 5-1　安全边际

表示安全边际的方法有以下三种。

一是用实物数量来表示，即安全边际量；二是用货币金额来表示，即安全边际额；三是用相对数来表示，即安全边际率。

（1）安全边际量

安全边际量从业务量的角度来反映安全边际，计算公式如下。

$$安全边际量 = 现有销售量 - 保本销售量$$

（2）安全边际额

安全边际额从销售额的角度来反映安全边际，计算公式如下。

$$安全边际额 = 现有销售额 - 保本销售额$$

（3）安全边际率

安全边际率是安全边际量（额）占现有销售量（额）的百分比，计算公式如下。

$$安全边际率 = 安全边际量 \div 现有销售量 \times 100\%$$
$$= 安全边际额 \div 现有销售额 \times 100\%$$

（4）安全边际率与保本作业率的关系

$$安全边际量 + 保本销售量 = 现有销售量$$
$$安全边际额 + 保本销售额 = 现有销售额$$
$$安全边际率 + 保本作业率 = 1$$

根据上述公式，产销一致的情况下，保本作业率与安全边际率具有互补的关系。一般来讲，安全边际体现了企业在生产经营中的风险程度。由于保本点是下限，所以目标销售量（额）和实际销售量（额）二者与保本销售量（额）差距越大，安全边际或安全边际率越大，反映出该企业经营风险越小；反之，目标销售量（额）和实际销售量（额）二者与保本销售量（额）差距越小，安全边际或安全边际率越小，反映出该企业经营风险越大。

通常采用安全边际率这一指标来评价企业经营是否安全。表 5-6 为安全边际率与评价企业经营安全程度的一般性标准，该标准可以作为评价企业经营安全与否的参考。

表 5-6　　　　　　　　　　企业经营安全性检验标准

安全边际率	40%以上	30%～40%	20%～30%	10%～20%	10%以下
经营安全程度	很安全	安全	较安全	值得注意	危险

只有安全边际才能为企业提供利润，而保本销售额扣除变动成本后只能为企业收回固定成本。安全边际销售额减去其自身变动成本后成为企业利润，即安全边际中的边际贡献等于企业利润。

 视野拓展

【案例】决胜全面建成小康社会，必须打赢三大攻坚战，其中一项重要内容是防范化解重大风险。金融是现代经济的核心，是实体经济的血脉；金融活经济活，金融稳经济稳；金融安全是国家安全的重要组成部分，维护金融安全是关系我国经济社会发展全局的一件战略性、根本性的大事。2016 年年底的中央经济工作会议，明确要求"把防控金融风险放到更加重要的位置"。实践证明，党中央关于防范化解金融风险攻坚战的决策部署完全正确且非常及时。

【分析】从"维护金融安全关乎我国经济社会发展全局"出发，可以看出党中央对防范金融风险，确保金融安全的信心和决心，进一步增强了我们的爱国热情，强化了风险意识。

【延伸】企业应做好哪些风险管控工作，提升风险意识，保障资产的安全？

5. 保本分析的作用

保本分析的主要作用在于使企业经营管理者在经营活动发生之前，对该项经营活动的盈亏临界情况做到心中有数。企业经营管理者总是希望企业的保本点越低越好，保本点越低，企业的经营风险就越小。从保本点的计算公式可以看出，降低保本点的途径主要有三个。

一是降低固定成本总额。在其他因素不变时，保本点的降低幅度与固定成本的降低幅度相同。

二是降低单位变动成本。在其他因素不变时，可以通过降低单位变动成本来降低保本点，但两者降低的幅度并不一致。

三是提高销售价格。在其他因素不变时，可以通过提高销售价格来降低保本点，同降低单位变动成本一样，销售价格与保本点的变动幅度也不一致。

五、保利点分析

保利点分析又称目标利润预测分析。企业管理的目标是生存、发展、获利，所以保本是远远不够的，在保本点分析基础之上进行目标利润预测才是本量利分析的根本。

1. 保利点分析概述

保利点分析就是在保本点分析的基础之上，分析计算为确保目标利润能够实现而应达到的销售量或销售额。目标利润分析是保本分析的延伸和拓展。如果企业在经营活动开始之前，根据有关收支状况确定了目标利润，那么，通过计算就可以清楚地了解为实现目标利润而必须达到的销售量和销售额，计算公式如下。

$$目标利润＝（销售价格-单位变动成本）×销售量-固定成本总额$$
$$保利量＝（固定成本总额+目标利润）/（销售价格-单位变动成本）$$
$$保利量＝（固定成本总额+目标利润）/单位边际贡献$$
$$保利额＝（固定成本总额+目标利润）/边际贡献率$$

或

$$保利额＝保利量×销售价格$$

【例5-13】某企业生产乙产品，销售价格为350元/件，单位变动成本为150元/件，固定成本总额为20 000元，目标利润为100 000元。

要求：计算企业的保利量和保利额。

解析：

保利量＝（20 000+100 000）÷（350-150）=600（件）

保利额=600×350=210 000（元）

2. 保净利点分析

前面保利点分析中的目标利润是税前利润。对企业而言，所得税是一项支出，只有税后利润才是可支配资金。保净利点又称实现目标净利润的业务量，因此，保净利点的业务量更具有现实意义。

$$税前利润 = \frac{税后利润}{1-所得税税率}$$

保净利点计算公式如下。

$$保净利量 = \frac{固定成本 + \dfrac{税后目标利润}{1-所得税税率}}{单位产品边际贡献}$$

$$保净利额 = \frac{固定成本 + \dfrac{税后目标利润}{1-所得税税率}}{边际贡献率} = 保净利量 \times 销售价格$$

【例5-14】 某企业生产乙产品，销售价格为350元/件，单位变动成本为150元/件，固定成本总额为20 000元，税后目标利润为90 000元，企业所得税税率为25%。

要求：计算企业的保净利量和保净利额。

解析：

保净利量=[20 000+90 000÷（1-25%）]÷（350-150）=700（件）

保净利额=700×350=245 000（元）

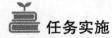 **任务实施**

任务资料和任务目标见本任务的"任务导入"，具体任务实施过程如下。

第一步，计算华强公司甲产品的保净利量。

税前利润=750÷（1-25%）=1 000（万元）

保净利量=（500+1 000）÷（200-150）=30（万件）

第二步，计算华强公司甲产品的保净利额。

保净利额=30×200=6 000（万元）

或：保净利额=（500+1 000）÷[（200-150）÷200]=6 000（万元）

任务三　敏感性分析

05

 学习目标

素质目标：具备诚信品质、工匠精神、责任意识，热爱管理会计工作。

知识目标：了解敏感性分析的内容，掌握最大最小法和敏感程度法。

技能目标：能计算利润各因素的敏感系数，据以进行生产经营决策。

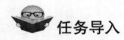 **任务导入**

任务资料：华强公司生产甲产品，单价为200元/件，单位变动成本为120元/件，固定成本总额为1 600万元，甲产品正常月销售量为25万件。根据敏感性分析，假设华强公司甲产品本月的单价、单位变动成本、固定成本总额、销售量分别提高10%。

任务目标：

① 计算华强公司甲产品单价对息税前利润变动的敏感系数。

② 计算华强公司甲产品单位变动成本对息税前利润变动的敏感系数。

③ 计算华强公司甲产品固定成本总额对息税前利润变动的敏感系数。

④ 计算华强公司甲产品销售量对息税前利润变动的敏感系数。

⑤ 分析华强公司甲产品各因素敏感性系数的大小，据以进行生产经营决策。

 **知识准备**

政策依据:《管理会计基本指引》《管理会计应用指引第 400 号——营运管理》《管理会计应用指引第 402 号——敏感性分析》。

敏感性分析是指从定量分析的角度研究有关因素发生某种变化对某一个或一组关键指标影响程度的一种不确定分析技术,其实质是通过逐一改变相关变量数值的方法来解释关键指标受这些因素变动影响大小的规律。

敏感性因素一般可选择主要参数(如销售收入、经营成本、生产能力、初始投资、寿命期、建设期、达产期等)进行分析。若某参数的小幅度变化能使经济效果指标有较大变化,则称此参数为敏感性因素,反之则称其为非敏感性因素。

一、利润的敏感性分析

利润的敏感性分析是指专门研究制约利润的有关因素在特定条件下发生变化时对利润所产生影响的一种敏感性分析方法。进行利润敏感性分析的主要目的是计算有关因素的利润敏感性指标,揭示利润与有关因素之间的相对关系,并利用敏感性指标进行利润预测。

利润的敏感性分析

利润的敏感性分析通常假定在其他参数不变的情况下,分析某一个参数(如单价、销售量、单位变动成本、固定成本总额)发生特定变化时对利润的影响。基于本量利关系的敏感性分析主要研究相关参数变化多大会使企业由盈利转为亏损、各参数变化对利润变化的敏感程度,以及各参数变化时为保障目标利润实现应如何调整销售量。具体方法有最大最小法和敏感程度法。

1. 最大最小法

敏感性分析的目的就是确定使企业由盈利转为亏损的各有关因素变化的极限值,就是在保本状态下价格和销售量的最小允许值,单位变动成本和固定成本总额的最大允许值。

📝 **提示**

与目标利润同方向变化的参数,计算出的是最小临界值;与目标利润反方向变化的参数,计算出的是最大临界值。

由本量利的基本模型 $P=(p-b)x-a$,当目标利润为零时,即 $P=(p-b)x-a=0$,其余四个因素的最小、最大值分别如下。

$$x = \frac{a}{p-b}$$

$$p = \frac{a}{x} + b$$

$$b = p - \frac{a}{x}$$

$$a = (p-b)x$$

【例 5-15】某企业产销甲产品 1 000 件,单价为 200 元/件,单位变动成本为 120 元/件,固定成本总额为 20 000 元,则甲产品的预计销售利润为 60 000 元。

要求：计算销售量、单价、单位变动成本、固定成本总额等各因素变化的极限值。

解析：

（1）销售量的最小值

$x=a/（p-b）=20\ 000÷（200-120）=250$（件）

销售量降低极限值$=1\ 000-250=750$（件）

最大降低率$=750÷1\ 000×100\%=75\%$

根据计算结果，产品销售量最低不能低于250件，即销售量的下降幅度不能超过750件或75%，否则企业就会发生亏损。

（2）单价的最小值

$p=a/x+b=20\ 000÷1\ 000+120=140$（元/件）

单价降低极限值$=200-140=60$（元/件）

最大降低率$=60÷200×100\%=30\%$

根据计算结果，产品单价最低不能低于140元/件，即单价的下降幅度不能超过60元或30%，否则企业就会发生亏损。

（3）单位变动成本的最大值

$b=p-a/x=200-20\ 000÷1\ 000=180$（元/件）

单位变动成本上升极限值$=180-120=60$（元/件）

最大上升率$=60÷120×100\%=50\%$

根据计算结果，产品单位变动成本最高不能高于180元/件，即单位变动成本的上升幅度不能超过60元或50%，否则企业就会发生亏损。

（4）固定成本总额的最大值

$a=（p-b）x=（200-120）×1\ 000=80\ 000$（元）

固定成本总额上升极限值$=80\ 000-20\ 000=60\ 000$（元）

最大上升率$=60\ 000÷20\ 000×100\%=300\%$

根据计算结果，固定成本总额最高不能高于80 000元，即固定成本总额的上升幅度不能超过60 000元或300%，否则企业就会发生亏损。

2. 敏感程度法

影响目标利润的各因素变化程度对目标利润的影响程度各不相同，有些因素发生微小的变化就会使利润发生较大的变化，即利润对这些因素的变化非常敏感，有些因素则相反。

（1）敏感系数

敏感系数反映的是因素值变化的百分比对目标值变化的百分比的影响程度，计算公式如下。

$$敏感系数 = \frac{目标值变化的百分比}{因素值变化的百分比}$$

通常用敏感系数反映利润对各因素的敏感程度，计算公式如下。

$$敏感系数 = \frac{利润变化的百分比}{因素变化的百分比}$$

（2）敏感系数的计算步骤

① 根据给定参数的预期值计算息税前利润（假设没有利息和所得税）。

② 假设其他参数不变，计算某个参数变化后的息税前利润。

③　计算该参数的敏感系数，即敏感系数=息税前利润变动百分比/选定参数变动百分比。

 视野拓展

【案例】一只南美洲亚马孙河流域热带雨林中的蝴蝶，偶尔扇动几下翅膀，可以在两周以后引起美国得克萨斯州的一场龙卷风，这称为蝴蝶效应。"今天的蝴蝶效应"或者"广义的蝴蝶效应"已不限于当初爱德华·诺顿·洛伦兹的蝴蝶效应仅对天气预报而言，而是一切复杂系统对初值极为敏感的代名词或同义语，其含义是：对于一切复杂系统，在一定的"阈值条件"下，其长时期大范围的未来行为，对初始条件数值的微小变动或偏差极为敏感，即初值稍有变动或偏差，将使未来前景产生巨大差异，这往往是难以预测的或者说带有一定的随机性的。

【分析】1998 年亚洲发生的金融危机和美国曾经发生的股市风暴实际上就是经济运作中的"蝴蝶效应"；1998 年太平洋上出现的"厄尔尼诺"现象就是大气运动引起的"蝴蝶效应"。

【延伸】在我们的学习生活中，会有初始条件十分微小的变化经过不断放大，对其未来状态造成极其巨大的差别的事项发生，有些小事可以忽略，有些小事如经系统放大，则对一个组织、一个国家来说是很重要的，就不能忽略，就需要我们提前预判，做出正确决策。

【例 5-16】某企业生产和销售乙产品，计划年度内有关数据预测如下：销售量 10 000 件，单价 300 元，单位变动成本 200 元，固定成本总额 200 000 元。假设销售量、单价、单位变动成本和固定成本总额均分别增长了 10%。

要求：计算各因素的敏感系数。

解析：

预计的目标利润=（300-200）×10 000-200 000=800 000（元）

（1）销售量上升 10%。

销售量=10 000×（1+10%）=11 000（件）

息税前利润=（300-200）×11 000-200 000=900 000（元）

利润变动百分比=（900 000-800 000）÷800 000×100%=12.5%

销售量的敏感系数=12.5%÷10%=1.25

（2）单价上升 10%。

单价=300×（1+10%）=330（元）

利润=（330-200）×10 000-200 000=1 100 000（元）

利润变化的百分比=（1 100 000-800 000）÷800 000×100%=37.5%

单价的敏感系数=37.5%÷10%=3.75

（3）单位变动成本上升 10%。

单位变动成本=200×（1+10%）=220（元）

利润=（300-220）×10 000-200 000=600 000（元）

利润变化的百分比=（600 000-800 000）÷800 000×100%=-25%

单位变动成本的敏感系数=-25%÷10%=-2.5

（4）固定成本总额上升 10%。

固定成本总额=200 000×（1+10%）=220 000（元）

利润=（300-200）×10 000-220 000=780 000（元）

利润变化的百分比=（780 000-800 000）÷800 000×100%=-2.5%

固定成本总额的敏感系数=-2.5%÷10%=-0.25

敏感系数的正负反映因素变动与利润变动的方向：敏感系数为正，表示影响因素与利润同方向变动；敏感系数为负，表明影响因素与利润反方向变动。各因素敏感性的强弱取决于敏感性的绝对值大小，与正负无关，正负仅代表变动方向，绝对值越大，因素敏感性越强，反之越弱。

从【例 5-16】可以看出，影响利润的四个因素，单价最敏感（敏感系数 3.75），其次是单位变动成本（敏感系数-2.5）和销售量（敏感系数 1.25），固定成本总额的敏感性最低（敏感系数-0.25）。敏感系数的高低由目标利润模型和模型内各因素变量的赋值共同决定，一般而言，无论赋值如何变化，单价敏感性最强，固定成本总额敏感性最弱。

提示

某一因素的敏感系数为负数，表明该因素的变动与利润的变动为反向关系；反之，若某一因素的敏感系数为正数，则表明其变动与利润的变动为正向关系。敏感系数的绝对值越大，说明息税前利润对该参数变化的敏感性越强。企业由盈利转为亏损，指息税前利润变化百分比为-100%。如果已知某个因素的敏感系数，则可计算该因素的变动百分比，并可计算该因素的最大值（或最小值）。

二、经营杠杆

经营杠杆是指由于固定成本的存在而使利润变动大于产销量变动的杠杆效应，也称营业杠杆。经营杠杆系数（Degree of Operating Leverage，DOL）反映经营杠杆效应程度。

根据成本性态，在一定产销量范围内，产销量的增加一般不会影响固定成本总额，但会使单位产品固定成本降低，从而提高单位产品利润，并使利润增长率大于产销量增长率；反之，产销量减少，会使单位产品固定成本升高，从而降低单位产品利润，并使利润下降率大于产销量下降率。

1. 经营杠杆系数

经营杠杆系数（DOL）=息税前利润变动率÷产销量变动率

$$DOL = (\Delta EBIT/EBIT) \div (\Delta X/X),$$

其中，$\Delta EBIT$ 是息税前利润变动额，ΔX 为产销量变动值。

经营杠杆系数=（销售收入-变动成本）÷（销售收入-变动成本-固定成本）

其中，息税前利润（EBIT）=销售收入-变动成本-固定成本，因此：

经营杠杆系数（DOL）=（息税前利润+固定成本）÷ 息税前利润

$DOL = (EBIT+a) \div EBIT = M \div (M-a)$，其中，$M$ 是边际贡献总额，a 是固定成本总额。则经营杠杆系数简化公式如下。

经营杠杆系数=基期边际贡献/基期息税前利润

$$DOL = \frac{\Delta EBIT / EBIT}{\Delta X / X} = \frac{M}{M-a}$$

为了反映经营杠杆的作用程度、估计经营杠杆利益的大小、评价经营风险的高低，必须要测算经营杠杆系数。一般而言，经营杠杆系数越大，对经营杠杆利益的影响越大，经营风险也越大。

2. 经营杠杆系数的变动规律

只要固定成本不等于零，经营杠杆系数就恒大于 1。产销量的变动与经营杠杆系数的变动方向相反。单价的变动与经营杠杆系数的变动方向相反。成本指标的变动与经营杠杆系数的变动方向相同。在同一产销量水平上，经营杠杆系数越大，利润变动幅度越大，风险也就越大。

3. 经营杠杆系数的用途

（1）反映企业的经营状况

规模大的企业固定成本很高，这就决定了其利润变动率远远大于销售变动率。业务量越大，固定成本总额越大，经营杠杆系数越大。企业要想提升盈利能力，就必须增加销售量，才可以成倍获取利润。单位变动成本较高，销售单价较低，经营杠杆系数同样会偏大，利润变动幅度仍然大于销售变动幅度。也就是说，获利能力与利润增长之间不存在直接关系。

（2）反映企业的经营风险

若企业的经营杠杆系数较大，当业务量减少时，利润将以经营杠杆系数的倍数成倍减少；业务量增加时，利润将以经营杠杆系数的倍数成倍增长。这表明经营杠杆系数越大，利润变动越剧烈，企业的经营风险越大。反之，经营杠杆系数越小，利润变动越平稳，企业的经营风险越小。通常情况下，经营杠杆系数大小只反映企业的经营风险大小，不能直接代表其经营成果的好坏。在业务量增长同样幅度的前提下，企业的获利水平不同；在业务量减少同样幅度的情况下，企业利润的下降水平也不同。无论经营杠杆系数大小，增加业务量是企业获利的关键因素。

（3）帮助企业管理当局预测企业未来的业绩

通过计算企业的经营杠杆系数可以对企业未来的利润以及销售变动率等指标进行合理的预测。通过计算企业计划期的销售变动率来预测企业的销售，这有利于企业进行快速预测。与此同时，可针对不同产品来预测销售变动率，这有利于企业进行横向和纵向的比较。

（4）帮助企业管理当局做出正确的经营决策

由于经营杠杆系数的大小代表企业经营风险的高低，企业在进行经营决策时，通常都通过计算经营杠杆系数来进行风险分析。通过利润变化率的分析，在基期利润基础上计算备选方案的预期利润，从备选方案中确定一个最优的方案。这样便可获得一个最佳的经营决策，对企业经营决策有较大的帮助。

经营杠杆的作用具有两面性：当销售收入减少时，经营杠杆会发挥消极作用，使息税前利润比同期销售收入减少的速度更快；当销售收入增加时，经营杠杆会发挥积极作用，使息税前利润比同期销售收入增长的速度更快。

> **提示**
>
> 经营风险是指企业生产经营使利润波动的风险，产品的市场需求、价格、成本等因素的不确定性是影响利润波动的主要原因。经营杠杆本身并不是利润不稳定的根源，只是利润波动的表现。经营杠杆系数越大，表明利润波动程度越大，经营风险也就越高。

【例 5-17】甲公司 2018—2020 年的销售收入总额分别为 2 400 万元、2 600 万元和 3 000 万元，销售收入总额范围在 2 400 万～3 000 万元，固定成本总额为 800 万元，变动成本率为 60%。公司其他数据如表 5-7 所示。

要求：计算甲公司的经营杠杆系数，并做对比分析。

表5-7　　　　　　　　　　甲公司经营杠杆利益测算　　　　　　　　　　单位：万元

年份	销售收入	销售收入增长率	变动成本	边际贡献	固定成本	税前利润	利润增长率
2018	2 400		1 440	960	800	160	
2019	2 600	8%	1 560	1 040	800	240	50%
2020	3 000	15%	1 800	1 200	800	400	67%

解析：

2018年经营杠杆系数= $M/(M-a)$ =960÷160=6

2019年经营杠杆系数= $M/(M-a)$ =1 040÷240=4.33

2020年经营杠杆系数= $M/(M-a)$ =1 200÷400=3

甲公司销售收入总额范围在2 400万～3 000万元，固定成本总额每年都是800万元即保持不变，随着销售收入总额的增长，息税前利润以更快的速度增长。甲公司2019年与2018年相比，销售收入总额的增长率为8%，同期息税前利润的增长率为50%；2020年与2019年相比，销售收入总额的增长率为15%，同期息税前利润的增长率为67%。由此可知，由于甲公司有效地利用了经营杠杆，获得了较高的经营杠杆利益，即息税前利润的增长幅度大于销售收入总额的增长幅度。

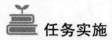

任务实施

任务资料和任务目标见本任务的"任务导入"，具体任务实施过程如下。

第一步，计算华强公司甲产品单价对息税前利润变动的敏感系数。

华强公司预计的目标利润=（200-120）×25-1 600=400（万元）

单价提高10%之后。

息税前利润=200×（1+10%）×25-120×25-1 600=900（万元）

息税前利润变化的百分比=（900-400）÷400×100%=125%

单价的敏感系数=125%÷10%=12.5

第二步，计算华强公司甲产品单位变动成本对息税前利润变动的敏感系数。

单位变动成本提高10%之后。

息税前利润=200×25-120×（1+10%）×25-1 600=100（万元）

息税前利润变化的百分比=（100-400）÷400×100%=-75%

单位变动成本的敏感系数=-75%/10%=-7.5

第三步，计算华强公司甲产品固定成本总额对息税前利润变动的敏感系数。

固定成本总额提高10%之后。

息税前利润=200×25-120×25-1 600×（1+10%）=240（万元）

息税前利润变化的百分比=（240-400）÷400×100%=-40%

固定成本总额的敏感系数=-40%÷10%=-4

第四步，计算华强公司甲产品销售量对息税前利润变动的敏感系数。

销售量提高10%之后。

息税前利润=（200-120）×25×（1+10%）-1 600=600（万元）

息税前利润变化的百分比=（600-400）÷400×100%=50%

05

销售量的敏感系数=50%÷10%=5

第五步，分析华强公司甲产品各因素敏感性系数的大小，据以进行生产经营决策。

通过计算可知，单价是最敏感因素（敏感系数 12.5），其次分别为单位变动成本（敏感系数 -7.5）、销售量（敏感系数 5）和固定成本总额（敏感系数-4），可主要从单价和销售量入手，提高企业利润总额。

任务四　边际分析

学习目标

素质目标：具备诚信品质、工匠精神、安全意识，热爱管理会计工作。

知识目标：熟悉差量分析法，掌握成本平衡点分析法和边际贡献分析法。

技能目标：能运用成本平衡点分析法和边际贡献分析法进行短期经营决策。

任务导入

任务资料：华强公司生产甲、乙、丙、丁和戊五种产品，年固定成本总额为 50 万元，按生产能力，五种产品各自产销量为 1 000 件，年产能共计 5 000 件。其他有关资料如表5-8 所示。华强公司自成立营运管理小组改进营运管理工作以来，营运管理小组需根据五种产品生产经营数据，提出五种产品的生产改进决策，以提升公司营运能力和增加公司利润。

表 5-8　　　　　　　　　　　　　　　五种产品相关资料

产品	单价/元	单位变动成本/元	单位边际贡献/元	边际贡献率/%
甲产品	600	540	60	10
乙产品	500	250	250	50
丙产品	500	400	100	20
丁产品	400	220	180	45
戊产品	200	140	60	30

任务目标：

① 采用边际贡献分析法，分析原有生产销售方案的盈利能力。

② 改进生产销售方案，并比较两种方案，进行生产销售决策。

知识准备

政策依据：《管理会计基本指引》《管理会计应用指引第 400 号——营运管理》《管理会计应用指引第 403 号——边际分析》。

在经济学中，把研究一种可变因素的数量变动会对其他可变因素的变动产生多大影响的方法，称为边际分析方法。边际分析方法的决策思路通常是把追加的支出和因此而增加的收入相比较，二者相等时企业的目标利润最大，从而决定项目的取舍。边际分析方法有三个重要概念，分别如下。

边际收入是每增加一个单位的产品所引起的收入增量。边际成本是每增加一个单位的产品所引起的成本增量。边际利润是每增加一个单位的产品所带来的利润（或边际贡献）增量。

上述三者之间的关系为：边际利润=边际收入-边际成本。

企业在经营决策时，将边际分析方法应用于短期经营决策中，主要有差量分析法、成本平衡点分析法和边际贡献分析法。

一、差量分析法

差量分析法是在将几种方案的收入、成本分别进行比较产生差别的基础上，从中选出最优方案的方法。差量一般包括差量收入和差量成本。差量收入指两个备选方案之间预期收入的差异数。差量成本指两个备选方案之间预期成本的差异数。

差量分析法

1. 差量分析

在进行方案的比较时，只要差量收入大于差量成本，那么前一个方案为优，反之则后一个方案为优。

$$差量利润=差量收入-差量成本$$

假设有 A、B 两种方案，差量收入=R_1-R_2，差量成本=C_1-C_2，差量利润=P_1-P_2。

差量分析法的决策标准如表 5-9 所示。

表 5-9   差量分析

	方案 A	方案 B	差量
R（预期收入）	R_1	R_2	R_1-R_2
C（预期成本）	C_1	C_2	C_1-C_2
P（预期利润）	$P_1=R_1-C_1$	$P_2=R_2-C_2$	P_1-P_2

差量利润>0，选方案 A；差量利润=0，A、B 方案一样；差量利润<0，选方案 B。

在计算差量收入和差量成本时，方案的前后排序必须保持一致，如果两个备选方案的相关预期收入相同，或不涉及收入，则只需比较其相关成本，并注意尽量省去发生额相同，不影响"差量"的部分，以简化计算。

由于差量分析法是在两个备选方案中选择较好方案，当存在多个备选方案时，可两两分别比较，从而选取最优方案。

2. 差量分析的步骤

差量分析的一般步骤为四步。

① 计算备选方案的差量收入。

② 计算备选方案的差量成本。

③ 计算备选方案的差量利润。

④ 比较选出最优方案。

【例 5-18】乙企业面临生产新产品的投产决策。生产 A 产品的单位变动成本为 80 元，预计销售量为 1 000 件，预计销售单价为 110 元。生产 B 产品的单位变动成本为 220 元，预计销售量为 500 件，预计销售单价为 260 元。生产 A 产品、B 产品的固定成本相同。

要求：通过差量分析法，进行 A 产品与 B 产品的生产决策。

解析：

A、B产品的差量收入=（110×1 000）−（260×500）=−20 000（元）

A、B产品的差量成本=（80×1 000）−（220×500）=−30 000（元）

A、B产品的差量利润=（−20 000）−（−30 000）=10 000（元）

数据计算说明，生产A产品比生产B产品可多获利润 10 000 元，生产A产品对企业是有利的，因此可投产A产品。

二、成本平衡点分析法

成本平衡点分析法

成本平衡点分析法是指在各备选方案的相关业务量为不确定因素时，通过判断不同水平上的业务量与成本平衡点业务量之间的关系，来做出互斥方案决策的一种方法。

1. 成本平衡点

成本平衡点又称成本无差别点，成本平衡点就是使两个备选方案预期成本相等的业务量。

假设企业有甲、乙两个备选方案，甲方案的固定成本大于乙方案的固定成本，甲方案的单位变动成本小于乙方案的单位变动成本。设甲方案的固定成本为 a_1、单位变动成本为 b_1，设乙方案的固定成本为 a_2、单位变动成本为 b_2，假设甲、乙方案的业务量分别为 x_1、x_2，令甲、乙两个方案的总成本相等，此时计算出的业务量就是成本平衡点的业务量，即成本无差别点的业务量。成本无差别点分析如图 5-2 所示。

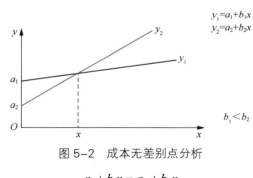

$$y_1=a_1+b_1x$$
$$y_2=a_2+b_2x$$
$$b_1<b_2$$

图 5-2　成本无差别点分析

$$a_1 + b_1x = a_2 + b_2x$$

$$x = \frac{a_1 - a_2}{b_2 - b_1}$$

即：　　　　成本平衡点业务量 $=\dfrac{\text{两方案固定成本之差}}{\text{两方案单位变动成本之差}}$

2. 成本平衡点分析

成本平衡点分析法的决策规则为成本最低原则。当预计业务量大于成本平衡点业务量时，应以固定成本总额较高而单位业务量变动成本较低的方案为最优方案；当预计业务量小于成本平衡点业务量时，应以固定成本总额较低而单位业务量变动成本较高的方案为最优方案。

成本平衡点分析法适用于业务量不确定的零部件自制或外购的决策和生产工艺技术方案的决策。与差量分析法不同，成本平衡点分析法选择成本最低的方案，收入为无关因素，不予考虑。

【例 5-19】丙企业现有生产员工 350 人，工资采用计件制，计件单价为 5 元/只，2022 年预算产量为 750 万只。该行业有明显淡旺季，淡季人均工资仅有 1 000 元/月，且每年淡季均长达 5 个月。为防止人员流失，现拟改进生产人员工资发放方案，改计件单价为 4.5 元/只，但当淡季月工资低于 1 000 元/月时，按 3 000 元/月发放。

要求： 论证这一新方案是否可行。

解析：

丙企业新方案固定成本=（3 000-1 000）×350×5=3 500 000（元）

单位变动成本=4.5（元/只）

原方案无固定成本，固定成本=0（元），单位变动成本=5（元/只）。

成本平衡点业务量=（3 500 000-0）÷（5-4.5）=7 000 000（只）

因为 2022 年预算产量 750 万只＞成本平衡点业务量 700 万只，所以固定成本总额较高而单位业务量变动成本较低的方案为最优方案，因此新方案可行。

三、边际贡献分析法

边际贡献分析法

边际贡献分析法是在成本性态分析的基础上，通过比较各备选方案的边际贡献大小确定最优方案的决策方法。其理论前提是在生产经营决策中，如果生产能力不改变，固定成本总额通常不随业务量变动，即稳定不变。因此，收入减去变动成本后的边际贡献越大，边际贡献减去固定成本后的利润也越大，即备选方案边际贡献的大小反映了其对企业目标利润的贡献大小。当把利润作为价值标准进行决策分析时，只需要比较各方案能够提供的边际贡献。边际贡献指标通常有边际贡献总额、剩余边际贡献、单位资源边际贡献、单位产品边际贡献和边际贡献率等，在短期经营决策中通常需要比较的是边际贡献总额、剩余边际贡献和单位资源边际贡献。

1. 决策原则

① 在各备选方案没有专属固定成本且资源不受制约的情况下，比较不同备选方案的边际贡献总额即可做出决策，优先选择边际贡献总额较大的方案。

$$边际贡献总额=销售收入-变动成本总额$$

② 在备选方案资源不受制约但有专属固定成本的情况下，就要计算不同备选方案的边际贡献总额减去专属固定成本后的剩余边际贡献，根据剩余边际贡献数额大小进行决策，优先选择剩余边际贡献较大的方案。

$$剩余边际贡献=边际贡献总额-专属固定成本$$

③ 在备选方案资源受制约的情况下（如直接材料、直接人工或机器设备等受到制约时），需要根据各备选方案的单位资源边际贡献进行决策，优先选择单位资源边际贡献较大的方案。

A. 不存在专属成本时，单位资源边际贡献计算公式如下。

$$单位资源边际贡献=\frac{单位边际贡献}{单位产品资源消耗定额}$$

B. 存在专属成本时，单位资源边际贡献计算公式如下。

$$单位资源边际贡献=\frac{剩余边际贡献总额}{资源消耗总额}$$

专属成本是指可以明确归属于某种产品或某个部门的固定成本。

2. 短期经营决策基本方法的应用

短期经营决策一般包括生产决策、定价决策和存货决策，与边际分析密切相关的是生产决策。

生产决策涉及内容十分广泛，但归纳起来可分为三大类：生产什么、生产多少、如何生产，即生产品种决策、生产数量决策和生产组织决策。

> **提示**
>
> 　　生产决策一般只研究现有生产能力利用而不涉及新的投资决策，决策分析时非常重视产品形成规律、企业生产能力限制及利用程度等，基本不考虑货币时间价值因素。

【例 5-20】A 企业准备利用剩余生产能力开发新产品，有甲、乙两种产品可供选择，生产甲产品的最大产量为 1 000 件，生产乙产品的最大产量为 1 500 件。甲产品单位售价为 60 元，单位变动成本为 40 元。乙产品单位售价为 40 元，单位变动成本为 25 元。

要求：进行甲、乙产品的生产开发决策分析。

解析：

甲产品边际贡献总额=（60-40）×1 000=20 000（元）

乙产品边际贡献总额=（40-25）×1 500=22 500（元）

乙产品的边际贡献总额高于甲产品的边际贡献总额，因此，A 企业应开发生产乙产品。

视野拓展

【小思考】在经济学中，边际效应是指经济上在最小成本的情况下达到最大的经济利润，从而达到帕累托最优，指的是物品或劳务的最后一单位比起前一单位的效用。如果后一单位的效用比前一单位的效用大，则是边际效用递增，反之则为边际效用递减。在会计学中，边际效应指销售收入减去变动成本后的余额，边际效应（边际贡献）是运用盈亏分析原理，进行产品生产决策的一个十分重要的指标。

边际效应的应用非常广泛，例如经济学上的需求法则就是以此为依据的，即用户购买或使用商品数量越多，则其愿意为单位商品支付的成本越低（因为后购买的商品对其来说效用降低了）。当然也有少数例外情况，例如集邮爱好者收藏邮票，那么这一套邮票中最后收集到的那张邮票的边际效应是最大的。同学们，你的学习生活中有没有边际效应递增或递减的案例呢？请分享一下吧。

任务实施

任务资料和任务目标见本任务的"任务导入"，具体任务实施过程如下。

第一步，计算分析华强公司原生产销售方案的销售收入及边际贡献。

华强公司原来制定的生产销售方案和盈利情况如表 5-10 所示。

表 5-10　　　　　　　　　　原生产销售方案和盈利情况

产品	单价/元	销售量/件	销售收入/万元	边际贡献率/%	边际贡献总额/万元
甲产品	600	1 000	60	10	6
乙产品	500	1 000	50	50	25
丙产品	500	1 000	50	20	10
丁产品	400	1 000	40	45	18
戊产品	200	1 000	20	30	6
合计	—	5 000	220	—	65

由表 5-10 可以得出以下数据。

原方案利润总额=边际贡献总额-固定成本总额=65-50=15（万元）

原方案销售利润率=利润总额÷销售收入×100%=15÷220×100%=6.82%

原方案五种产品的平均边际贡献率=边际贡献总额÷销售收入×100%=65÷220×100%=29.55%

按照上述方案安排生产销售计划，不管五种产品的边际贡献率的大小，产销量都是 1 000 件，显然企业的利润较低。

第二步，将华强公司五种产品按边际贡献率排序。

边际贡献率表明每一单位产品能够获得利润的能力。因此，应当把边际贡献率大的产品优先安排生产，即按各种产品的边际贡献率的大小排列生产顺序，这样才会使企业获得最大的经济效益。因此，华强公司的生产顺序如表 5-11 所示。

表 5-11　　　　　　　　　产品按边际贡献率排序情况

序号	产品	边际贡献率/%
1	乙产品	50
2	丁产品	45
3	戊产品	30
4	丙产品	20
5	甲产品	10

第三步，在企业产能范围内，计算分析华强公司新生产销售方案的销售收入及边际贡献。

正确的生产决策方法应当是按各种产品的边际贡献率大小顺序来安排产销量，这样就会使企业获得较高的利润。当然也必须要考虑到未来市场的需求情况和企业内部各种产品的生产能力和其他方面的约束。企业年产能 5 000 件，现假设按照边际贡献率的大小顺序安排新的生产销售计划，如表 5-12 所示。

表 5-12　　　　　　　　　　新生产销售方案和盈利情况

产品	单价/元	销售量/件	销售收入/万元	边际贡献率/%	边际贡献总额/万元
乙产品	500	2 000	100	50	50
丁产品	400	1 000	40	45	18
戊产品	200	1 000	20	30	6
丙产品	500	500	25	20	5
甲产品	600	500	30	10	3
合计	—	5 000	215	—	82

由表 5-12 可以得到以下数据。

新方案利润总额=边际贡献总额-固定成本总额=82-50=32（万元）

新方案销售利润率=利润总额÷销售收入×100%=32÷215×100%=14.88%

新方案五种产品的平均边际贡献率=边际贡献总额÷销售收入×100%=82÷215×100%=38.14%

第四步，新方案与原方案对比分析，并进行生产销售决策。

新生产销售方案与原生产销售方案相比，利润增加了 17（32-15）万元，销售利润率和平均边际贡献率也有较大提升。同时，企业保本销售额也有大幅度下降。因此，华强公司应采用新生产销售方案。

原生产销售方案盈亏平衡点上的销售额=50÷29.55%=169.2（万元）

新生产销售方案盈亏平衡点上的销售额=50÷38.14%=131.1（万元）

通过上述分析可以看出，边际贡献分析法既是企业经营管理的重要内容，又是企业经营决策的重要工具。

任务五　标杆管理

学习目标

素质目标：具备工匠精神、责任意识，遵守职业道德，热爱管理会计工作。

知识目标：了解标杆管理的分类和应用意义，掌握标杆管理的流程。

技能目标：能根据标杆管理的分类选择标杆管理的类型并组织实施。

任务导入

任务资料：华强公司决定实施内部标杆管理，甲、乙、丙、丁、戊五个产品生产部中甲产品生产部的工作绩效最高，确定标杆部门为甲产品生产部，营运管理小组接下来设计标杆管理流程对其他四个产品生产部进行标杆管理。

任务目标：

① 确定标杆管理的对标部门。

② 确定标杆管理的流程并实施。

知识准备

政策依据：《管理会计基本指引》《管理会计应用指引第 400 号——营运管理》。

标杆管理又称基准化管理方法、参照管理方法，它源于 20 世纪 70 年代末美国的施乐公司。其特点是将视野由企业内部延伸到企业外部的竞争对手。标杆管理的基本思路是企业不断寻找和研究同行一流公司的最佳实践，以此为基准与本企业进行比较、分析、判断，从而使本企业得到不断改进，以求进入赶超一流公司创造优秀业绩的良性循环过程。标杆管理的核心是向业内或业外的最优企业学习，以其为标杆，通过学习获得优势、克服劣势，改善企业经营管理，创造最佳生产经营管理实践。

标杆管理主要是企业为应对最强硬的竞争对手时，而进行的一种持续不断的学习过程。

一、标杆管理的分类

根据不同的分类方法，标杆管理可以分为不同的类型。

1. 按标的不同分类

（1）内部标杆管理

内部标杆管理指以企业内部操作为基准的标杆管理。它是最简单且易操作的标杆管理方式之一。辨识内部绩效标杆的标准，即确立内部标杆管理的主要目标，这样可以做到企业内信息共享。辨识企业内部最佳职能或流程及其实践，然后推广到组织的其他部门，不失为企业绩效提高最便捷的方法之一。除非用作外部标杆管理的基准，单独执行内部标杆管理的企业往往持有内向视野，容易产生封闭思维，因此在实践中应该将内部标杆管理与外部标杆管理结合起来使用。

（2）竞争标杆管理

竞争标杆管理是指以竞争对手为基准的标杆管理。竞争标杆管理的目标是与有着相同市场的企业在产品、服务和工作流程等方面的绩效与实践进行比较，直接面对竞争对手。这类标杆管理的实施较为困难，除了公共领域的信息容易获取外，其他关于竞争对手的信息不易获得。

（3）功能标杆管理

功能标杆管理指以行业领先者或某些企业的优秀职能操作为基准进行的标杆管理。这类标杆管理的合作者常常能相互分享一些技术和市场信息，标杆的基准是外部企业（但非竞争对手）及其职能或业务实践。由于没有直接的竞争对手，因此，合作者往往较愿意提供和分享技术与市场信息。

（4）流程标杆管理

流程标杆管理指以最佳工作流程为基准进行的标杆管理。流程标杆管理内容是类似的工作流程，而不是某项业务与操作职能或实践。这类标杆管理可以跨不同类型组织进行，一般要求企业对整个工作流程和操作有较为详细的了解。

2. 按内容不同分类

（1）产品标杆管理

产品标杆管理是一项长期存在的实践，它强调仔细考察其他组织的产品而不仅是竞争对手的产品。其通常采用的方法是产品拆卸分析法。拆卸分析又称反向设计，是通过评价竞争对手产品以明确自身产品改进可能性的方法。拆卸过程一般请相关的技术专家参与，将竞争对手的产品分解为零部件，以明确产品的功能、设计，同时推断产品的生产过程。标杆管理采用了一种新的思维方式，因而产品标杆管理过程必然会超出简单的拆卸模仿框架而去追求和发现更多信息。例如，工程师拆卸和组装一台其他企业的复印机，他所要掌握的不仅是产品的性能、结构、设计技巧、材料，还应该从中计算出产品成本、了解到使用的生产工艺，甚至考察到客户的要求及新的设计理念等。

（2）过程标杆管理

过程标杆管理是通过对某一过程的比较，发现领先企业赖以取得优秀绩效的关键因素，如在某个领域内独特的运行过程、管理方法和诀窍等，通过学习模仿、改进融合，使企业在该领域赶上或超过竞争对手的标杆管理。营销的标杆管理、生产管理的标杆管理、人力资源的标杆管理、仓储与运输的标杆管理等均属此类。过程标杆管理比产品标杆管理更深入、更复杂。

（3）管理标杆管理

管理标杆管理指通过对领先企业的管理系统、管理绩效进行对比衡量，发现它们成功的关键因素，进而学习赶超它们的标杆管理。这种标杆管理超越了过程或职能，扩大到了整个管理工作。例如，对全公司的奖惩制度进行标杆管理，它涉及如何成功地对不同层次、各个部门的员工进行奖惩的问题。

（4）战略标杆管理

战略标杆管理是主要研究学习其他组织的战略和战略性决策，以及有关企业长远发展的一些问题，如发展方向、发展目标和竞争战略的标杆管理活动，如研究企业为什么会选择低成本而不是产品差异战略等。它主要为企业的总体战略决策提供指导性依据。这种标杆管理比较的是本企业与基准企业的战略意图，分析确定成功的关键战略要素及战略管理的成功经验，为企业高层管理者正确制定和实施战略提供服务。这种标杆管理的优点在于从开始就注意到要达到的目的。

（5）最佳实践标杆管理

最佳实践是指领先企业在某个领域内独特的管理方法、措施和诀窍。这些方法、措施和诀窍是领先企业取得优异业绩的原因所在。最佳实践标杆管理就是通过比较分析，寻找确认标杆企业的最佳实践，引进这种最佳实践并经过改进整合，使之成为本企业经营管理过程的一部分。它主要是对一系列管理实务进行比较，其内容更能体现一个企业在经营管理中的独特性和有效性。

3. 按信息收集方法不同分类

（1）单向标杆管理

单向标杆管理是一种很常见的标杆管理。在这种标杆管理下，公司独立地收集一个或几个公司优越实践的相关信息。信息通常来源于行业贸易协会、信息交易所或其他途径。

（2）合作标杆管理

合作标杆管理是指在双方协商同意的情况下，彼此自愿共享信息的标杆管理。参与的公司可以借此分析为什么从事同样功能或生产相同产品的其他公司可以成为行业的领导者，从而对自身的经营有更好的了解。合作标杆管理的最大优点在于信息可以在行业内或跨行业间达到共享。数据库信息、间接或第三方信息、集团信息是合作标杆管理信息收集的主要渠道。

 视野拓展

【**案例**】标书堆里树标杆——立信管理公司市场开发部的女员工

市场如战场，按以前的眼光来看，女性似乎在职场并不占优势。然而，在水利工程监理市场驰骋20余年的河南立信工程管理有限公司（以下简称"立信管理公司"），却有一个由女员工担任主力的部门，在竞争日趋激烈的市场上奋力拼杀，为公司立下了赫赫战功。这就是立信管理公司市场开发部。近10年来，葛洁带领着这支以女员工为主的队伍，参加了600余个水利工程监理项目的竞标，制作标书600余份，中标率稳定在15%左右，为公司的发展做出了突出贡献，其所在部门多次被评为公司的优秀部门。在助力立信管理公司成为行业标杆的同时，市场开发部也成为公司的标杆。

【**分析**】立信管理公司成为行业标杆，市场开发部也成为公司的标杆的背后，是她们奋力拼搏、精益求精、团队合作等精神的高度体现。

【**延伸**】作为一名财经专业的学生，有没有榜样作为你学习上的标杆？这些榜样的身上有哪些特质是值得学习的？

二、应用标杆管理的意义

标杆管理的实质是给企业一个明确的产品、服务或经营管理、作业流程等方面的最高标准，引导企业不断改进以获得竞争能力，给企业带来巨大的实效，是企业改进目标及实现目标的重要管理方法，具有合理性和可操作性。

1. 标杆管理有助于企业制定长远的战略目标

标杆管理通过辨识其他企业或本企业内部在生产产品、提供服务、经营管理和作业流程等方面的最佳绩效及实践途径，明确本企业在行业中所处的地位、管理运作方式以及需要改进的地方，从而制定出适合本企业的有效发展战略，进而超越竞争对手。

2. 标杆管理有利于企业的绩效评估与提高

标杆管理通过设定榜样来改进和提高企业在生产产品、提供服务、经营管理和作业流程等方面的绩效。设立的榜样明确，有可达成的方法途径，企业可坚信绩效完全有办法提高到最佳。通过对企业生产产品、提供服务、经营管理及作业流程进行系统而严格的检验，考察市场等的满意度，从而有效地评估企业的绩效。

3. 标杆管理有利于企业可持续发展

标杆管理为企业建立动态的测量生产产品、提供服务、经营管理、改善作业流程等各部门投入和产出的效益分析，可帮助企业节省成本，达到不断改善薄弱环节、可持续发展的目的。通过树立榜样，企业员工在进行标杆管理的过程中，自身也找到努力的方向并为之奋斗，将注意力集中于寻求增长的潜在动力上，有助于企业形成良好的企业文化，有利于企业的可持续发展。

三、标杆管理流程

具体说来，一个完整的标杆管理程序通常分为以下五步。

1. 制订标杆管理的计划

制订标杆管理的计划主要有以下工作。

① 组建项目小组，担当发起和管理整个标杆管理流程的责任。

② 明确标杆管理的目标。

③ 通过对组织的衡量评估，确定标杆项目。

④ 确定标杆企业。首先，选择的标杆企业必须是行业最佳实践企业之一；其次，标杆企业实践与本企业实践具有兼容性，同时要结合企业自身特点。

⑤ 确定标杆指标体系或项目任务书。企业设立适合自己的业务流程和管理制度，确定标杆指标体系或项目任务书，这是实现优化目标的关键。

⑥ 制订数据收集计划，如设置调查问卷，安排参观访问，充分了解标杆企业并及时沟通。

⑦ 开发测评方案，为标杆管理项目赋值以便于衡量比较。

2. 内部数据的收集与分析

内部数据的收集与分析主要有以下工作。

① 收集并分析内部公开发表的信息。

② 遴选内部标杆管理合作伙伴。

③ 通过内部访谈和调查，收集内部一手研究资料。

④ 通过内部标杆管理，为进一步实施外部标杆管理提供资料和基础。

3. 外部数据的收集与分析

外部数据的收集与分析主要有以下工作。

① 收集外部公开发表的信息。

② 通过调查和实地访问收集外部一手研究资料。

③ 分析收集的有关最佳实践的数据，与自身绩效计量相比较，提出最终标杆管理报告。

标杆管理报告揭示标杆管理过程的关键收获，以及对最佳实践调整、转换、创新的见解和建议。

4. 实施与调整

标杆管理实施过程中要反复对标学习，找出差距，提出改进方案。根据标杆管理报告，确认正确的纠正性行动方案，制订详细实施计划，在组织内部实施最佳实践，并不断对实施结果进行监控和评估，及时做出调整，以最终达到增强企业竞争优势的目的。

5. 持续改进

标杆管理是持续的管理过程，不是一次性行为，因此，为便于以后继续实施标杆管理，企业应维护好标杆管理数据库，制订和实施持续的绩效改进计划，以不断学习和提高。

任务实施

任务资料和任务目标见本任务的"任务导入"，具体任务实施过程如下。

第一步，确定华强公司标杆管理的对标部门。

华强公司标杆管理实施的是内部标杆管理，对标部门是甲产品生产部。

第二步，确定标杆管理的流程并实施。

内部标杆管理的流程如下。

（1）制订标杆管理的计划。

（2）内部数据的收集与分析。

（3）外部数据的收集与分析。

（4）实施与调整。

（5）持续改进。

课后巩固与提升

一、单项选择题

1. 下列因素中导致保本销售量上升的是（　　　）。

    A. 销售量上升　　　　　　　　　　B. 固定成本总额下降

    C. 单价下降　　　　　　　　　　　D. 单位变动成本下降

2. 根据标杆管理的定义，下列属于标杆管理的是（　　　）。

    A. 空调业内两大巨头公司合力投资、联合研发新一代生态环保空调

    B. 某公司研究对手公司的优势，改进自身生产流程，增强了产品的市场竞争力

    C. 某公司将同行公司"生产产品之前先造就人才"的先进经营理念引入本公司

    D. 某保险公司将本公司与业内最优公司的年终业绩差距与员工年终奖金挂钩

3. 生产单一产品的企业，保本销售额=（　　　）。

    A. 保本销售量×单位利润

    B. 固定成本总额/边际贡献率

    C. 固定成本总额/（单价-单位变动成本）

    D. 固定成本总额/综合边际贡献率

4. 在利润敏感性指标中，（　　　）指标的敏感性最高。

    A. 固定成本 　　　　B. 销售量 　　　　C. 单位变动成本 　　D. 单价

5. 在下列指标中，可据以判断企业经营安全程度的指标是（　　　）。

    A. 保本量 　　　　　B. 边际贡献 　　　C. 保本作业率 　　　D. 保本额

6. 如果产品单价与单位变动成本上升的百分率相同，其他因素不变，则保本销售量（　　　）。

    A. 上升 　　　　　　B. 下降 　　　　C. 不变 　　　　　　D. 不确定

二、多项选择题

1. 下列属于本量利分析需要满足的基本假设有（　　　）。

    A. 按成本习性划分成本 　　　　　　B. 销售收入与业务量成完全线性关系

    C. 产销平衡 　　　　　　　　　　　D. 产品产销结构稳定

2. 能使保本点上升的因素有（　　　）。

    A. 固定成本总额 　　B. 销售价格 　　C. 销售量 　　　　　D. 单位变动成本

3. 下列两个指标之和为 1 的有（　　　）。

    A. 安全边际率与边际贡献率 　　　　B. 安全边际率与保本作业率

    C. 保本作业率与变动成本率 　　　　D. 变动成本率与边际贡献率

4. 下列各项能引起安全边际提高的有（　　　）。

    A. 单价上升 　　　　　　　　　　　B. 销售量增加

    C. 单位变动成本下降 　　　　　　　D. 固定成本总额下降

5. 下列各项中，能够同时影响保本点、保利点及保净利点的因素有（　　　）。

    A. 单位边际贡献 　　B. 边际贡献率 　　C. 固定成本总额 　　D. 目标利润

三、判断题

05

1. 固定成本总额不随业务量的变动而变动，但单位固定成本与业务量成反比。（　　　）

2. 边际贡献率与变动成本率两者之间存在着紧密的关系，边际贡献率越大，变动成本率也就越大。（　　　）

3. 边际贡献首先用于补偿固定成本，之后若有剩余才能形成企业的利润。（　　　）

4. 成本平衡点分析法是指在各备选方案的相关业务量为不确定因素时，通过判断不同水平上的业务量与成本平衡点业务量之间的关系，做出互斥方案决策的一种方法。（　　　）

5. 一般而言，影响因素的敏感系数越大，其变动对目标利润的影响也越大。（　　　）

四、业务题

1. 蓝鲸电子有限公司生产 GH-Q1 型集成电路板，每只单价为 2 000 元，单位变动成本为 1 000 元，月固定成本总额为 400 000 元，该公司计划月度内实现目标利润 800 000 元。

要求：（1）计算实现目标利润的销售量。

（2）计算实现目标利润的销售额。

2. 某企业只生产一种产品，正常月销售量为 2 500 件，单价为 2 元，单位变动成本为 1.2 元，每月固定成本总额为 1 600 元。

要求：（1）计算该企业本月的下列指标：边际贡献率、变动成本率、保本销售量、保本销售额、保本作业率、安全边际、安全边际率、息税前利润、息税前利润率。

（2）根据最大最小法计算该企业本月下列指标的最大最小值：单价、单位变动成本、固定成本总额、销售量。

项目六

投融资管理

金蝶国际软件集团有限公司融资历程

深圳金蝶的前身为 1991 年 11 月成立的深圳爱普电脑技术有限公司，为解决将以 DOS 为本的财务软件推向市场的资金需求问题，1993 年 8 月，徐少春决定成立一家名为深圳远见的中外合资企业，注册资本 120 万元，股权结构包括深圳爱普 35%，赵西燕女士 25%，蛇口社会保险公司 40%。

合资企业解决了企业的股权结构问题，促成了深圳金蝶的第一次飞跃。深圳金蝶率先开发成功基于 Windows 的财务软件，这奠定了其在财务软件领域的领先地位。1994 年 8 月 16 日，深圳远见更名为深圳金蝶软件科技有限公司，并在 1997 年 5 月，由投资各方按照股权比例将注册资本增加到 500 万元。1998 年 1 月，蛇口社会保险公司将其持有的全部股份作价 200 万元转让，深圳金蝶正式变为名副其实的民营企业，此时股权结构为深圳爱普 48.5%，赵西燕女士 31.5%，金蝶软件配套 20%。

1998 年 4 月，世界著名的信息服务业跨国公司——美国国际数据集团（IDG）设立的太平洋风险投资基金投资人民币 1 000 万元，成为深圳金蝶的股东。上述投资中的 71.43 万元入账作为注册资本，占变更后注册资本的 12.5%，其余部分作为资本公积金，为此，深圳金蝶注册资本增加到 571.43 万元。

1999 年 8 月，金蝶软件配套将其 5.83% 的股份转让给深圳爱普。1999 年 9 月，太平洋风险投资基金将其 12.5% 的股份转让给 IDGVC。1999 年 10 月，IDGVC 签署再投资人民币 1 000 万元的补充协议，其中 95.24 万元入账作为注册资本，其余部分转为资本公积金，深圳金蝶将注册资本增加到 666.67 万元。至此，股权结构如下：深圳爱普 41.375%，IDGVC 25%，赵西燕女士 23.625%，金蝶软件配套 10%。风险投资的引入使得深圳金蝶迅速形成了遍布全国的营销和技术服务网络，大大缩短了深圳金蝶的快速发展时间。

2001 年 2 月 15 日，金蝶集团在香港创业板成功上市，以每股 1.03 港元发行，筹资金额达 8 000 多万港币。通过上市融资，金蝶集团在产品、技术、管理等方面加速了与国际接轨的步伐，在境外上市扩大了金蝶集团的国际影响，打开了国际融资渠道，增强了未来参与国际竞争的竞争力和适应能力，并给了金蝶集团一个充满希望的未来。

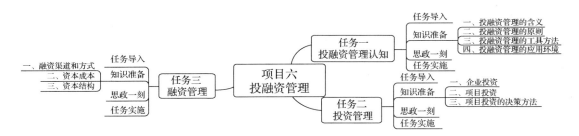

任务一　投融资管理认知

学习目标

素质目标：具备诚信品质、工匠精神、创新思维、风险意识，热爱管理会计工作。

知识目标：了解投融资管理的原则和应用环境，掌握投融资管理的工具方法。

技能目标：能正确理解投融资管理的原则和应用环境，能应用投融资管理的工具方法。

任务导入

任务资料：2021 年华强公司拟新上生产线项目，有多个选择方案，同时公司经营及新上项目需要融资。华强公司为扩大生产规模，需要再筹集 1 000 万元资金，营运管理小组提出多个筹资方案以供选择。

任务目标：

① 熟悉投融资管理的内容。

② 根据公司业务选择投融资管理的工具方法，熟悉应用工具方法的程序。

知识准备

政策依据：《管理会计基本指引》《管理会计应用指引第 500 号——投融资管理》。

一、投融资管理的含义

根据《管理会计应用指引第 500 号——投融资管理》，投融资管理包括投资管理和融资管理。

投资管理，是指企业根据自身战略发展规划，以企业价值最大化为目标，将资金投入营运进行的管理活动。

融资管理，是指企业为实现既定的战略目标，在风险匹配的原则下，通过一定的融资方式和渠道筹集资金进行的管理活动。

企业融资的规模、期限、结构等应与经营活动、投资活动等的需要相匹配。

二、投融资管理的原则

企业进行投融资管理，一般应遵循以下原则。

1. 价值创造原则

投融资管理应以持续创造企业价值为核心。

2. 战略导向原则

投融资管理应符合企业发展战略与规划，与企业战略布局和结构调整方向相一致。

3. 风险匹配原则

投融资管理应确保投融资对象的风险状况与企业的风险综合承受能力相匹配。

三、投融资管理的工具方法

投融资管理领域应用的管理会计工具方法，一般包括贴现现金流法、项目管理、情景分析、约束资源优化等。

1. 投融资管理工具方法

（1）贴现现金流法

投融资管理

贴现现金流法，是以明确的假设为基础，选择恰当的贴现率对预期的各期现金流入、流出进行贴现，通过贴现值的计算和比较，为财务合理性提供判断依据的价值评估方法。

贴现现金流法一般适用于在企业日常经营过程中，与投融资管理相关的资产价值评估、企业价值评估和项目投资决策等。贴现现金流法也适用于其他价值评估方法不适用的企业，包括正在经历重大变化的企业，如债务重组、重大转型、战略性重新定位、亏损或者处于开办期的企业等。

（2）项目管理

项目管理，是指通过项目各参与方的合作，运用专门的知识、工具和方法，对各项资源进行计划、组织、协调、控制，使项目能够在规定的时间、预算和质量范围内，实现或超过既定目标的管理活动。

项目管理适用于以一次性活动为主要特征的项目活动，如一项工程、服务、研究课题、研发项目、赛事、会展或活动演出等，也适用于以项目制为主要经营单元的各类经济主体。

（3）情景分析

情景分析是一种通过考虑各种可能发生的结果，分析未来可能发生事件的过程的方法。通过考虑分析各种结果及其影响，情景分析可以帮助决策者做出更明智的选择。

情景分析就是企业从自身角度出发，通过综合分析整个行业环境甚至社会环境，评估和分析自身以及竞争对手的核心竞争力，进而制定相应决策。情景分析适用于资金密集、产品或技术开发的前导期长、战略调整所需投入大、风险高的产业，如石油、钢铁等产业。

（4）约束资源优化

约束资源是指企业拥有的实际资源能力弱于需要的资源能力的资源。约束资源优化，是指识别出制约企业实现生产目标的瓶颈资源，如流动资金、原材料、劳动力、技术等要素及要素投入的时间安排等，对其进行优化改善并对其他资源进行相应调整，以优化企业资源配置、提高企业资源使用效率的方法。

约束资源优化一般适用于企业投融资管理等领域。

2. 应用投资管理工具方法的程序

企业应用投资管理工具方法，一般按照制订投资计划、进行可行性分析、实施过程控制和投资后评价等程序进行。

（1）制订投资计划

企业投资管理机构应根据战略需要，定期编制中长期投资规划，并据此编制年度投资计划。

中长期投资规划一般应明确指导思想、战略目标、投资规模、投资结构等。年度投资计划一般应包括编制依据、年度投资任务、年度投资任务执行计划、投资项目的类别及名称、各项目投资额的估算及资金来源构成等，并纳入企业预算管理。

06

（2）进行可行性分析

投资可行性分析的内容一般包括该投资在技术和经济上的可行性、可能产生的经济效益和社会效益、可以预测的投资风险、投资落实的各项保障条件等。

（3）实施过程控制

企业进行投资管理，应当将投资控制贯穿于投资的实施全过程。投资控制的主要内容一般包括进度控制、财务控制、变更控制等。

进度控制，是指对投资实际执行进度方面的规范与控制，主要由投资执行部门负责。财务控制，是指对投资过程中资金使用、成本控制等方面的规范与控制，主要由财务部门负责。变更控制，是指对投资变更方面的规范与控制，主要由投资管理部门负责。

（4）投资后评价

投资项目实施完成后，企业应对照项目可行性分析和投资计划组织开展投资后评价。投资后评价的主要内容一般包括投资过程回顾、投资绩效和影响评价、投资目标实现程度和持续能力评价、经验教训和对策建议等。

企业应及时进行回顾和分析，检查和评估投资管理的实施效果，不断优化投资管理流程，改进投资管理工作。

视野拓展

【案例】现代社会是一个充满风险的社会，预防风险是首要的。预防原则的主旨不是去消除非常可能出现的损害事件，或者事后弥补已经造成的损害，而是专注于消除危害的可能根源。比如为了从源头上切断动物源性传染病，应禁止对野生动物的交易与食用；为了防范微生物泄露、传播风险的发生，应加强生物安全管控；为了防止传染病的大流行，应加强对疫情的检测、预警与应对等。

【分析】防范和化解重大风险，不仅是一个认识问题，更是一个实践问题；既需要在清醒判断客观形势的基础上，着眼于核心利益，坚持底线思维，运用科学的思想方法进行战略谋划，运筹于帷幄之中，又必须发扬斗争精神，坚持知行合一，在善作善成中攻坚克难，决胜于千里之外。所谓底线思维，是指从可能出现的最坏情况出发，调动一切积极因素使事物朝着预期目标发展的一种思维方法。

【延伸】作为当代大学生，首先应做到个人层面的风险识别与安全防护。既要看到有利的一面，又要看到不利的一面。形势有利时，善于看到潜伏着的不利因素，做好应对不利因素的准备；形势不利时，善于把握藏着的机会，坚定扭转不利局面的信心。同时，在学习、生活和工作中，应牢筑底线思维，成为一名合格的财经专业学生。

3. 应用融资管理工具方法的程序

企业应用融资管理工具方法，一般按照融资计划制订、融资决策分析、融资方案的实施与调整、融资管理分析等程序进行。

（1）融资计划制订

企业对融资安排应实行年度统筹、季度平衡、月度执行的管理方式，根据战略需要、业务计划和经营状况，预测现金流量，统筹各项收支，编制年度融资计划，并据此分解至季度和月度融资计划。必要时根据特定项目的需要，编制专项融资计划。

年度融资计划的内容一般包括编制依据、融资规模、融资方式、资本成本等；季度和月度融资计划的内容一般包括年度经营计划、企业经营情况和项目进展水平、资金周转水平、融资方式、资本成本等。企业融资计划可作为预算管理的一部分，纳入企业预算管理。

（2）融资决策分析

企业应根据融资决策分析的结果编制融资方案，融资决策分析的内容一般包括资本结构、资本成本、融资用途、融资规模、融资方式、融资机构的选择依据、偿付能力、融资潜在风险和应对措施、还款计划等。

（3）融资方案的实施与调整

融资方案经审批通过后，进入实施阶段，一般由归口管理部门具体负责落实。如果融资活动受阻或者融资量无法达到融资需求目标，归口管理部门应及时对融资方案进行调整，数额较大时应按照融资管理程序重新报请融资管理委员会或类似决策机构审批。

（4）融资管理分析

企业融资完成后，应对融资进行统一管理，必要时应建立融资管理台账。企业应定期进行融资管理分析，内容一般包括还款计划、还款期限、资本成本、偿付能力、融资潜在风险和应对措施等。还款计划应纳入预算管理，以确保按期偿还融资。

企业应及时进行融资管理回顾和分析，检查和评估融资管理的实施效果，不断优化融资管理流程，改进融资管理工作。

四、投融资管理的应用环境

企业投融资管理的应用环境包括组织架构、管理制度和流程、信息系统等。

1. 组织架构

为确保投融资管理的有序开展，企业应建立健全投融资管理组织架构。

根据投资管理组织架构特点，设置能够满足投资管理活动所需的，由业务、财务、法律及审计等相关人员组成的投资管理委员会或类似决策机构，对重大投资事项和投资制度建设等进行审核，有条件的企业可以设置投资管理机构，组织开展投资管理工作。

企业应设置满足融资管理所需的，由业务、财务、法律及审计等相关人员组成的融资管理委员会或类似决策机构，对重大融资事项和融资管理制度等进行审批，并设置专门归口管理部门牵头负责融资管理工作。

2. 管理制度和流程

企业应建立健全投融资管理的制度体系，明确投融资管理各环节的工作目标、职责分工、工作程序、工具方法、信息报告等内容，投融资管理一般采取审批制。

3. 信息系统

企业应建立完整的业务信息系统规范信息的收集、整理、传递和使用等，有效支持管理者决策。

 **任务实施**

任务资料和任务目标见本任务的"任务导入"，具体任务实施过程如下。

第一步，熟悉投融资管理的内容。

投融资管理包括投资管理和融资管理。

第二步，根据公司业务选择投融资管理的工具方法，熟悉应用工具方法的程序。

华强公司新上生产线项目，根据贴现现金流法可进行投融资决策和融资决策。

任务二　投资管理

学习目标

素质目标：具备诚信品质、工匠精神、创新思维、团队意识，热爱管理会计工作。

知识目标：了解项目投资的内容，掌握净现值法、内含报酬率法等投资决策分析方法。

技能目标：能根据项目投资决策分析方法进行投资决策分析。

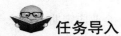

任务导入

任务资料：华强公司准备新建一条生产线，投资额为 110 万元，分两年投入。第一年初投入 70 万元，第二年初投入 40 万元，建设期为 2 年，净残值为 10 万元，折旧采用直线法。在投产初期投入流动资金 20 万元，项目使用期满可全部回收。该项目可使用 10 年，每年销售收入为 60 万元，总成本为 45 万元。假定企业期望的投资报酬率为 10%。

任务目标：

① 用净现值法判断该新建项目投资可行性。

② 用内含报酬率法判断该新建项目投资可行性。

知识准备

政策依据：《管理会计基本指引》《管理会计应用指引第 500 号——投融资管理》《管理会计应用指引第 501 号——贴现现金流法》。

投资管理，是指企业根据自身战略发展规划，以企业价值最大化为目标，将资金投入营运进行的管理活动。

一、企业投资

企业投资是企业作为一级投资主体所进行的投资。企业投资主要有企业的改建、扩建、技术改造投资和职工住宅、文化娱乐等非生产性设施的投资。企业投资有不同的分类，具体如下。

① 按投资活动与企业本身的生产经营活动的关系，企业投资分为直接投资和间接投资。

直接投资是指投资者将货币资金直接投入投资项目，形成实物资产或者购买现有企业的投资。通过直接投资，投资者可以拥有全部或一定数量的企业资产及经营的所有权，直接进行或参与投资的经营管理。直接投资包括对现金、厂房、机械设备、交通工具、通信设施、土地等各种有形资产的投资和对专利、商标、咨询服务等无形资产的投资。

间接投资是指投资者以其资本购买公司债券、金融债券或公司股票等各种有价证券，以预期获取一定收益的投资，由于其投资形式主要是购买各种各样的有价证券，因此也被称为证券

06

投资。与直接投资相比，间接投资的投资者除股票投资外，一般只享有定期获得一定收益的权利，而无权干预被投资对象对这部分投资的具体运用及其经营管理决策；间接投资的资本运用比较灵活，可以随时调用或转卖，更换其他资产，谋求更大的收益；可以减少因政治、经济形势变化而承担的投资损失的风险；也可以作为中央银行为平衡银根松紧而采取公开市场业务时收买或抛售的筹码。

② 按投资对象的存在形态和性质，企业投资分为证券投资和项目投资。

证券投资是指投资者（法人或自然人）买卖股票、债券、基金券等有价证券以及这些有价证券的衍生品，以获取差价、利息及资本利得的投资行为和投资过程，是间接投资的重要形式。

项目投资是一种以特定项目为对象，直接与新建项目或更新改造项目有关的长期投资行为。项目投资按其涉及内容还可进一步细分为单纯固定资产投资和完整工业投资项目。

③ 按投资活动对企业未来生产经营前景的影响，企业投资分为发展性投资和维持性投资。

发展性投资，也称战略性投资，是指对企业未来的生产经营发展全局有重大影响的投资，如企业间兼并合并的投资、转换新行业和开发新产品的投资、大幅度扩大生产规模的投资等。

维持性投资，也称战术性投资，是指维持企业现有的生产经营正常顺利进行，不会改变企业未来生产经营发展全局的投资，如更新替换旧设备的投资、配套流动资金的投资、生产技术革新的投资等。

④ 按投资活动资金投出方向，企业投资分为对内投资和对外投资。

对内投资，是指在本企业范围内部的资金投放，用于购买和配置各种生产经营所需的经营性资产。对外投资，是指向本企业范围以外的单位的资金投放。对外投资多以现金、有形资产、无形资产等资产形式，通过联合投资、合作经营、换取股权、购买证券资产等投资方式向企业外部其他单位投放资金。对内投资都是直接投资，对外投资主要是间接投资，也可能是直接投资。

⑤ 按投资项目之间的相互关联关系，企业投资分为独立投资和互斥投资。

独立投资亦称单独投资，只有一个投资主体（可以是政府、企业和个人），是没有其他人参与的投资方式。投资者独家承担投资风险、分享投资收益。独立投资适合周期短、投资金额较少的项目。

互斥投资也叫不相容投资，是指采纳或放弃某一投资，会显著影响其他投资的投资方式。

06

二、项目投资

项目投资是公司尤其是实业公司为了提升总的经营能力和获利能力而进行的时间超过一年或超过一年的一个营业周期的投资。

1. 项目投资的特征

项目投资具有以下特征。

① 投入资金量大。

② 影响时间长。

③ 资金回收慢。

④ 投资风险高。

因此，进行项目投资时应持谨慎态度，遵循一定的决策程序，考虑到各种影响因素，科学地进行项目投资决策，实现企业的长期稳定发展。

2. 项目投资的原则

（1）具体问题具体分析原则

评价指标自身特征的差异，使其适用范围不同，因此应根据不同的项目类型和项目之间的关系进行分析，决定运用何种评价指标。

（2）确保财务可行性原则

无论项目投资的数目有多少，项目之间的关系如何，所有项目投资决策的首要标准就是财务可行性。运用财务决策评价指标，对具体项目进行财务可行性评价，是项目投资决策的重要环节。

（3）分清主次指标原则

对于同一项目进行财务可行性评价时，运用不同指标评价，可能导致相互矛盾的结论，在这种情况下，需要分清主要指标、次要指标和辅助指标，并以主要指标的评价结论为准。

（4）讲求效益原则

进行项目投资决策，要以效益最大化为目标，充分考虑经济效益、环境效益和社会效益。项目投资以经济效益最大化作为基本的衡量标准，同时重视对环境的影响；此外，从承担社会责任角度出发，项目投资应遵循社会效益最佳原则，使项目投资对劳动就业和社会稳定等做出贡献。

3. 项目投资的影响因素

进行项目投资决策时，应主要考虑现金流量、资金时间价值、资金成本和风险因素四个因素。

（1）现金流量

现金流量（Cash Flow），是指一项投资引起的未来一定期间现金支出和现金收入的数量。现金流量分为现金流入量、现金流出量和现金净流量。现金流入量是指因项目投资所引起的现金流入。现金流出量是指因项目投资所引起的现金支出。现金净流量（Net Cash Flow，NCF）是投资项目现金流入量与现金流出量之间的差额，其数额是进行项目决策评价的重要依据。

$$现金流入量-现金流出量=现金净流量$$

投资项目从整个经济寿命周期看，大致分为投资期、营业期、终结期，因此现金流量的计算也可按其周期进行。

① 投资期。

投资期的现金流量主要是现金流出量，包括资产投资与营运资金垫支，如固定资产投资、无形资产投资、流动资产投资等。

② 营业期。

营业期是投资项目的主要阶段，既有现金流入量，也有现金流出量。现金流入量主要是项目投产后所产生的营业收入，现金流出量是项目营运所产生的付现成本、所得税费用等。

营业期现金净流量计算公式如下。

$$营业期现金净流量（NCF）=营业收入-付现成本-所得税费用$$
$$=营业收入-（营业成本-折旧）-所得税费用$$
$$=营业收入-营业成本-所得税费用+折旧$$
$$=税后净利+折旧$$

③ 终结期。

终结期的现金流量主要是现金流入量，包括固定资产变价净收入、垫支营运资金的收回和停止使用的土地变价收入等。

项目投资初期会发生现金流出，项目建成后通过销售产品形成现金流入，比较现金流入与现金流出是决策的前提条件。如果一个项目的现金流入不能弥补现金流出，那么这个项目就不能实施。

 视野拓展

【**案例**】作为新兴事物，数字货币的试点受到社会各界广泛关注，"十四五"规划也提出了建设现代中央银行制度。从建立现代财税金融体制的角度出发，要求建设现代中央银行制度，完善货币供应调控机制，稳妥推进数字货币研发，健全市场化利率形成和传导机制"。我国推出数字货币对宏观经济发展、居民日常实际支付需要和反洗钱等政策有极大帮助。首先，数字货币对我国经济良好发展起到重要助力作用。作为电子化人民币，数字货币能满足央行随时计算社会流动现金量的需求，有助于更好地制定货币政策、避免货币超发。其次，数字货币更为便捷，能够更好满足居民实际支付需要。一方面，数字货币不同于纸币，更便于存储，使用寿命更长，不用担心遭遇假币风险；另一方面，在移动支付当道的今天，一些网络信号较弱的偏远地区和数字弱势群体无法享受智能终端支付的便捷，可见电子支付包容性较低。数字货币则不然，双离线支付手段可以免去对网络的依赖，操作简单，即便不使用智能手机也能完成支付，有很强的普惠性。

对于居民来讲，最关心的还是数字货币会给日常生活带来哪些影响。过去，人民币以纸质形式出现在支付交易中，数字货币则是将人民币电子化，和纸质人民币具有同等效力，在使用时只需要打开数字货币 App，用扫码、转账、碰一碰等方式就可完成转账支付等交易。很多人问：既然都是移动支付，那么数字货币和现有支付软件有什么区别呢？从本质上来看，它们处于不同维度。央行曾表示，微信和支付宝是金融基础设施，而数字货币是支付工具。如果把微信和支付宝比作钱包，那么数字货币对应的是钱包中的内容。在数字货币发行后，大家仍然可以用微信和支付宝支付，只不过钱包里增加了央行货币。在日常使用微信、支付宝等 App 时，人们往往需要网络和智能手机等硬件设施支持，而数字货币不依赖网络即可实现双离线支付。数字货币的第一大特点是便利性，它将省去在各个网络平台绑定个人账户或者线下办理多张银行卡等不必要的麻烦；第二大特点是安全性，它支持匿名支付，大大提高支付安全性，保护个人隐私；第三大特点是降低跨境交易成本，它使跨境支付变得更加方便，将降低过去跨境交易中的手续费，提升跨境交易和支付清算速度。（来源：光明网）

【**分析**】数字货币是我国在金融创新方面迈出的重要一步，它的发展与时代背景相契合，具有广阔应用前景。相信随着数字货币推广进程的加快，越来越多的人会享受到数字货币带来的便利，能够看到数字货币带来的更多惊喜。

【**延伸**】我国早在 2014 年就开始推进数字货币并成立了数字货币研究小组，目前央行在深圳、苏州、上海、成都、雄安及未来的冬奥场景等地进行数字货币试点，未来将继续通过不断测试优化和完善相应功能。数字货币的优越性究竟体现在哪里，又将怎样改变我们的生活？结合本例，请谈谈心得体会。

【例 6-1】甲公司购置一台设备，价款为 220 000 元，使用 5 年，预计净残值为 20 000 元，采用直线法计提折旧。使用该设备，每年为公司增加营业收入 100 000 元，新增付现成本 20 000 元，所得税税率为 25%。

要求：计算甲公司每年的现金流量。

解析：

每年的折旧=（220 000-20 000）÷5=40 000（元）

所得税=（100 000-20 000-40 000）×25%=10 000（元）

第 1～4 年现金流入量=100 000（元）

现金流出量=20 000+10 000=30 000（元）

现金净流量=100 000-30 000=70 000（元）

第 5 年现金流入量=100 000+20 000=120 000（元）

现金流出量=20 000+10 000=30 000（元）

现金净流量=120 000-30 000=90 000（元）

（2）资金时间价值

项目投资的时间比较长，资金在不同时点的价值量不等，科学合理地评价某一项目投资的可行性，需要考虑资金时间价值。

① 复利现值与终值。

复利是指在计算利息时，某一计息周期的利息是由本金加上先前周期所积累利息总额来计算的计息方式，即通常所说的"利滚利"。复利终值就是指一笔收支经过若干期后在到期时的金额，这个金额和最初的收支额事实上具有相同的支付能力。

若已知现值 P、利率 i、期数 n 时，求终值 F，则复利终值计算公式如下。

$$F = P(1+i)^n$$

其中，$(1+i)^n$ 称为复利终值系数或 1 元的复利终值，用符号 $(F/P,i,n)$ 表示。例如，$(F/P,6\%,3)$ 表示利率为 6%时 3 期的复利终值系数。

复利现值是复利终值的对称概念，指未来一定时间的特定资金按复利计算的现在价值，或者说是为取得将来一定本利和现在所需要的本金。

若已知终值 F、利率 i、期数 n 时，求现值 P，则复利现值计算公式如下。

$$P=F/(1+i)^n$$

其中，$[(1+i)^n]$ 称为复利现值系数或 1 元的复利现值，用符号 $(P/F,i,n)$ 来表示。例如，$(P/F,10\%,5)$ 表示利率为 10%时 5 期的复利现值系数。

② 年金现值与终值。

在一定的期限内，相同的时间间隔，连续发生的一系列等额收（付）款项称为年金，通常用 A 表示。年金的特点是每次发生的间隔相等；连续发生，不能中断；每次发生的金额相等。年金的种类：普通年金、预付年金、递延年金和永续年金。在此，介绍普通年金终值和普通年金现值的计算。

普通年金终值（F_A）是指一定期限内每期期末等额收（付）款项的复利终值之和。若已知每期收（付）额为 A，收（付）期数为 n，利率为 i，求年金终值 F_A，则年金终值计算公式如下。

普通年金终值的计算公式为：

$$F_A = A + A \times (1+i) + A \times (1+i)^2 + A \times (1+i)^3 + \cdots + A \times (1+i)^{n-1}$$

$$F_A = A \times \frac{(1+i)^n - 1}{i} = A \times (F/A, i, n)$$

其中，（$F/A, i, n$）称为普通年金终值系数，其含义是每期支付的普通年金 1 元，当利率为 i，经过 n 期后的最终价值。

普通年金现值（P_A）是指一定期限内各期期末等额收（付）款项的复利现值之和。若已知收（付）期数 n，利率 i，年金 A，求现在所需要的本金 P_A，则年金现值计算公式如下。

$$P_A = A + A \times (1+i)^{-1} + A \times (1+i)^{-2} + A \times (1+i)^{-3} + \cdots + A \times (1+i)^{-n}$$

$$P_A = A \times \frac{1 - (1+i)^{-n}}{i} = A \times (P/A, i, n)$$

其中，（$P/A, i, n$）称为普通年金现值系数，其含义是当利率为 i，期数为 n 时的 1 元普通年金现值。

【例 6-2】小安拟出国 5 年，请王老师代付房租，每年年末支付租金 10 000 元，设银行存款年利率为 10%。

要求： 计算小安应当现在给王老师多少钱存入银行。

解析： $P_A = 10\ 000 \times \dfrac{1 - (1 + 10\%)^{-5}}{10\%}$

$\qquad\quad = 10\ 000 \times (P/A, 10\%, 5)$

$\qquad\quad = 10\ 000 \times 3.790\ 8$

$\qquad\quad = 37\ 908$（元）

（3）资金成本

资金成本是为取得资金使用权所支付的费用，项目投资后所获利润额必须能够补偿资金成本，然后才能有利可言。企业使用的资金不管是自有的还是外界的，都要付出代价，如果一个项目的投资报酬率小于资金成本，该项目就不能实施。

资金成本包括资金筹集费用和资金占用费用两部分。资金筹集费用指资金筹集过程中支付的各种费用，如发行股票、发行债券支付的印刷费、律师费、公证费、担保费及广告宣传费。企业发行股票和债券时，支付给发行公司的手续费不作为企业资金筹集费用。资金占用费用是指占用他人资金应支付的费用，或者说是资金所有者凭借其对资金所有权向资金使用者索取的报酬，如股东的股息、红利、债券及银行借款利息。资金成本率计算公式如下。

资金成本率=资金成本总额/所筹资金×100%

即：　　　资金成本率=（资金筹集费用+资金占用费用）/所筹资金×100%

（4）风险因素

项目投资的风险，主要指投资过程中可能出现收益或损失的不确定性，主要来自资金、技术、政治等诸多因素，在项目投资决策中，应加以充分考虑。

三、项目投资的决策方法

项目投资的决策方法分为基本方法和辅助方法。基本方法有净现值法、现值指数法和内含报酬率法。辅助方法有投资回收期法和会计报酬率法。

1. 净现值法

（1）净现值的概念及运算

净现值（Net Present Value，NPV）是指项目投资未来现金流量按照资本成本或企业要求达到的报酬率折算为现值，减去初始投资的现值以后的余额，即未来报酬的总现值与初始投资的现值的差额。其计算公式如下。

$$净现值（NPV）=\sum_{t=0}^{n}\frac{I_t}{(1+i)^t}-\sum_{t=0}^{n}\frac{O_t}{(1+i)^t}$$

其中：n——项目期限；

I_t——项目第 t 年的现金流入量；

O_t——项目第 t 年的现金流出量；

i——资本成本。

通过以上公式计算可知，净现值实际上就是求项目整个计算期内现金净流量的现值和。

（2）净现值法的决策原则

对独立项目决策时，如果净现值≥0，项目投资具有财务可行性；否则不可行。在互斥项目决策中，应选择净现值≥0且净现值最大的项目投资。

【例6-3】乙公司为了扩大生产能力，拟购买一台新设备，该投资项目相关资料如下。

资料一：新设备的投资额为1 800万元，经济寿命期为10年。采用直接法计提折旧，预计期末净残值为300万元。假设设备购入即可投入生产，不需要垫支营运资金，该企业计提折旧的方法、年限、预计净残值等与税法规定一致。

资料二：新设备投资后第1~6年每年为公司增加营业现金净流量400万元，第7~10年每年为公司增加营业现金净流量500万元，项目终结时，预计设备净残值全部收回。

资料三：假设该投资项目的折现率为10%。

要求：采用净现值法，判断该项投资方案是否可行。

解析：

项目净现值=-1 800+400×（P/A,10%,6）+500×（P/A,10%,4）×（P/F,10%,6）+300×（P/F,10%,10）

$\quad\quad$=-1 800+400×4.355 3+500×3.169 9×0.564 5+300×0.385 5

$\quad\quad$=952.47（万元）

因为购置新设备方案的净现值大于零，所以该项投资方案具有财务可行性。

2. 现值指数法

（1）现值指数的概念及运算

现值指数是指未来现金流入现值与初始投资现值的比率。

（2）现值指数法的决策原则

在独立项目决策中，如果现值指数≥1，项目投资具有财务可行性；否则不可行。在互斥项目决策中，应选择现值指数≥1且现值指数最大的方案。

（3）现值指数法的优缺点

现值指数法的优点是现值指数消除了投资额的差异，缺点是没有消除项目期限的差异。

【例6-4】沿用【例6-3】资料。

要求：采用现值指数法，判断该项投资方案的可行性。

解析：

未来现金流入的现值=400×（P/A,10%,6）+500×（P/A,10%,4）×（P/F,10%,6）+300×（P/F,10%,10）=2 752.47（万元）

初始投资的现值=1 800（万元）

现值指数=2 752.47÷1 800=1.53

现值指数大于 1，则该项目投资方案具有财务可行性。

3. 内含报酬率法

（1）内含报酬率的概念及运算

内含报酬率是指能够使未来现金流入现值等于未来现金流出现值的折现率，或者说是使项目净现值为零的折现率。

内含报酬率即当净现值（NPV）$= \sum_{t=0}^{n} \frac{I_t}{(1+i)^t} - \sum_{t=0}^{n} \frac{O_t}{(1+i)^t} = 0$ 时，得出的折现率

其中，i 为内含报酬率，内含报酬率分两种情况，计算公式分别如下。

① 未来每年现金净流量相等时。

每年现金净流量相等，是一种年金形式，通过查年金现值系数表，可以计算出未来现金净流量现值。令净现值为 0，计算出净现值为 0 时的年金现值系数后，通过查年金现值系数表，即可找出相应的折现率 i，该折现率就是方案的内含报酬率。

【例 6-5】丙公司拟购入一台新设备，购价为 160 万元，使用年限为 10 年，无残值。该方案的最低投资报酬率要求为 12%（以此作为折现率），使用新设备后，估计每年产生现金净流量 30 万元。

要求： 用内含报酬率法评价该方案是否可行。

解析：

令：300 000×年金现值系数-1 600 000=0

得：年金现值系数=5.333 3

现已知方案的使用年限为 10 年，查年金现值系数表，可查得：n=10，年金现值系数 5.333 3 所对应的折现率在 12%～14%，令该项目的内含报酬率为 X，则

（$P/A,X,10$）= 5.333 3，根据年金现值系数表，则：

（$P/A,12\%,10$）=5.650 2，（$P/A,14\%,10$）=5.216 1，采用插值法，则：

（5.216 1-5.650 2）÷（14%-12%）=（5.216 1-5.333 3）÷（14%-X）

解得 X=13.46%

采用插值法求得该方案的内含报酬率为 13.46%，高于最低报酬率 12%，该方案可行。

② 未来每年现金净流量不相等时。

如果投资方案的每年现金净流量不相等，各年现金净流量的分布就不是年金形式，不能采用直接查年金系数表的方法来计算内含报酬率，而需采用逐次测试法。

第一步，先估计一个折现率，并据此计算方案的净现值。

如果净现值大于 0，说明方案的内含报酬率超过估计的折现率，应提高折现率。如果净现值小于 0，说明方案的内含报酬率低于估计的折现率，应降低折现率。

第二步，根据内含报酬率计算公式，求使投资方案净现值等于 0 时的折现率，采用插值法，计算出该投资方案的内含报酬率。

（2）内含报酬率法的决策原则

在独立项目决策时，内含报酬率≥资金成本或必要报酬率时，项目投资具有财务可行性；否则不可行。在互斥项目决策中，应选择内含报酬率≥资金成本或必要报酬率，且内含报酬率最大的项目投资。

06

（3）内含报酬率法的优缺点

内含报酬率法的优点是考虑了资金时间价值，反映项目投资的真实报酬率，能够对投资额不同的项目进行优先排序，便于决策；缺点是计算过程比较复杂，特别是每年现金净流量不相等的项目投资，一般要经过多次测算才能得到结果。

4. 投资回收期法

投资回收期根据是否考虑资金时间价值，分为静态投资回收期和动态投资回收期。

（1）静态投资回收期

静态投资回收期，是指投资引起的现金流入累积到与投资额相等所需要的时间，它代表收回投资所需要的年限。

① 在原始投资一次支出，每年现金净流入量相等时，一般采用公式法计算：

$$投资回收期 = \frac{初始投资额}{年均现金净流量}$$

② 如果各年现金流量不相等，一般采用列表法：

$$投资回收期 = 累计现金净流量最后一次出现负值的年数 + \frac{该年年初尚未收回的投资额}{该年现金净流量}$$

（2）动态投资回收期

动态投资回收期，是指在考虑资金时间价值的情况下，以项目资金现金流量流入抵偿全部投资所需要的时间。

$$投资回收期 = M + \frac{第\ M\ 年的尚未回收额的现值}{第\ (M+1)\ 年的现金净流入量的现值}$$

（3）投资回收期法的决策原则

在独立项目决策时，如果投资回收期≤期望投资回收期，项目投资具有财务可行性；否则不可行。在互斥项目决策中，在投资回收期≤期望投资回收期的项目决策中，选择投资回收期最短的项目投资。

（4）投资回收期法的优缺点

投资回收期法的优点是计算简便，并容易为决策人所正确理解；缺点是没有考虑回收期以后的现金流量，也就是没有衡量盈利性，可能导致公司接受短期项目，放弃有战略意义的长期项目。

【例 6-6】 丁公司拟投资一项长期项目，该长期投资项目的累计现金净流量和现金净流量资料如表 6-1 所示。

表 6-1 投资项目累计现金净流量和现金净流量 单位：万元

年份	0	1	2	3	4	5	6
现金净流量	−100	−200	100	50	130	50	170
累计现金净流量	−100	−300	−200	−150	−20	30	200

要求：（1）计算该项目包括建设期的静态投资回收期。

（2）若折现率为 10%，计算该项目的动态投资回收期。

解析：（1）根据表 6-1，包括建设期的静态投资回收期=4+20÷50=4.4（年）

（2）根据折现率 10%，计算投资项目各年现金净流量现值和累计各年现金净流量现值，如表 6-2 所示。

表 6-2　　　　　　　　　　　　投资项目各年现金净流量现值　　　　　　　　　　　　单位：万元

年份	0	1	2	3	4	5	6
现金净流量	-100	-200	100	50	130	50	170
复利现值系数	1	0.909 1	0.826 4	0.751 3	0.683 0	0.620 9	0.564 5
各年现金净流量现值	-100	-181.82	82.64	37.57	88.79	31.05	95.97
累计的各年现金净流量现值	-100	-281.82	-199.18	-161.61	-72.82	-41.77	54.20

动态投资回收期=5+41.77÷95.97=5.44（年）

5. 会计报酬率法

会计报酬率法在计算时使用会计报表上的数据，以及财务会计上收益和成本的概念。

（1）会计报酬率公式

$$会计报酬率=\frac{年平均净收益}{原始投资额}\times100\%$$

（2）会计报酬率法的决策原则

在独立项目决策时，如果会计报酬率≥项目投资报酬率，项目投资具有财务可行性；否则就不可行。在互斥项目决策中，在满足会计报酬率≥期望投资报酬率的项目投资中，选择会计报酬率最大的项目投资。

（3）会计报酬率法的优缺点

会计报酬率法的优点是，其是一种衡量盈利性的简单方法，使用的概念易于理解；使用的财务报告数据容易取得；考虑了整个项目寿命。其缺点是使用账面收益，而非现金流量，忽视了折旧对现金流量的影响；忽视了净收益的时间分布对项目经济价值的影响。

【例 6-7】戊公司拟购入一台新设备，需投资 200 000 元，可用 4 年，设备报废无残值，各年的利润分别为 20 000 元、30 000 元、50 000 元、50 000 元。

要求：计算该公司的会计报酬率。

解析：

$$会计报酬率=\frac{\dfrac{20\,000+30\,000+50\,000+50\,000}{4}}{200\,000}\times100\%=18.75\%$$

 任务实施

任务资料和任务目标见本任务的"任务导入"，具体任务实施过程如下。

第一步，计算华强公司新建项目的净现值。

第 1 年年初的现金流量为-70 万元。

第 2 年年初的现金流量为-40 万元。

第 3 年年初的现金流量为-20 万元。

年折旧额=（110-10）÷10=10（万元）

第 4 年年初至第 12 年年初的现金流量=60-45+10=25（万元）

第 13 年年初的现金流量=25+10+20=55（万元）

06

NPV=25×（P/A,10%,9）×（P/F,10%,2）+55×（P/F,10%,12）-[70+40×（P/F,10%,1）+20×（P/F,10%,2）]

=25×5.759 0×0.826 4+55×0.318 6-（70+40×0.909 1+20×0.826 4）

=13.612（万元）

或者净现值计算如下。

NPV=25×[（P/A,10%,11）-（P/A,10%,2）]+55×（P/F,10%,12）-[70+40×（P/F,10%,1）+20×（P/F,10%,2）]

=25×（6.495 1-1.735 5）+55×0.318 6-（70+40×0.909 1+20×0.826 4）

=13.621（万元）

第二步，计算华强公司新建项目的内含报酬率。

用 i=12%测算 NPV。

NPV=25×（5.937 7-1.690 1）+55×0.256 7-（70+40×0.892 9+20×0.797 2）

=-1.351 5（万元）

用插值法计算 IRR。

$$\frac{IRR-10\%}{12\%-10\%}=\frac{0-13.621}{-1.351\,5-13.621}$$

$$IRR=10\%+\frac{13.621}{13.621-(-1.351\,5)}\times(12\%-10\%)=11.82\%$$

即：

11.82%＞10%

以上计算结果表明，净现值为 13.621 万元，大于零，内含报酬率为 11.82%，企业期望的投资报酬率为 10%，所以该项目投资方案可行。

任务三 融资管理

  ### 学习目标

素质目标：具备诚信品质、工匠精神、风险意识，热爱管理会计工作。

知识目标：了解融资管理的内容，掌握融资管理的决策方法。

技能目标：能应用融资管理的工具方法进行融资决策。

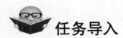 ### 任务导入

任务资料： 华强公司 2022 年年初的负债及所有者权益总额为 9 000 万元，其中，发行公司债券为 1 000 万元（按面值发行，票面年利率为 8%，每年年末付息，三年后到期）；普通股股本为 4 000 万元（面值 1 元，发行 4 000 万股）；资本公积为 2 000 万元；其余 2 000 万元为留存收益。2022 年华强公司为扩大生产规模，需要再筹集 1 000 万元资金，有以下两个融资方案可供选择。

方案一：增加发行普通股，预计每股发行价格为 5 元。

方案二：增加发行同类公司债券，按面值发行，票面年利率为 8%。

预计华强公司 2022 年可实现息税前利润 2 000 万元，适用的企业所得税税率为 25%。

任务目标：

① 计算华强公司增发股票方案的增发普通股份数和全年债券利息。

② 计算华强公司增发公司债券方案下的 2022 年全年债券利息。

③ 计算华强公司的每股收益无差别点，并据此进行融资决策。

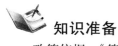

知识准备

政策依据：《管理会计基本指引》《管理会计应用指引第 500 号——投融资管理》《管理会计应用指引第 501 号——贴现现金流法》。

融资管理，是指企业为实现既定的战略目标，在风险匹配的原则下，对通过一定的融资方式和渠道筹集资金进行的管理活动。企业融资的规模、期限、结构等应与经营活动、投资活动等的需要相匹配。

一、融资渠道和方式

融资渠道是指客观存在的筹措资金的来源方向与通道。融资方式是指筹措资金时所采用的具体方法和手段。

融资渠道包括国家财政资金、银行信贷资金、非银行金融机构资金、其他企业资金、居民个人资金、企业自留资金。

融资方式包括权益资本、债务资本和混合资本。其中权益资本包括吸收直接投资、发行普通股、发行优先股和留存收益。债务资本包括向银行借款、利用商业信用发行公司债券、融资租赁。混合资本包括发行可转换债券和发行认股权证。

筹资渠道说明了企业资金的来源，筹资方式则说明了取得资金的具体方法，二者之间存在一定的对应关系。一般意义上讲，一定的筹资方式可能只适用于某一特定的筹资渠道，但是同一渠道的资金往往可以采用不同的方式取得。不同的筹资渠道与方式对企业的影响是不同的，因此，企业在筹资时，应实现两者的合理搭配。

二、资本成本

资本成本是指企业为筹集和使用资金而付出的代价，包括筹资费用和用资费用。

资本成本

筹资费用是指企业在筹集资金过程中为取得资金而发生的各项费用。用资费用是指企业在使用所筹资金的过程中向出资者支付的有关报酬。广义资本成本既包括短期资本成本又包括长期资本成本，狭义资本成本仅指长期资本成本。资本成本计算的基本模型如下。

1. 一般模型

$$资本成本率 = \frac{年资金占用费}{筹资总额 - 筹资费用} \times 100\%$$

$$= \frac{年资金占用费}{筹资总额（1 - 筹资费用率）} \times 100\%$$

其中，筹资费用率=筹资费用/筹资总额×100%。

2. 折现模型

对于筹资额大，时间超过一年的长期资金，更准确的资本成本计算方式是折现模型，即将债务未来还本付息或股权未来股利分红的折现值与目前筹资净额相等时的折现率作为资本成本率。

即：
$$目前筹资净额=未来资金清偿额现金流量现值$$

得：
$$资本成本率=所采用的折现率$$

3. 个别资本成本的计算公式

（1）银行借款资本成本的计算公式

$$银行借款资本成本率=\frac{银行借款本金×年利率×（1-所得税税率）}{银行借款本金×（1-筹资费用率）}×100\%$$

> **提示**
>
> 借款利息属于企业税前支付项目，可以抵减一部分税金，企业实际负担的利息为：利息×（1-所得税税率）。

（2）债券资本成本的计算公式

$$债券资本成本率=\frac{债券面值×票面利率×（1-所得税税率）}{债券发行价格×（1-筹资费用率）}×100\%$$

> **提示**
>
> 发行债券筹资费用一般比较高，不能忽略。发行价格有平价、溢价、折价三种，在计算筹资额时应以实际发行价格计算，而利息只能按面值和票面利率计算确定。

（3）融资租赁资本成本的计算公式

融资租赁各期的租金中，包含本金的各期偿还和各期手续费用，其资本成本率只能按折现模型计算。

（4）优先股资本成本的计算公式

$$优先股资本成本率=\frac{优先股面值×年股利率}{优先股发行价格×（1-筹资费用率）}×100\%$$

（5）普通股资本成本的计算公式

$$普通股资本成本率=\frac{每年固定股利}{普通股发行价格×（1-筹资费用率）}×100\%$$

$$普通股资本成本率=\frac{第一年预期股利}{普通股发行价格×（1-筹资费用率）}×100\%+股利固定年增长率$$

（6）留存收益资本成本的计算公式

留存收益是由公司税后净利形成的，其所有权属于股东。留存收益实质上是股东对企业的追加投资，与普通股一样希望取得一定的报酬率。留存收益成本是一种机会成本，不实际产生费用，因此，只能对其进行估算。留存收益资本成本估算方法和普通股资本成本估算方法相同，只是没有筹资费用。

4. 加权平均资本成本的计算公式

加权平均资本成本是以各项个别资本在企业全部资本中所占比重为权数，对各项个别资本成本进行加权平均而得到的综合资本成本。其计算公式如下。

加权平均资本成本率=∑（某种资本占全部资本的比重×该种资本的个别资本成本率）

注意，权数的选择有三种：账面价值、市场价值和目标价值。目标价值权数，适用于未来的筹资决策，但目标价值的确定难免具有主观性。

【例 6-8】甲公司对投资的 H 项目所需的 10 000 万元经过反复讨论和分析研究，确定了两种融资方案。

方案一：银行借款 1 000 万元，期限 3 年，借款年利率为 6%，借款费用率为 0.3%；按溢价发行公司债券 2 000 万元，债券面值为 1 980 万元，期为 5 年，票面年利率为 10%，每年付息一次，到期一次还本，发行费率为 2%；融资租赁设备价值 100 万元，租赁期 5 年，租赁期满预计残值为 10 万元，设备归甲公司，每年租金为 23.341 万元。

发行优先股 500 万元，股息率为 8%，筹资费用率为 1%；发行普通股 6 000 万元，每股价格 10 元，筹资费用率为 3%，本年发放现金股利每股 0.8 元，预期股利年增长率为 5%，该公司普通股 β 系数为 1.5，此时一年期国债利率为 4%，市场平均报酬率为 10%；利用留存收益 400 万元。

方案二：在其他条件不变的情况下，调整融资结构，银行借款 3 000 万元，发行公司债券 1 000 万元，融资租赁设备价值 100 万元，发行优先股 1 000 万元，发行普通股 4 500 万元，利用留存收益 400 万元。该公司适用的所得税税率为 25%。

要求： 为甲公司做出融资方案的选择。

解析：

（1）计算个别资本成本

① 计算银行借款资本成本。

$$\text{甲公司银行借款资本成本率}=\frac{1\,000\times6\%\times(1-25\%)}{1\,000\times(1-0.3\%)}\times100\%=4.51\%$$

② 计算债券资本成本。

$$\text{甲公司债券资本成本率}=\frac{1\,980\times10\%\times(1-25\%)}{2\,000\times(1-2\%)}\times100\%=7.58\%$$

③ 计算融资租赁资本成本。

$$100-10\times(P/F,K_b,5)=23.341\times(P/A,K_b,5)$$

$K_b=8\%$

④ 计算优先股资本成本。

$$\text{甲公司优先股资本成本率}=\frac{500\times8\%}{500\times(1-1\%)}\times100\%=8.08\%$$

⑤ 计算普通股资本成本。

$$\text{甲公司普通股资本成本率}=\frac{0.8}{10\times(1-3\%)}+5\%=13.25\%$$

⑥ 计算留存收益资本成本。

$$\text{甲公司留存收益资本成本率}=\frac{0.8}{10}+5\%=13\%$$

（2）计算加权平均资本成本

甲公司加权平均资本成本计算如下。

方案一的加权平均资本成本率=10%×4.51%+20%×7.58%+1%×8%+5%×8.08%+60%×13.25%+4%×

06

13%=10.921%

方案二的加权平均资本成本率=30%×4.51%+10%×7.58%+1%×8%+10%×8.08%+45%×13.25%+4%×13%=9.481 5%

方案二的加权平均资本成本低于方案一的加权平均资本成本，因此，甲公司应选择方案二的融资方案。

三、资本结构

1. 资本结构的概念

广义的资本结构是指企业全部资本的构成与比例，即企业全部债务资本与股权资本之间的构成及比例关系。狭义的资本结构是指长期负债与股东权益资本构成比率。

2. 最优资本结构

最优资本结构是在一定条件下使企业平均资本成本最低、公司价值最大的资本结构。最优资本结构是企业追求的目标，企业应通过降低平均资本成本或提高普通股每股收益实现资本结构优化。

3. 资本结构优化

企业资本结构优化的目标，是降低平均资本成本或提高普通股每股收益。因此，不仅要计算平均资本成本，分析财务风险，还要对影响资本结构的环境因素进行分析，并用合适的方法做出最佳资本结构的选择。

（1）每股收益无差别点法

每股收益无差别点法是通过计算各备选方案的每股收益无差别点，并进行比较选择最佳资本结构融资方案。所谓每股收益无差别点，是指不同筹资方式下每股收益都相等时的息税前利润或业务量水平。

每股收益无差别点法的决策原则如下：当实际或预计息税前利润大于每股收益无差别点的息税前利润时，运用债务资本融资方式可获得较高的每股收益；当实际或预计息税前利润小于每股收益无差别点的息税前利润时，运用权益资本融资方式可获得较高的每股收益；当实际或预计息税前利润等于每股收益无差别点的息税前利润时，运用债务资本或权益资本融资方式获得的每股收益一致，此时选择两种方案均可。

（2）比较资本成本法

比较资本成本法是指企业在融资决策时，首先拟定多个备选方案，分别计算各个方案的加权平均资本成本，并相互比较来确定最佳资本结构。比较资本成本法是通过计算不同资本结构的综合资本成本率，并以此为标准相互比较，选择综合资本成本率最低的资本结构作为最佳资本结构的方法。运用比较资本成本法必须具备两个前提条件：一是能够通过债务筹资，二是具备偿还能力。

比较资本成本法的决策程序如下。

① 拟定多个融资方案。

② 确定各方案的资本结构。

③ 计算各方案的综合资本成本率。

④ 通过比较，选择综合资本成本率最低的结构为最优资本结构。

企业资本结构决策，分为初次利用债务筹资和追加筹资两种情况。前者称为初始资本结构决策，后者称为追加资本结构决策。比较资本成本法将资本成本，作为选择最佳资本结构的唯一标准，简单实用，因而常被采用。

 视野拓展

【案例】2021 年是"十四五"开局之年，坚持扩大内需战略、加快形成强大国内市场，是做好我国经济工作、加快构建新发展格局的重要支撑。

全国政协委员、南开大学经济研究所教授钟茂初委员认为，要把扩大有效投资与推进调结构、补短板、强弱项有机结合起来，进一步优化投资结构，保持投资合理增长，增强发展后劲。破解融资难、融资贵问题，为民营企业解困，是激发市场活力、扩大有效投资的重要举措。"尤其是要帮助那些技术稳步推进、市场潜力稳步发掘、发展潜力和收益率长期可信的企业获得融资，鼓励投资者参与其中。""要鼓励与国家发展战略方向一致的投资。"钟茂初委员说，比如与碳达峰、碳中和相关的技术改进与结构调整投资、与乡村振兴相关的产业投资等。

【分析】当前，我国投资需求潜力巨大，但投资后劲仍显不足，内生机制尚未形成，实体经济领域投资和民间投资回升缓慢。企业在进行投资或者融资决策时，应具备风险意识和底线思维，保障企业资产的安全有序运行。

【延伸】作为一名管理会计，请谈谈在进行企业投融资决策时，应重点关注哪些方面，来防范企业的运营风险。

（3）企业价值分析法

企业价值分析法也称比较企业价值法，是通过计算和比较各种资本结构下企业的市场总价值来确定最佳资本结构的方法。最佳资本结构亦即企业市场价值最大的资本结构。

企业价值分析法的决策程序如下。

① 测算企业价值。根据资本结构理论的有关假设，企业价值实际上是其未来现金流量的现值。相应地，债券和股票的价值都应按其未来现金流量进行折现。

② 测算企业资本成本率。在企业的总资本只包括长期债券和普通股的情况下，企业的综合资本成本就是长期债券资本成本和普通股资本成本的加权平均数。

③ 企业最佳资本结构的测算与判断。分别测算不同资本结构下的企业价值和综合资本成本，选择企业价值最大、综合资本成本最低的资本结构作为企业最优的资本结构。

06

【例 6-9】乙公司资本总额 10 000 万元，其中，债务资本 4 000 万元，年利率为 10%，普通股6 000 万元。为扩大经营规模，公司准备追加筹资 2 000 万元，有 A、B 两种融资方案。

A 方案：增发普通股 200 万股，每股发行价格 10 元。

B 方案：增发公司债券 2 000 万元，年利率为 12%。

根据公司财务人员预测，追加筹资后公司的息税前利润可达到 2 000 万元，该公司适用的所得税税率为 25%，不考虑融资费用因素。乙公司追加筹资前后资本结构如表 6-3 所示。

要求：请根据每股收益无差别点法，为乙公司进行资本结构决策分析。

表 6-3　　　　　　　　　　　　　乙公司资本结构　　　　　　　　　　　　　单位：万元

筹资方式	当前资本结构	A 方案资本结构	B 方案资本结构
发行债券	4 000	4 000	6 000
发行普通股	6 000	8 000	6 000
资本总额	10 000	12 000	12 000

解析：

每股收益无差别点法的计算步骤如下。

（1）列出两种融资方案下每股收益的计算公式。

设：$\overline{EBIT}$ 为每股收益无差别点的息税前利润，则两个方案每股收益的计算公式如下。

$$EPS_A = \frac{(\overline{EBIT} - 4\,000 \times 10\%) \times (1 - 25\%)}{1\,000 + \dfrac{2\,000}{10}}$$

$$EPS_B = \frac{(\overline{EBIT} - 4\,000 \times 10\% - 2\,000 \times 12\%) \times (1 - 25\%)}{1\,000}$$

（2）令两种方案的每股收益相等。

$$\frac{(\overline{EBIT} - I_1) \times (1 - T)}{N_1} = \frac{(\overline{EBIT} - I_2) \times (1 - T)}{N_2}$$

$$\frac{(\overline{EBIT} - 4\,000 \times 10\%) \times (1 - 25\%)}{1\,000 + \dfrac{2\,000}{10}} = \frac{(\overline{EBIT} - 4\,000 \times 10\% - 2\,000 \times 12\%) \times (1 - 25\%)}{1\,000}$$

（3）解出上式中的息税前利润，即每股收益无差别点。

$$\overline{EBIT} = \frac{I_1 \times N_2 - I_2 \times N_1}{N_2 - N_1}$$

$$\overline{EBIT} = 1\,840 \text{（万元）}$$

（4）做出融资方案的选择

经计算得知，乙公司的每股收益无差别点的 EBIT 为 1 840 万元，在此点上，两个方案的每股收益相等，均为 0.9 元。当预期的 EBIT 为 2 000 万元时，大于每股收益无差别点的息税前利润 1 840 万元，应当采用 B 方案，即发行公司债券融资。当预期的 EBIT 为 2 000 万元时，A 方案的每股收益为 1 元，B 方案的每股收益为 1.02 元，如图 6-1 所示。

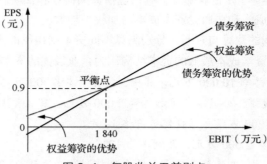

图 6-1　每股收益无差别点

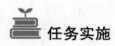 **任务实施**

任务资料和任务目标见本任务的"任务导入"，具体任务实施过程如下。

第一步，计算华强公司增发股票方案的增发普通股股份数和全年债券利息。

（1）2022 年增发普通股股份数=1 000÷5=200（万股）

（2）2022 年全年债券利息=1 000×8%= 80（万元）

第二步，计算华强公司增发公司债券方案下的 2022 年全年债券利息。

2022 年全年债券利息=2 000×8%=160（万元）

第三步，计算华强公司的每股收益无差别点，并据此进行融资决策。

$$[(\text{EBIT}_1-I_1)(1-T)-D_1]/N_1=[(\text{EBIT}_2-I_2)(1-T)-D_2]/N_2$$
$$(\text{EBIT}-160)\div4\ 000=(\text{EBIT}-80)\div4\ 200$$

每股收益无差别点的息税前利润=（4 200×160-4 000×80）÷（4 200-4 000）=1 760（万元）

因华强公司预计 2022 年实现的息税前利润 2 000 万元>每股收益无差别点的息税前利润 1 760 万元，因此，应采用方案二，负债融资。

课后巩固与提升

一、单项选择题

1. 某企业的资本成本率为 10%，有三项投资项目，其中 A 项目净现值为 1 669 万元，B 项目净现值为 1 557 万元，C 项目净现值为-560 万元，则下列说法中，正确的是（   ）。

    A. A、B 项目的投资报酬率等于 10%   B. A、B 项目的投资报酬率小于 10%

    C. A、B 项目的投资报酬率大于 10%   D. C 项目的投资报酬率小于 10%，应予采纳

2. 某投资方案，当折现率为 10%时，其净现值为 160 元；当折现率为 12%时，其净现值为-40 元。该方案的内含报酬率为（   ）。

    A. 10.2%   B. 10.8%   C. 11.4%   D. 11.6%

3. 已知某投资项目一次原始投资 2 800 万元，没有建设期，营业期前 4 年每年的现金净流量为 800 万元，营业期第 5 年和第 6 年的现金净流量分别为 850 万元和 870 万元，则该项目的静态投资回收期为（   ）年。

    A. 3.5   B. 5.3   C. 5   D. 3

4. 下列表述中，正确的是（   ）。

    A. 净现值法可以用于比较项目寿命不相同的两个互斥项目的优劣

    B. 使用净现值法评估项目的可行性与使用内含报酬率法的结果是一致的

    C. 使用净现值法进行投资决策可能会计算出多个净现值

    D. 内含报酬率不受设定折现率的影响

5. 下列关于普通股融资的相关表述中，不正确的是（   ）。

    A. 股权融资包括内部股权融资和外部股权融资

    B. 外部股权融资一般只体现为股本的增加

    C. 普通股发行费用一般高于其他证券

    D. 公司股票上市，一般会带来较大的信息披露成本

6. 甲公司于 2021 年 1 月 1 日发行票面年利率为 5%，面值为 1 000 万元，期限为 5 年的长期债券，每年支付一次利息，市场年利率为 3%。公司所发行债券的发行价格为（   ）万元。

    A. 1 091.59   B. 1 000.15   C. 1 051.15   D. 1 005.45

7. 某公司普通股目前的股价为 10 元/股，筹资费用率为 4%，股利固定增长率为 3%，所得税税率为 25%，预计下次支付的每股股利为 2 元，则该公司普通股资本成本率为（   ）。

    A. 23%   B. 18%   C. 24.46%   D. 23.83%

二、多项选择题

1. 下列关于投资项目评估方法的表述中，正确的有（　　　）。

    A. 净现值是指项目未来现金流入的现值与现金流出的现值的比率

    B. 若现值指数大于零，方案一定可行

    C. 当内含报酬率高于投资人要求的必要收益率或企业的资本成本率时，该方案可行

    D. 用现值指数法评价时，折现率的高低有时会影响方案的优先次序

2. 下列属于静态回收期法缺点的有（　　　）。

    A. 它忽视了资金时间价值　　　　　　　　B. 它计算复杂，不容易为决策人所理解

    C. 它不能测度项目的流动性　　　　　　　D. 它不能衡量项目的盈利性

3. 会计报酬率法的特点有（　　　）。

    A. 考虑了资金时间价值　　　　　　　　　B. 考虑了项目的全部现金净流量

    C. 年平均净收益受到会计政策的影响　　　D. 计算简便，与会计的口径一致

4. 下列长期投资决策评价指标中，其数值越小越好的指标有（　　　）。

    A. 动态回收期　　　B. 静态回收期　　　C. 现值指数　　　D. 会计报酬率

5. 以下属于项目投资决策的主要方法的有（　　　）。

    A. 净现值法　　　B. 净现值率法　　　C. 内部收益率法　　　D. 年等额净回收额法

6. 投资决策评价动态相对指标主要包括（　　　）。

    A. 净现值　　　B. 总投资收益率　　　C.净现值率　　　D. 内部收益率

7. 下列各项中会直接影响企业平均资本成本的有（　　　）。

    A. 个别资本成本　　　　　　　　　　　　B. 各种资本在资本总额中占的比重

    C. 筹资规模　　　　　　　　　　　　　　D. 企业的经营杠杆

8. 下列说法正确的有（　　　）。

    A. 评价企业资本结构最佳状态的标准是能够提高股权收益或降低资本成本

    B. 评价企业资本结构的最终目的是提高企业价值

    C. 最佳资本结构是使企业平均资本成本最低，企业价值最大的资本结构

    D. 资本结构优化的目标是降低财务风险

三、判断题

1. 净现金流量又称现金净流量，是指在项目运营期内由建设项目每年现金流入量与每年现金流出量之间的差额所形成的序列指标。（　　　）

2. 项目投资是以建设项目（包括特定建设项目和一般建设项目）为投资对象的一种长期投资行为。（　　　）

3. 已知某投资项目的原始投资500万元于建设起点一次投入，如果该项目的净现值率为2，则该项目的净现值为250万元。（　　　）

4. 按企业所取得资金的权益特性不同，企业筹资分为股权筹资和债务筹资。（　　　）

5. 相对于银行借款筹资而言，发行公司债券的筹资风险更大。（　　　）

6. 资本成本是评价投资项目可行性的唯一标准。（　　　）

四、业务题

1. 某企业需要新建一条生产线，预计投产后第1年的外购原材料、燃料和动力费为50万元，职工薪酬为40万元，其他费用为5万元，年折旧费为10万元，无形资产摊销费为5万元，开办

费摊销为 3 万元；第 2～9 年每年外购原材料、燃料和动力费为 70 万元，职工薪酬为 50 万元，其他费用为 20 万元，每年折旧费为 10 万元，无形资产摊销费为 5 万元；第 10～15 年每年不包括财务费用的总成本费用为 200 万元，其中，每年外购原材料、燃料和动力费为 100 万元，每年折旧费为 10 万元，无形资产摊销费为 0 万元。该项目预计投产后第 1 年营业收入为 200 万元，第 2～9 年的营业收入为 300 万元，第 10～15 年的营业收入为 400 万元，适用的增值税税率为 13%，城市维护建设税税率为 7%，教育费附加征收率为 3%。该企业不需要缴纳消费税。

要求：根据上述资料估算该项目的下列指标。

（1）投产后各年的经营成本。

（2）投产后第 1～9 年每年不包括财务费用的总成本费用。

（3）投产后各年的应交增值税。

（4）投产后各年的税金及附加。

2．DL 公司 2021 年度的销售收入为 1 000 万元，利息费用为 60 万元，实现净利润 105 万元，2021 年发行在外普通股加权平均股数为 200 万股，不存在优先股。2022 年公司为了使销售收入达到 1 500 万元，需要增加资金 300 万元。资金有以下两种筹集方案。

方案 1：通过增加借款取得，年利率为 10%。

方案 2：通过增发普通股股票取得，预计发行价格为 10 元/股。

假设固定生产经营成本可以维持在 2021 年 200 万元的水平，变动成本率也可以维持 2021 年的水平，如果不增加借款，则 2022 年的利息费用为 70 万元，该公司所得税税率为 25%，不考虑筹资费用。

要求：计算每股收益无差别点时的销售收入，并据此确定筹资方案。

06

项目七

绩效管理

案例导读 ↓

恒大集团的绩效管理

2005年，恒大集团实行全面绩效考核管理制度，上到集团高管，下到普通员工，全部参与到以战略目标实现为导向的绩效考核体系中。许家印特别强调"绩效管理、全员参与、重在执行、严在考核"：高层管理者需要通过绩效管理来实施战略、达成企业目标；中层管理者通过绩效管理来更好地完成部门任务；对于员工个人来说，绩效管理有助于达成工作目标、提高个人绩效、实现职业生涯发展规划。总之，绩效管理是企业中所有人的任务。

恒大集团的绩效考核管理除了考核各部门的负责人外，还对集团管理系统领导班子进行考核。所有考核的基本机制均将计划完成率与奖励工资挂钩；根据部门工作特性，有本职计划考核，也有关联部门考核；计划有权重分值，根据完成延迟情况核算实际得分；根据工作特性，有计划指标，有奖励和处罚。

绩效考核的标准来自岗位职责和目标计划。首先制订企业的发展战略和中长期工作目标，围绕企业的中长期工作目标制订三年计划，再以年计划保三年计划，以半年计划、季度计划保年计划，以月度计划、两周计划、周计划保季度计划、半年计划。

恒大集团的绩效考核体系非常全面而详细，全体中层干部和普通员工的每一个职位的每一项职责都有详细的标准并对应相应的分值，考核的方式采用以季度为周期的集团全员考核，将绩效考核结果作为员工月度和年度奖金分配的核心依据。其中，月度计划考核结果决定了奖金发放倍数，季度综合考评结果决定了奖金发放的调节系数。恒大集团对考核结果的应用采取正负双向激励，体现奖罚对等，即绩效考核有倒扣机制，绩效奖金甚至可能是负数。

思维导图 ↓

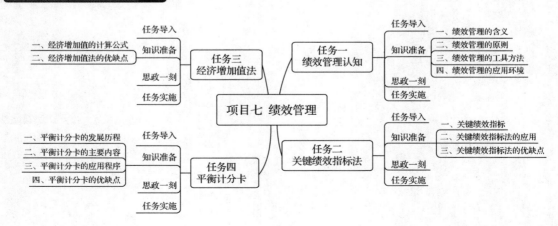

任务一　绩效管理认知

 学习目标

素质目标：具备诚信品质、工匠精神、创新思维、责任意识，热爱管理会计工作。

知识目标：了解绩效管理的原则和应用环境，掌握绩效管理的工具方法。

技能目标：能正确理解绩效管理的原则和应用环境，能应用绩效管理的工具方法。

 任务导入

任务资料：华强公司不断发展壮大，为提升公司价值，开始实施绩效管理，并采用关键绩效指标法和平衡计分卡相结合的工具方法展开绩效管理。公司决定先从财务和客户的维度展开绩效管理工作，待时机成熟后，再从财务、客户、内部业务流程、学习与成长四个维度实施全面的绩效管理。那么，绩效管理都有哪些工作内容，又有哪些工具方法呢？

华强公司根据财务和客户维度的相关指标，确定业绩评价指标如下：销售增长率、总资产周转率、新客户数量增长率、客户满意度和经销商满意度。根据上述指标，华强公司借鉴绩效管理优秀案例，设计该公司评价量化等级表，如表 7-1 所示。计分方法均采用功效系数法，设计绩效目标完成情况得分表，如表 7-2 所示。华强公司的绩效目标如下：销售增长率、总资产周转率、客户满意度和经销商满意度达到良好，新客户数量增长率达到合格。经过绩效管理，华强公司的上述评价指标的实际值均达标，其中销售增长率、总资产周转率、客户满意度和经销商满意度实际值达到 18%，新客户数量增长率达到 14%。

表 7-1　　　　　　　　　　　　　　华强公司评价量化等级表

比较情况	比较结果	量化
两个指标同等重要	同等重要	1
根据经验一个指标比另一个指标略微重要	略微重要	3
根据经验一个指标比另一个指标更为重要	更为重要	5
事实证明一个指标比另一个指标更为重要	确实重要	7
理论经验与事实均表明一个指标比另一个指标明显重要	绝对重要	9
两个指标的情况介于上述相邻的情况之间，并需要折中	取中间值	2、4、6、8

表 7-2　　　　　　　　　　　　　　华强公司绩效指标功效系数表

等级	优秀	良好	合格	较低	较差
标准值	20%	15%	12%	8%	5%
标准系数	1	0.8	0.6	0.4	0.2

任务目标：

① 利用层次分析法，对上述五项指标两两比较，确定华强公司各项指标权重。

② 确定华强公司的绩效目标值。

③ 利用功效系数法，计算各个指标的得分。

④ 计算华强公司业绩指标总得分。

07

知识准备

政策依据：《管理会计基本指引》《管理会计应用指引第 600 号——绩效管理》。

一、绩效管理的含义

根据《管理会计应用指引第 600 号——绩效管理》，绩效管理，是指企业与所属单位（部门）、员工之间就绩效目标及如何实现绩效目标达成共识，并帮助和激励员工取得优异绩效，从而实现企业目标的管理过程。绩效管理是对企业和员工的行为与结果进行管理的一个系统，是充分将每位员工的个人目标与企业战略相结合以提高企业绩效的一个过程。绩效管理的核心是绩效评价和激励管理。

绩效评价，是指企业运用系统的工具方法，对一定时期内企业运营效率与效果进行综合评判的管理活动。绩效评价是企业实施激励管理的重要依据。

激励管理，是指企业运用系统的工具方法，调动企业员工的积极性、主动性和创造性，激发企业员工工作动力的管理活动。激励管理是促进企业绩效提升的重要手段。

二、绩效管理的原则

企业进行绩效管理，一般应遵循以下原则。

1. 战略导向原则

绩效管理应为企业实现战略目标服务，支持价值创造能力提升。

2. 客观公正原则

绩效管理应实事求是，评价过程应客观公正，激励实施应公平合理。

3. 规范统一原则

绩效管理的政策和制度应统一明确，并严格执行规定的程序和流程。

4. 科学有效原则

绩效管理应做到目标符合实际，方法科学有效，激励与约束并重，操作简便易行。

三、绩效管理的工具方法

绩效管理领域应用的管理会计工具方法，一般包括关键绩效指标法、经济增加值法、平衡计分卡、股权激励等。企业可根据自身战略目标、业务特点和管理需要，结合不同工具方法的特征及适用范围，选择一种适合的绩效管理工具方法单独使用，也可选择两种或两种以上的工具方法综合运用。

绩效管理的工具方法

1. 绩效管理工具方法的种类

（1）关键绩效指标法

关键绩效指标法，是指基于企业战略目标，通过建立关键绩效指标（Key Performance Indicator，KPI）体系，将价值创造活动与战略规划目标有效联系，并据此进行绩效管理的方法。关键绩效指标是对企业绩效产生关键影响力的指标，是通过对企业战略目标、关键成果领域和绩效特征进行分析、识别和提炼，得出的最能有效驱动企业价值创造的指标。

（2）经济增加值法

经济增加值法，是指以经济增加值（Economic Value Added，EVA）为核心，建立绩效指标体系，引导企业注重价值创造，并据此进行绩效管理的方法。经济增加值，是指将税后净营业利润扣除全部投入资本的成本（股权和债务成本）后的剩余收益。经济增加值及其改善值是全面评价经营者有效使用资本和为企业创造价值的重要指标。经济增加值为正，表明经营者在为企业创造价值；经济增加值为负，表明经营者在损毁企业价值。

（3）平衡计分卡

平衡计分卡（Balanced Score Card，BSC），是指基于企业战略，从财务、客户、内部业务流程、学习与成长四个维度，将战略目标逐层分解转化为具体的、相互平衡的绩效指标体系，并据此进行绩效管理的方法。

（4）股权激励

股权激励，也称为期权激励，是企业为了激励和留住核心人才而推行的一种长期激励机制，是目前最常用的激励员工的方法之一。股权激励主要是通过附条件给予员工部分股东权益，使其具有主人翁意识，从而与企业形成利益共同体，促进企业与员工共同成长，从而帮助企业实现稳定发展的长期目标。

2．应用绩效管理工具方法的程序

企业应用绩效管理工具方法一般按照制订绩效计划与激励计划、审批绩效计划与激励计划、执行绩效计划与激励计划、实施绩效评价与激励、编制绩效评价与激励管理报告等程序进行。

（1）制订绩效计划与激励计划

企业应根据战略目标，综合考虑绩效评价期间宏观经济政策、外部市场环境、内部管理需要等因素，结合业务计划与预算，按照上下结合、分级编制、逐级分解的程序，在沟通反馈的基础上编制各层级的绩效计划与激励计划。

① 制订绩效计划。

绩效计划是企业开展绩效评价工作的行动方案，包括构建指标体系、确定指标权重、确定绩效目标值、选择计分方法、确定绩效评价周期、签订绩效责任书等一系列管理活动。制订绩效计划通常从企业级开始，层层分解到所属单位（部门），最终落实到具体岗位和员工。

第一步，构建指标体系。企业可单独或综合运用关键绩效指标法、经济增加值法、平衡计分卡等工具方法构建指标体系。指标体系应反映企业战略目标实现的关键成功因素，具体指标应含义明确、可度量。

第二步，确定指标权重。指标权重的确定可选择运用主观赋权法和客观赋权法，也可综合运用这两种方法。主观赋权法是利用专家或个人的知识与经验来确定指标权重的方法，如德尔菲法、层次分析法等。客观赋权法是从指标的统计性质入手，由调查数据确定指标权重的方法，如主成分分析法、均方差法等。

其中，德尔菲法（也称专家调查法）是指邀请专家对各项指标进行权重设置，将汇总平均后的结果反馈给专家，再次征询意见，经过多次反复，逐步取得比较一致结果的方法。层次分析法是指将绩效指标分解成多个层次，通过下层元素对于上层元素相对重要性的两两比较，构成两两比较的判断矩阵，求出判断矩阵最大特征值所对应的特征向量作为指标权重值的方法。主成分分析法是指将多个变量重新组合成一组新的相互无关的综合变量，根据实际需要从中挑选出尽可能多地反映原来变量信息的少数综合变量，进一步求出各变量的方差贡献率，以确定

07

指标权重的方法。均方差法是指将各项指标定为随机变量，指标在不同方案下的数值为该随机变量的取值，首先求出这些随机变量（各指标）的均方差，然后根据不同随机变量的离散程度确定指标权重的方法。

第三步，确定绩效目标值。绩效目标值的确定可参考内部标准与外部标准。内部标准有预算标准、历史标准、经验标准等。外部标准有行业标准、竞争对手标准、标杆标准等。

第四步，选择计分方法。绩效评价计分方法可分为定量法和定性法。定量法主要有功效系数法和综合指数法等。定性法主要有素质法和行为法等。

功效系数法，又称功效函数法，是根据多目标规划原理，对每一项评价指标确定一个满意值和不允许值，以满意值为上限，以不允许值为下限，计算各指标实现满意值的程度，并以此确定各指标的分数，再经过加权平均进行综合，从而评价被研究对象的综合状况。运用功效系数法进行业绩评价，企业中不同的业绩因素得以综合，包括财务的和非财务的、定量的和非定量的。

功效系数法的具体操作流程如下。

首先，设置五档标准值。各项指标的评价档次分别为优秀（A）、良好（B）、合格（C）、较低（D）、较差（E）五档。其次，对应五档标准值赋予五个标准系数：1、0.8、0.6、0.4、0.2。最后，按以下方法对每个指标计分。

$$本档基础分=指标权重×本档标准系数×100$$
$$上档基础分=指标权重×上档标准系数×100$$
$$功效系数=（实际值-本档标准值）/（上档标准值-本档标准值）$$
$$调整分=功效系数×（上档基础分-本档基础分）$$
$$单项指标得分=本档基础分+调整分$$
$$业绩指标总得分=\sum 单项指标得分$$

综合指数法，是指根据指数分析的基本原理，计算各项业绩指标的单项评价指数和加权评价指数，据以进行综合评价的方法。其计算公式如下。

$$业绩指标总得分=\sum（单项指标评价指数得分×该项评价指数的权重）$$

提示

素质法是指评估员工个人或团队在多大程度上具有组织所要求的基本素质、关键技能和主要特质的方法。行为法是指专注于描述与业绩有关的行为状态，考核员工在多大程度上采取了管理者所期望的或工作角色所要求的组织行为的方法。

第五步，确定绩效评价周期。绩效评价周期一般可分为月度、季度、半年度、年度、任期。月度、季度绩效评价一般适用于企业基层员工和管理人员，半年度绩效评价一般适用于企业中高层管理人员，年度绩效评价适用于企业所有被评价对象，任期绩效评价主要适用于企业负责人。

第六步，签订绩效责任书。绩效计划制订后，评价主体与被评价对象一般应签订绩效责任书，明确各自的权利和义务，并作为绩效评价与激励管理的依据。绩效责任书的主要内容包括绩效指标、目标值及权重、评价计分方法、特别约定事项、有效期限、签订日期等。绩效责任书一般按年度或任期签订。

② 制订激励计划。

激励计划是企业为激励被评价对象而采取的行动方案，包括激励对象、激励形式、激励条件、激励周期等内容。激励计划按激励形式可分为薪酬激励计划、能力开发激励计划、职业发展激励计划和其他激励计划。

薪酬激励计划按期限可分为短期薪酬激励计划和中长期薪酬激励计划。短期薪酬激励计划主要包括绩效工资、绩效奖金、绩效福利等。中长期薪酬激励计划主要包括股票期权、股票增值权、限制性股票以及虚拟股票等。

能力开发激励计划主要包括对员工知识、技能等方面的提升计划。

职业发展激励计划主要是对员工职业发展做出的规划。

其他激励计划包括良好的工作环境、晋升与降职、表扬与批评等。

激励计划的制订应以绩效计划为基础，采用多元化的激励形式，兼顾内在激励与外在激励、短期激励与长期激励、现金激励与非现金激励、个人激励与团队激励、正向激励与负向激励，充分发挥各种激励形式的综合作用。

（2）审批绩效计划与激励计划

绩效计划与激励计划制订完成后，经薪酬与考核委员会或类似机构审核，报董事会或类似机构审批。经审批的绩效计划与激励计划应保持稳定，一般不予调整，若受国家政策、市场环境、不可抗力等客观因素影响，确需调整的，应严格履行规定的审批程序。

（3）执行绩效计划与激励计划

审批后的绩效计划与激励计划，应以正式文件的形式下达执行，确保与计划相关的被评价对象能够了解计划的具体内容和要求。

第一步，落实计划。绩效计划与激励计划下达后，各计划执行单位（部门）应认真组织实施，从横向和纵向两方面落实到各所属单位（部门）、各岗位员工，形成全方位的绩效计划与激励计划执行责任体系。

第二步，监控与纠偏。绩效计划与激励计划执行过程中，企业应建立配套的监督控制机制，及时记录执行情况，进行差异分析与纠偏，持续优化业务流程，确保绩效计划与激励计划的有效执行。

① 监控与记录。企业可借助信息系统或其他信息支持手段，监控和记录指标完成情况、重大事项、员工的工作表现、激励措施执行情况等内容。收集信息的方法主要有观察法、工作记录法、他人反馈法等。

② 分析与纠偏。根据监控与记录的结果，重点分析指标完成值与目标值的偏差、激励效果与预期目标的偏差，提出相应整改建议并采取必要的改进措施。

③ 编制分析报告。分析报告主要反映绩效计划与激励计划的执行情况及分析结果，其编制频率可以是月度、季度、年度，也可根据需要编制。

绩效计划与激励计划执行过程中，绩效管理工作机构应通过会议、培训、网络、公告栏等形式进行多渠道、多样化、持续不断的沟通与辅导，使绩效计划与激励计划得到充分理解和有效执行。

（4）实施绩效评价与激励

绩效管理工作机构应根据计划的执行情况定期实施绩效评价与激励，按照绩效计划与激励计划的约定，对被评价对象的绩效表现进行系统、全面、公正、客观的评价，并根据评价结果实施相应的激励。

评价主体应按照绩效计划收集相关信息，获取被评价对象的绩效指标实际值，对照目标值，应用选定的计分方法计算评价分值，并进一步形成对被评价对象的综合评价结果。

绩效评价过程及结果应有完整的记录，结果应得到评价主体和被评价对象的确认，并进行公

07

开发布或非公开告知。公开发布的主要方式有召开绩效发布会、企业网站绩效公示、面板绩效公告等；非公开告知一般采用一对一书面、电子邮件函告或面谈告知等方式进行。

评价主体应及时向被评价对象进行绩效反馈，反馈内容包括评价结果、差距分析、改进建议及措施等，可采取反馈报告、反馈面谈、反馈报告会等形式进行。

绩效结果发布后，企业应依据绩效评价的结果，组织兑现激励计划，综合运用薪酬激励、能力开发激励、职业发展激励等多种方式，逐级兑现激励承诺。

（5）编制绩效评价与激励管理报告

绩效管理工作机构应定期或根据需要编制绩效评价与激励管理报告，对绩效评价和激励管理的结果进行反映。绩效评价与激励管理报告是企业管理会计报告的重要组成部分，应确保内容真实、数据可靠、分析客观、结论清楚，为报告使用者提供满足决策需要的信息。

① 编制绩效评价报告。

绩效评价报告根据评价结果编制，反映被评价对象的绩效计划完成情况，通常由报告正文和附件构成。报告正文主要包括以下两部分。

第一部分，评价情况说明。评价情况说明包括评价对象、评价依据、评价过程、评价结果、需要说明的重大事项等。第二部分，管理建议。报告附件包括评价计分表、问卷调查结果分析、专家咨询意见等报告正文的支持性文档。

② 编制激励管理报告。

激励管理报告根据激励计划的执行结果编制，反映被评价对象的激励计划实施情况。

激励管理报告主要包括以下两部分。

第一部分，激励情况说明。激励情况说明包括激励对象、激励依据、激励措施、激励执行结果、需要说明的重大事项等。第二部分，管理建议。其他有关支持性文档可以根据需要以附件形式提供。

③ 审批绩效评价和激励管理报告。

绩效评价与激励管理报告应根据需要及时报送薪酬与考核委员会或类似机构审批。

四、绩效管理的应用环境

企业绩效管理的应用环境包括组织架构、管理制度和流程、信息系统等。

1. 组织架构

企业进行绩效管理时，应设立薪酬与考核委员会或类似机构，主要负责审核绩效管理的政策和制度、绩效计划与激励计划、绩效评价结果与激励实施方案、绩效评价与激励管理报告等，协调解决绩效管理工作中的重大问题。

薪酬与考核委员会或类似机构下设绩效管理工作机构，主要负责制定绩效管理的政策和制度、绩效计划与激励计划，组织绩效计划与激励计划的执行与实施，编制绩效评价与激励管理报告等，协调解决绩效管理工作中的日常问题。

2. 管理制度和流程

企业应建立健全绩效管理的制度体系，明确绩效管理的工作目标、职责分工、工作程序、工具方法、信息报告等内容。

3. 信息系统

企业应建立有助于绩效管理实施的信息系统，规范信息的收集、整理、传递和使用等，为绩效管理工作提供信息支持。

 视野拓展

【案例】在一次企业季度绩效考核会议上，营销部门经理老宋总结如下：最近的销售做得不太好，我们有一定的责任，但是主要的责任不在我们。竞争对手纷纷推出新产品，比我们的产品好，因此，我们的工作不好做，研发部门要认真总结。

研发部门经理小王：我们最近推出的新产品是少，但我们也有困难，拨给研发部门的预算太少了，这么少的预算，还被财务部门削减了。没钱怎么开发新产品呢？

财务部门经理老刘：财务部门削减了研发部门的预算，这是因为公司的采购成本一直在上升，公司投在研发上的钱需要缩减。

采购部门经理小鞠：采购成本是上升了10%，为什么你们知道吗？俄罗斯的一个生产铬的矿山爆炸了，不锈钢的价格直线上升。

这时，老宋、小王和老刘三位经理一起总结道："哦，原来如此，这样说来，我们大家都没有多少责任了。"

人力资源部门经理老张笑着说道："这样说来，我只能去考核俄罗斯的矿山了。"

【分析】绩效考核的目的是改善绩效，而不是单纯地分清责任，当绩效出现问题时，大家的着力点应该放在如何改善绩效而不是划清责任上。遇到问题先界定责任，后讨论改善策略是人们的惯性思维。当我们把精力放在如何有效划清责任上而不是如何改善上，最后的结果都是归错于外，企业员工谁都没有责任，最后客户被晾在了一边，当责任划分清楚了，客户早已不见了。于是，客户满意和客户忠诚也随之消失，企业财务目标无法实现，股东价值也随之下跌。

【延伸】同学们，当我们面对一次考试没有通过，一次任务没有完成时，我们应该怎么做？

 任务实施

任务资料和任务目标见本任务的"任务导入"，具体任务实施过程如下。

第一步，利用层次分析法，对上述五项指标两两比较，确定华强公司各项指标权重。

华强公司对销售增长率、总资产周转率、新客户数量增长率、客户满意度和经销商满意度指标，根据表 7-1 中列示的重要程度进行两两比较，并以此标注为 A、B、C、D、E 五项指标，并将结果填入表 7-3。

表 7-3　　　　　　　　　　比较结果

指标	A	B	C	D	E	权重
A	1	1/2	1/3	1/3	1/5	0.07
B	2	1	1/4	1/4	1/4	0.08
C	3	4	1	1	7	0.38
D	3	4	1	1	1	0.25
E	5	4	1/7	1	1	0.22
合计	14	13.5	2.73	3.58	9.45	

07

销售增长率（A）的权重=（1÷14+0.5÷13.5+0.33÷2.73+0.33÷3.58+0.2÷9.45）÷5=0.07

总资产周转率（B）的权重=（2÷14+1÷13.5+0.25÷2.73+0.25÷3.58+0.25÷9.45）÷5=0.08

新客户数量增长率（C）的权重=（3÷14+4÷13.5+1÷2.73+1÷3.58+7÷9.45）÷5=0.38

客户满意度（D）的权重=（3÷14+4÷13.5+1÷2.73+1÷3.58+1÷9.45）÷5=0.25

经销商满意度（E）的权重=（5÷14+4÷13.5+0.14÷2.73+1÷3.58+1÷9.45）÷5=0.22

第二步，确定华强公司的绩效目标值。

根据华强公司绩效目标，依据以往华强公司业绩标准，确定华强公司的绩效目标值如下：销售增长率和总资产周转率的评价标准值定为15%，新客户数量增长率的评价标准值定为12%，客户满意度和经销商满意度的评价标准值定为15%。

第三步，利用功效系数法，计算各个指标的得分。

华强公司销售增长率、总资产周转率、客户满意度和经销商满意度指标的实际值均为18%，为标准值15%～20%。新客户数量增长率达到14%，为标准值12%～15%。

（1）计算销售增长率的指标得分。

功效系数=（实际值-本档标准值）/（上档标准值-本档标准值）

=（18%-15%）÷（20%-15%）

=60%

本档基础分=指标权重×本档标准系数×100=0.07×0.8×100=5.6

上档基础分=指标权重×上档标准系数×100=0.07×1×100=7

调整分=功效系数×（上档基础分-本档基础分）=60%×（7-5.6）=0.84

销售增长率指标得分=本档基础分+调整分=5.6+0.84=6.44

（2）根据上述思路，依次计算下列指标得分。

总资产周转率指标得分

=[0.08×0.8+（18%-15%）÷（20%-15%）×（0.08×1-0.08×0.8）]×100=7.36

新客户数量增长率指标得分

=[0.38×0.6+（14%-12%）÷（15%-12%）×（0.38×0.8-0.38×0.6）]×100=27.87

客户满意度指标得分

=[0.25×0.8+（18%-15%）÷（20%-15%）×（0.25×1-0.25×0.8）]×100=23

经销商满意度指标得分

=[0.22×0.8+（18%-15%）÷（20%-15%）×（0.22×1-0.22×0.8）]×100=20.24

第四步，计算华强公司业绩指标总得分。

业绩指标总得分=∑单项指标得分=6.44+7.36+27.87+23+20.24=84.91

07

任务二　关键绩效指标法

学习目标

素质目标：具备诚信品质、工匠精神、创新思维、团队意识，热爱管理会计工作。

知识目标：熟悉关键绩效指标的特征，掌握关键绩效指标的应用程序。

技能目标：能根据关键绩效指标分析方法进行绩效分析。

**任务导入**

任务资料：华强公司的下属子公司 A 公司是一家旅游公司，对于业绩评价工作非常重视，采用关键绩效指标法进行绩效管理，现要对 A 公司分部门进行考核。

在选择各部门关键绩效指标的时候，首先运用鱼骨图对企业关键成功要素进行分析。关键成功要素是保证企业组织目标实现的重要保证，而这些关键成功要素是企业保持市场竞争力的关键环节，也就是企业的关键绩效领域，必须予以格外的重视。企业要想达成组织目标，必须在这些关键绩效领域保持较高的水平。经过反复讨论，最终确定 A 公司作为旅游公司的关键成功要素一共有四项：市场领先、客户服务、利润增长和组织建设，如图 7-1 所示。

图 7-1 企业关键成功要素

任务目标：
① 进行 A 公司关键绩效指标要素分析。
② 确定 A 公司关键绩效指标体系。

知识准备

政策依据：《管理会计基本指引》《管理会计应用指引第 600 号——绩效管理》《管理会计应用指引第 601 号——关键绩效指标法》。

关键绩效指标是部门主管明确部门的主要责任，并以此为基础，明确部门人员的业绩衡量指标的重要指示。建立明确的、切实可行的关键绩效指标体系，是做好绩效管理的关键。关键绩效指标是用于衡量工作人员工作绩效表现的量化指标，是绩效计划的重要组成部分。

关键绩效指标

一、关键绩效指标

关键绩效指标是对企业绩效产生关键影响力的指标，是通过对企业战略目标、关键成果领域和绩效特征进行分析、识别和提炼，得出的最能有效驱动企业价值创造的指标。关键绩效指标是把企业的战略目标分解为可操作的工作目标的工具，是企业绩效管理的基础。

1. 关键绩效指标的特征

关键绩效指标是对组织运作过程中关键成功要素的提炼和归纳，一般有以下特征。

（1）系统性

关键绩效指标是一个系统。企业、部门、班组有各自独立的关键绩效指标，但是必须围绕企业愿景、战略、整体效益展开，而且是层层分解、层层关联、层层支持的。

（2）可控性与可管理性

关键绩效指标的设计基于企业的发展战略与流程，而非岗位的功能。

07

（3）价值牵引和导向性

下道工序是上道工序的客户，上道工序是为下道工序服务的，内部客户的绩效链最终体现在为外部客户的价值服务上。

2. 关键绩效指标的作用

关键绩效指标具有以下作用。

① 根据组织的发展规划和目标计划来确定部门、个人的业绩指标，把个人和部门的目标与企业整体的目标联系起来。

② 监测与业绩目标有关的运作过程。对于管理者而言，阶段性地对部门和个人的关键绩效指标输出进行评价和控制，可引导正确的目标发展方向。

③ 及时发现潜在的问题，发现需要改进的领域，并反馈给相应部门和个人。

④ 关键绩效指标输出是绩效评价的基础和依据，可以定量和定性地对直接创造利润和间接创造利润的贡献做出评估。

3. 关键绩效指标的确定原则

确定关键绩效指标遵循 SMART 原则。SMART 是 5 个英文单词首字母的组合。

S 代表具体（Specific，S），指绩效考核要切中特定的工作指标，不能笼统。

M 代表可度量（Measurable，M），指绩效指标是数量化或者行为化的，验证这些绩效指标的数据或者信息是可以获得的。

A 代表可实现（Attainable，A），指绩效指标在付出努力的情况下可以实现，避免设立过高或过低的目标。

R 代表有关联性（Relevant，R），指绩效指标与上级目标具有明确的关联性，最终与企业目标相结合。

T 代表有时限（Time-bound，T），注重完成绩效指标的特定期限。

4. 关键绩效指标的选取

企业的关键绩效指标可分为结果类和动因类两类指标。结果类指标是反映企业业绩的指标，主要包括投资资本回报率、净资产收益率、经济增加值、息税前利润、自由现金流等综合指标。动因类指标是反映企业价值关键驱动因素的指标，主要包括资本性支出、单位生产成本、产量、销量、客户满意度、员工满意度等。

影响企业经营成果的因素较多，如经营决策、市场条件、政府监管、自然资源条件等，但关键绩效指标只衡量经营成果中的可影响部分，即关键绩效指标的衡量领域主要包括企业经营决策与执行部分。其中，效益类指标以投资资本回报率、自由现金流和利润总额为核心，根据职位影响力及业务性质做出选择。营运类指标根据各责任中心的核心任务而定，分为销售收入类、成本费用类和投资控制类（固定资产、营运资本）等。选择时应优先考虑有明确计算方法和数据来源，在财务报表中已存在，并且有较大影响力的指标作为关键绩效指标。

二、关键绩效指标法的应用

1. 关键绩效指标法的核心思想

企业绩效指标的设置必须与企业战略挂钩，企业应当只评价与其战略目标实现关系最密切的少数关键绩效指标。关键绩效指标法是一种能将战略目标分解为可运作的愿景目标和量化指标的有效工具。另外，这种方法从企业的战略目标出发，通过分析企业的价值链，确定企业关键成果领域和关键绩效指标，并层层分解，直至形成企业、部门和岗位三级关键绩效指标体系。

2. 关键绩效指标法的应用程序

确定关键绩效指标一般遵循以下程序。

（1）建立评价指标体系

按照从宏观到微观的顺序，依次建立各级的指标体系。首先明确企业的战略目标，找出企业的业务重点，并确定这些关键业务领域的关键绩效指标，从而建立企业级关键绩效指标。其次，各部门的主管需要依据企业级关键绩效指标，建立部门级关键绩效指标。然后，各部门的主管和部门的关键绩效指标制定人员一起将关键绩效指标进一步分解为更细的岗位级关键绩效指标。上述业绩衡量指标就是员工考核的要素和依据。

（2）设定评价标准

一般来说，指标指的是从哪些方面来对工作进行衡量或评价，而标准指的是在各个指标上分别应该达到什么样的水平。指标解决的是需要"评价什么"的问题，标准解决的是要求被评价者"做得怎样""完成多少"的问题。评级指标体系确定后，须进一步分析，解决好下述问题。每个维度的指标具体内容是什么？如何保证这些维度的目标能够实现？每个维度目标实现的关键措施和手段是什么？每个维度目标实现的具体标准是什么？

（3）审核关键绩效指标

审核关键绩效指标的目的，是确认这些关键绩效指标能否全面、客观地反映被评价对象的工作绩效以及是否适合评价操作。

三、关键绩效指标法的优缺点

关键绩效指标法的优缺点如下。

1. 优点

（1）目标明确，有利于企业战略目标的实现

关键绩效指标是企业战略目标的层层分解，通过关键绩效指标的整合和控制，使员工绩效行为与企业目标要求的行为相吻合，不至于出现偏差，有力地保证了企业战略目标的实现。

（2）提出了客户价值理念

关键绩效指标提倡的是为企业内外部客户实现价值的思想，对企业形成以市场为导向的经营思想具有一定的提升作用。

（3）有利于组织利益与个人利益达成一致

策略性地分解指标，使企业战略目标成了个人绩效目标，员工个人在实现个人绩效目标的同时，也是在实现企业总体的战略目标，达到两者和谐，实现企业与员工共赢。

2. 缺点

关键绩效指标法也有不足之处，主要有以下几点。

（1）关键绩效指标比较难界定

通过识别的价值创造模式把握关键价值驱动因素，能够更有效地实现企业价值增长目标，而客户价值是企业价值创造的关键价值驱动因素，对企业形成以市场为导向的经营思想是有一定的提升作用。

（2）关键绩效指标考核容易采取机械的考核方式

管理者过分地依赖考核指标，而没有考虑人为因素和弹性因素等方面，会产生一些考核上的

07

争端和异议。

（3）关键绩效指标并不是所有岗位都适用，适用范围有限

关键绩效指标法比较适用于企业规模比较大，管理制定相对完善，指标选取比较容易的岗位，一些创新性的岗位比较难选择关键绩效指标评价其业绩。

【例7-1】 乙公司对业绩评价工作非常重视，目前的业绩评价方法存在一些弊端，为此专门召集一些专家座谈，研究如何改进业绩评价方法，会议记录中的部分内容如下。

李某认为，采用非财务指标计量各责任中心的业绩是有必要的，但指标并非越多越好。企业必须明确自己在一定时期的经营战略，明确判断哪些客户、项目、投资或活动超出了组织的战略边界，经理人员应该将精力集中在与企业战略推进有关的项目上，以提高管理效率。选择业绩评价指标的目的只有一个，那就是保证企业内所有人员的视线都盯住企业的战略目标。因此，必须简化评价指标体系，基于企业战略目标，通过建立关键绩效指标体系，将价值创造活动与战略规划目标有效联系，据此进行绩效管理。

要求： 判断李某的观点是否存在不当之处，并判断李某所提及的业绩评价类型。

解析：（1）李某的观点不存在不当之处。

（2）李某所提及的是关键绩效指标法。

 视野拓展

【案例】 美国华盛顿广场有名的杰弗逊纪念大厦，因年深日久，墙面出现裂纹。为能保护好这幢大厦，有关专家进行了专门研讨。

最初大家认为损害建筑物表面的元凶是侵蚀的酸雨。专家们进一步研究，却发现墙体侵蚀最直接的原因，是每天冲洗墙壁所用的清洁剂对建筑物有酸蚀作用。为什么要每天冲洗墙壁呢？是因为墙壁上每天都有大量的鸟粪。为什么会有那么多鸟粪呢？因为大厦周围聚集了很多燕子。为什么会有那么多燕子呢？因为墙上有很多燕子爱吃的蜘蛛。为什么会有那么多蜘蛛呢？因为大厦四周有蜘蛛喜欢吃的飞虫。为什么有这么多飞虫呢？因为飞虫在这里繁殖特别快。而飞虫在这里繁殖特别快的原因，是这里的尘埃最适宜飞虫繁殖。为什么这里的尘埃最适宜飞虫繁殖呢？因为开着的窗能透过充足的阳光，大量飞虫聚集在此，超常繁殖……

由此，发现解决的办法很简单，就是关上整幢大厦的窗帘，而此前专家们设计的一套套复杂的维护方案也就成了一纸空文。

【分析】 彼得圣吉在《第五项修炼》里提到，问题的解决方案既有"根本解"，也有"症状解"。"症状解"能迅速消除问题的症状，但只有暂时的作用，而且往往有加深问题的副作用，使问题更难得到根本解决。"根本解"是根本的解决方式，只有通过系统思考，看到问题的整体，才能发现"根本解"。

【延伸】 同学们，当我们面对难解的问题时，若能透过重重迷雾，系统思考，追本溯源，总揽整体，抓住事物的根源，往往能够收到四两拨千斤的功效。

 任务实施

任务资料和任务目标见本任务的"任务导入"，具体任务实施过程如下。

第一步，A公司关键绩效指标要素分析。

根据A公司成功关键要素，进行关键绩效指标要素分析，如表7-4所示。

表 7-4   成功关键要素分析表

关键绩效指标维度	关键绩效指标要素
市场领先	市场竞争力
	市场拓展力
	品牌影响力
客户服务	客户满意度
	客户资源管理
利润增长	应收账款
	费用
	净利润
组织建设	人员
	纪律
	文化

第二步，A 公司根据关键绩效指标要素分析，选择关键绩效指标，建立关键绩效指标体系。

将要素进一步细化，就是关键绩效指标的设计和选择，选择指标的时候要遵循 SMART 原则，汇总形成 A 公司关键绩效指标体系，如表 7-5 所示。

表 7-5   A 公司一级关键绩效指标

关键绩效指标维度	关键绩效指标要素	关键绩效指标
市场领先	市场竞争力	当期接待团次
		当期接待人次
		当期营业收入
	市场拓展力	新客户数量
		新业务营业增长率
	品牌影响力	市场宣传的有效性
客户服务	客户满意度	客户对品牌认知度
		客户投诉数量
	客户资源管理	客户档案管理
利润增长	应收账款	回款速度、期限
		坏账数量
	费用	办公费用
		业务招待费
	净利润	净利润目标达成率
组织建设	人员	骨干人才离职率
		干部输出数量
	纪律	总公司政策执行情况
	文化	员工综合满意指数

任务三　经济增加值法

学习目标

素质目标：具备诚信品质、工匠精神、责任意识，热爱管理会计工作。

知识目标：了解经济增加值的内容，掌握经济增加值的计算方法。

技能目标：能计算经济增加值，能评价企业经济效益。

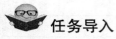

任务导入

任务资料：华强公司及下属子公司 B 公司均采用经济增加值法进行绩效管理，经过一年的运营，相关数据如表 7-6 所示。

表 7-6　　　　　　　　　华强公司及子公司 B 公司相关信息　　　　　　　　单位：万元

项目	华强公司	B 公司
利润总额	143	16
利息费用	30	8
所得税费用	50	5
平均资本	850	120
股权资本权数	70%	37.5%
平均股权资本成本率	14%	16%
债务资本权数	30%	62.5%
平均债务资本成本率	10%	8%

任务目标：

① 计算华强公司及 B 公司的经济增加值。

② 评价华强公司及 B 公司的经济效益。

知识准备

政策依据：《管理会计基本指引》《管理会计应用指引第 600 号——绩效管理》《管理会计应用指引第 602 号——经济增加值法》。

经济增加值又称经济附加值、经济利润，公司每年创造的经济增加值等于税后净营业利润与全部资本成本之间的差额。其中资本成本包括债务资本成本和股权资本成本。经济增加值表示税后净营业利润与投资者用同样资本投资其他风险相近的有价证券的最低回报相比，超出或低于后者的量值。

一、经济增加值的计算公式

根据经济增加值的概念，经济增加值是税后净营业利润减去债务和股权的成本的余额，是所有成本被扣除后的剩余收入。计算公式如下。

$$经济增加值=税后营业净利润-资本成本$$
$$=税后营业净利润-平均资本占用×加权平均资本成本率$$

经济增加值的计算

其中，税后营业净利润衡量的是企业的经营盈利情况，平均资本占用反映的是企业持续投入的各种债务资本和股权资本，加权平均资本成本率反映的是企业各种资本的平均成本率。

1. 会计项目调整

计算经济增加值时，需要进行相应的会计项目调整，以消除财务报表中不能准确反映企业价值创造的部分。会计调整项目的选择应遵循价值导向性、重要性、可控性、可操作性与行业可比性等原则，以企业实际情况为依据。常用的调整项目如下。

① 研究开发费、大型广告费等一次性支出但收益期较长的费用。这类支出是一种长远的投资，应予以资本化处理，不作为期间费用扣除，计算税后营业净利润时扣除所得税影响后予以加回。

② 反映付息债务成本的利息支出。这类支出不作为期间费用扣除，计算税后营业净利润时扣除所得税影响后予以加回。应付账款与应交税费等属于无息负债，没有资本成本，所以应从平均资本成本中扣除。

③ 营业外收入、营业外支出。其具有偶发性，不具有持续性，将当期发生的营业外收支从税后营业净利润中扣除所得税影响后扣除或加回，相应地调整平均资本成本。

④ 资产减值损失。计提资产减值损失的，资产的减值准备不是实际发生的，应予以加回，调整平均资本成本与税后营业净利润。将当期减值损失扣除所得税影响后予以加回，并在计算资本占用时相应调整资产减值准备发生额。

⑤ 递延税金。递延税金不反映实际支付的税款情况，将递延所得税资产及递延所得税负债变动影响的企业所得税从税后营业净利润中扣除，相应调整资本占用。

⑥ 其他非经常性损益调整项目，如股权转让收益等。

2. 调整项目计算

（1）税后营业净利润

税后营业净利润等于会计的税后净利润加上利息支出等会计调整项目后得到的税后利润。

$$税后营业净利润=净利润+（财务费用+当年计提的信用减值损失+当年计提的存货跌价准备+$$
$$当年计提的长短期投资减值准备+当年计提的固定资产/无形资产/在建工程$$
$$减值准备+研究开发费+广告费用+营业外支出-营业外收入）×（1-所得税税率）$$

（2）平均资本占用

平均资本占用是所有投资者投入企业经营的全部资本，包括债务资本和股权资本。其中债务资本包括融资活动产生的各类有息负债，不包括经营活动产生的无息流动负债。股权资本中包含少数股东权益。平均资本占用是总投资概念，平均资本是指年初资本与年末资本的平均值。

计算资本占用除根据经济业务实质相应调整资产减值准备、递延所得税等，还可根据管理需要调整研发支出、在建工程等项目，引导企业注重长期价值创造。

$$债务资本=短期借款+一年内到期的长期借款+长期借款+应付债券$$
$$股权资本=股东权益合计+少数股东权益$$
$$约当股权资本=坏账准备+存货跌价准备+长期投资减值准备+固定资产/无形资产减值准备$$
$$总资本=债务资本+股权资本+约当股权资本-在建工程净值$$

07

（3）加权平均资本成本率

加权平均资本成本率是债务资本成本率和股权资本成本率的加权平均，反映了投资者所要求的必要报酬率。加权平均资本成本率的计算公式如下。

$$加权平均资本成本率=债务资本成本率×（债务资本/总资本）×（1-所得税税率）+$$
$$股权资本成本率×（股权资本/总资本）$$

债务资本成本率是企业实际支付给债权人的税前利率，反映的是企业在资本市场中债务融资的成本率。如果企业存在不同利率的融资来源，债务资本成本率应使用加权平均值。

股权资本成本率是在不同风险下，所有者对投资者要求的最低回报率。通常根据资本资产定价模型确定，计算公式如下。

$$K_S=R_f+\beta（R_m-R_f）$$

其中：K_S 为股权资本成本率，R_f 为无风险收益率，R_m 为市场预期回报率，R_m-R_f 为市场风险溢价。β 是企业股票相对于整个市场的风险指数。上市企业的 β 值，可采用回归分析法或单独使用最小二乘法等方法测算确定，也可以直接采用证券机构等提供或发布的 β 值；非上市企业的 β 值，可采用类比法，参考同类上市企业的 β 值确定。

企业级加权平均资本成本率确定后，应结合行业情况、不同所属部门的特点，通过计算（能单独计算的）或指定（不能单独计算的）的方式确定所属部门的资本成本率。

通常情况下，企业对所属部门所投入资本即股权资本的成本率是相同的，为简化资本成本的计算，所属部门的加权平均资本成本率一般与企业保持一致。

【例 7-2】丙公司为中央企业，2020 年实现净利润 612 万元，财务费用中的利息支出为 195 万元，"管理费用"项目下的"研究与开发费"和当期确认为无形资产的研究开发支出为 300 万元，本年无息流动负债为 954 万元，上年无息流动负债为 742.5 万元，平均所有者权益为 3 330 万元，平均负债合计为 4 140 万元，平均在建工程为 119.25 万元，其中包含的资本化利息为 19.25 万元，公司适用的所得税税率为 25%，中央企业资本成本率原则上定为 5.5%。

要求：计算丙公司 2020 年的经济增加值。

解析：

税后营业净利润=净利润+（财务费用+研究开发费）×（1-所得税税率）
　　　　　　　=612+（195+300）×（1-25%）=983.25（万元）

调整后平均资本占用=平均债务资本+平均股权资本-平均在建工程
　　　　　　　　　=4 140-（954+742.5）÷2+3 330-119.25=6 502.5（万元）

经济增加值=税后营业净利润-调整后平均资本占用×加权平均资本成本
　　　　　=983.25-6 502.5×5.5%=625.61（万元）

提示

资本成本率的相关规定。

（1）中央企业资本成本率原则上定为 5.5%。

（2）对军工等资产通用性较差的企业，资本成本率定为 4.1%。

（3）资产负债率在 75% 以上的工业企业和 80% 以上的非工业企业，资本成本率上浮 0.5 个百分点。

视野拓展

【案例】一位顾客走进一家汽车维修店，自称是某运输公司的汽车司机。"在我的账单上多写点零件，我回公司报销后，有你一份好处。"他对店主说。但店主拒绝了他的要求。顾客纠缠说："我的生意不算小，会常来的，你肯定能赚很多钱！"店主告诉他，这事无论如何自己也不会做。顾客气急败坏地嚷道："谁都会这么干的，我看你是太傻了。"店主火了，他要那个顾客马上离开，到别处谈这种生意去。这时，顾客露出微笑，并满怀敬佩地握住店主的手："我就是那家运输公司的老板，一直在寻找一个固定的、信得过的维修店，以后我会常来！"

【分析】面对诱惑，不心动，不为其所惑，虽平淡、质朴，却让人领略到山高海深，这是一种闪光的品格——诚信。

【延伸】同学们，在我们成长的道路中，可能会面临各种各样的考核评价，我们努力追求人生目标的同时，诚实守信是基本的关键考核指标。

二、经济增加值法的优缺点

经济增加值法具有以下优缺点。

1. 优点

① 经济增加值与股东财富的创造相联系，从这个意义上说，这是唯一正确的业绩计量指标，能连续地度量业绩的改进。

② 经济增加值不仅是一种业绩评价指标，还是一种全面财务管理和薪酬激励体制的框架。经济增加值的吸引力主要在于它把资本预算、业绩评价和激励报酬结合起来。

③ 在经济增加值的框架下，公司可以向投资人宣传其目标和成就，投资人也可以用经济增加值选择最有前景的公司。经济增加值同时还是股票分析家手中一个强有力的工具。

2. 缺点

① 经济增加值是绝对数指标，不具有比较不同规模公司业绩的能力。

② 经济增加值具有和投资报酬率一样误导使用人的缺点。如处于成长阶段的公司经济增加值较低，处于衰退阶段的公司经济增加值可能较高。

③ 经济增加值计算具有较多争论。由于计算经济增加值时，对调整项目以及资本成本的确定等存在分歧，因无法建立一个统一的规范，导致缺乏统一性的业绩评价指标，因此，只能在一个公司的历史分析以及内部评价中使用。

 提示

会计利润是指企业的总收入减去企业为获得生产所需要的各种生产要素而发生的实际支出或者会计成本以后的余额。

 任务实施

任务资料和任务目标见本任务的"任务导入"，具体任务实施过程如下。

第一步，计算华强公司及 B 公司的经济增加值，如表 7-7 所示。

表 7-7   经济增加值   单位：万元

项目	华强公司	B 公司
利润总额	143	16
减：所得税费用	50	5
加：利息费用调整项	30×（1-25%）=22.5	8×（1-25%）=6
调整后营业净利润	115.5	17
减：资本成本	108.8	13.2
其中，平均资本	850	120
乘：综合资本成本率	12.8%	11%
股权资本权数	70%	37.5%
平均股权资本成本率	14%	16%
债务资本权数	30%	62.5%
平均债务资本成本率	10%	8%
经济增加值	6.7	3.8

华强公司经济增加值=143-50+30×（1-25%）-850×（70%×14%+30%×10%）=6.7（万元）

B 公司经济增加值=16-5+8×（1-25%）-120×（37.5%×16%+62.5%×8%）=3.8（万元）

第二步，评价华强公司及 B 公司的经济效益。

由于华强公司及 B 公司的经济增加值都为正值，因此，两家公司有经济效益。

任务四　平衡计分卡

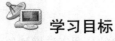 学习目标

素质目标：具备诚信品质、工匠精神、责任意识，热爱管理会计工作。

知识目标：熟悉平衡计分卡的主要内容，掌握平衡计分卡的应用程序。

技能目标：能运用平衡计分卡进行企业绩效管理。

 任务导入

任务资料：华强公司采用关键绩效指标、平衡计分卡等绩效管理工具方法，实施绩效管理，经过一年的绩效管理，企业经营状况良好，相关数据如下。

① 平衡计分卡绩效指标体系。财务层面指标体系通过提升现有产品的销售收入和提高现有资产的利用率来构建，具体指标有销售增长率、总资产周转率。客户层面指标体系通过保持客户、开发新客户、提供优质产品使客户满意、帮助经销商提升经营能力来构建，具体指标有新客户数量增长率、客户满意度、经销商满意度。内部业务流程层面指标体系通过推出新产品、加强存货管理、消除质量隐患、获取高度忠诚的客户、加强订单实现管理、提高环境绩效、做好安全生产来构建，具体指标有新品推出数量、存货周转率、产品合格率、重点客户拜访率、交货及时率、环保达标率、事故次数。学习与成长层面指标体系通过提高全员劳动效率、加强培训、提高员工

的技能、改善信息平台、创造和谐的环境、减少员工的流动率来构建，具体指标有人均营业收入、培训计划完成率、外部获取信息的满意度、员工流失率。

② 指标权重。采用层次分析法确定各指标权重。

将四个维度的每个考核指标进行求和，得出综合得分，该综合得分影响"准备授予员工的奖金池"。其中，每项指标得分=单项得分×对应的指标权重（注意保留整数）。

③ 绩效目标值。平衡计分卡绩效目标值应根据战略地图的因果关系分别设置，档次设置为优秀、良好、合格、较低、较差五档。

④ 计分方法。按照绩效计划收集相关信息，获取被评价对象的绩效指标实际值，对照目标值，选定功效系数法，计算评价分值，并进一步形成对被评价对象的综合评价结果。

查询财务部"2021年财务报表"、绩效管理岗位"管理会计报告"、财务部"2021年收入成本明细表"、行政人事部"员工基本信息"、行政人事部"离职人员统计表"的相关资料。公司现有平均员工90人，2021年有5位员工离职。根据管理会计信息报告环境保护方面的相关情况，企业环保达标率为100%，履行社会责任情况中事故数量合计3次。通过销售部"客户拜访情况"，可以查询公司重点客户有5位，分别于6月、11月进行拜访，完成本年度重点客户拜访计划。其他相关数据如表7-8、表7-9和表7-10所示。

表7-8　　　　　　　　　　　　　财务相关数据

项目	2020年	2021年
营业收入/元	24 350 000	34 164 000
营业成本/元	15 132 619	22 140 809
净利润/元	4 967 948.35	5 567 040.28
总资产/元	32 183 880.16	37 840 606.14
存货/元	515 634	592 122
老客户交易额/元	19 645 800	26 075 860
新客户数量/个	10	15
新产品数量/个	0	0

表7-9　　　　　　　　　　　　　满意度调查统计

项目	很满意	满意	不满意	合计
经销商	0	4	1	5
客户	1	22	2	25
外部获取信息	36	43	11	90

表7-10　　　　　　　　　　　　　生产经营相关数据

项目	第一季度	第二季度	第三季度	第四季度
产品合格量/个	41 420	41 150	37 780	40 860
产品生产量/个	42 900	42 000	39 200	42 300
及时交货订单数/单	29	36	39	32
交货订单总数/单	30	38	42	34
培训执行总时数/时	25	26	26	28
培训计划总时数/时	30	30	30	30

07

⑤ 平衡计分卡指标综合得分。对四个层面的每个考核指标求和，得出综合得分。其中，每项指标得分=单项得分×对应的指标权重，华强公司综合得分为 80.91 分。绩效管理评价周期为年度。

⑥ 激励计划。公司针对高级管理人员、普通管理人员和其他人员设置激励计划，激励计划管理表由行政人力资源管理部门编制，报股东审批，激励奖金通过股东审批最终确认后，按年终奖金予以发放。通过行政人事部"激励管理制度"，可以了解到 2021 年激励计划相关公式及数据如下。

$$准备授予员工的奖金池=年度净利润×计划授予净利润比例×平衡计分卡指标综合得分÷100$$
$$奖金分配标准=奖金池总金额÷分配总系数$$
$$分配总系数=\sum 岗位总系数=\sum 岗位系数×岗位人数$$
$$岗位绩效总奖金=分配标准×对应岗位总系数（注意，涉及尾差部分采用倒挤方式）$$

其中，计划授予净利润比例为 8%。岗位人数的确定，通过岗位分类标准了解，总经理为高级管理人员，各部门经理及主管为中层管理人员，其他岗位员工归为普通管理人员类别；通过查询行政人事部"员工基本信息"的岗位分类，可以了解高级管理人员共 1 人，中层管理人员共 9 人，普通管理人员共 80 人。通过行政人事部"激励管理制度"，可以了解个人岗位系数，其中，高级管理人员岗位系数为 1.5，中层管理人员岗位系数为 1.2，普通管理人员岗位系数为 0.8。

任务目标：

① 计算华强公司平衡计分卡绩效指标体系的各项指标值。
② 计算华强公司授予激励奖金总额度。
③ 计算华强公司奖金分配标准。
④ 计算华强公司各岗位绩效总奖金。

 知识准备

政策依据：《管理会计基本指引》《管理会计应用指引第 600 号——绩效管理》《管理会计应用指引第 603 号——平衡计分卡》《管理会计应用指引第 101 号——战略地图》。

平衡计分卡是常见的绩效考核方式之一。平衡计分卡是从财务、客户、内部业务流程、学习与成长四个维度，将组织的战略落实为可操作的衡量指标和目标值的一种新型绩效管理体系。平衡计分卡具有战略规划与实施的功能，通常与战略地图等其他工具结合使用，适用于战略目标明确、管理制度比较完善、管理水平相对较高的企业，其应用对象可以为企业、部门和员工。

一、平衡计分卡的发展历程

平衡计分卡的发展大致经历了三个阶段，分别如下。

1. 平衡计分卡时期

平衡计分卡最初的面貌是"全面业绩评价系统"，建立了四个考核维度：财务、客户、内部业务流程、学习与成长，全面多方位地评价企业。1992 年初，哈佛商学院的罗伯特·卡普兰（Robert Kaplan）和诺朗诺顿研究所所长、美国复兴全球战略集团创始人兼总裁戴维·诺顿（David Norton）在《哈佛商业评论》上公开发表第一篇关于平衡计分卡的论文《平衡计分卡——驱动绩效指标》。卡普兰和诺顿详细地阐述了传统的财务会计模式只能衡量过去发生的事项（落后的结果因素），但

07

无法评估企业前瞻性的投资（领先的驱动因素），因此，必须改用一个将组织的愿景转变为一组由四项观点组成的绩效指标架构来评价组织的绩效，这四项指标分别是财务、客户、内部业务流程、学习与成长。

2. 平衡计分卡+战略地图时期

平衡计分卡

1993年，卡普兰和诺顿将平衡计分卡延伸到企业的战略管理之中，平衡计分卡成为企业的一个战略管理工具。卡普兰和诺顿认为平衡计分卡不仅仅是企业绩效考核的工具，更为重要的是，它还是一个企业战略管理的工具，为此他们在《哈佛商业评论》发表了第二篇关于平衡计分卡的重要论文《在实践中运用平衡计分卡》，在这篇文章中他们明确指出企业应当根据企业战略实施的关键成功要素来选择绩效考核的指标。

1996年，卡普兰和诺顿在《哈佛商业评论》发表第三篇关于平衡计分卡的论文，一方面重申了平衡计分卡作为战略管理工具对企业战略实践的重要性，另一方面从管理大师彼得·德鲁克《目标管理》中吸取精髓，在论文中解释了平衡计分卡作为战略与绩效管理工具的框架，该框架包括设定目标、编制行动计划、分配预算资金、绩效的指导与反馈及连接薪酬激励机制等内容。同年，他们还出版了第一本关于平衡计分卡的专著《平衡计分卡——化战略为行动》，该著作更加详尽地阐述了平衡计分卡的上述两个方面。

3. 平衡计分卡+战略地图+战略中心组织时期

2001年，随着平衡计分卡在全球的风靡，卡普兰和诺顿在总结众多企业实践成功经验的基础上，出版了第二部关于平衡计分卡的专著《战略中心型组织》。该著作指出企业可以通过平衡计分卡，依据企业的战略来建立企业内部的组织管理模式，要让企业的核心流程聚焦于企业的战略实践。该著作的出版标志着平衡计分卡开始成为组织管理的重要工具。战略地图是对平衡计分卡原先考核功能的扩展，战略地图的构成文件主要是"图、卡、表"。所谓"图、卡、表"是指战略地图、平衡计分卡、单项战略行动计划表，其是运用战略地图来描述战略的三个必备构成文件。

2004年，两位创始人的第三部著作《战略地图——化无形资产为有形成果》出版。该著作指出企业的战略地图绘制、战略规划及实施首先是一个"自上而下"的过程，这也就要求高级管理层具备相关的能力及素养，平衡计分卡逐渐发展成为一个完整的战略执行理论体系。

二、平衡计分卡的主要内容

平衡计分卡是一种革命性的评估和管理体系，平衡计分卡的内容主要包含以下四个层面：财务层面、客户层面、内部业务流程层面、学习与成长层面。

1. 主要内容

（1）财务层面

财务层面用于体现股东权益，衡量企业是否能够为股东创造价值，概括反映企业当期经营业绩。财务性绩效指标是一般企业常用于绩效评估的传统指标。财务性绩效指标可显示出企业的战略及其实施和执行是否正在为最终经营结果（如利润）的改善做出贡献。但是，不是所有的长期策略都能很快产生短期的财务盈利。非财务性绩效指标（如质量、生产时间、生产率和新产品等）的改善和提高是实现目的的手段，而不是目的本身。财务层面指标衡量的主要内容有收入的增长、

07

收入的结构、降低成本、提高生产率、资产的利用和投资战略等。

（2）客户层面

客户层面用于体现客户利益，反映企业的直接客户如何评价企业的业绩，主要用来反映客户满意程度、老客户保持、新客户获得和客户的可获利能力。平衡计分卡要求企业将使命和策略诠释为具体的与客户相关的目标和要点。企业应以目标客户和目标市场为导向，应当专注于是否满足核心客户需求，而不是企图满足所有客户的偏好。客户最关心的不外于五个方面：时间、质量、性能、服务和成本。企业必须为这五个方面树立清晰的目标，然后将这些目标细化为具体的指标。客户层面指标衡量的主要内容有市场份额、老客户挽留率、新客户获得率、客户满意度、从客户处获得的利润率。

（3）内部业务流程层面

内部业务流程层面体现企业如何管理内部业务运作以满足客户的期望，主要包括以客户为中心进行市场定位、生产产品或提供服务、售后服务三个环节。建立平衡计分卡的顺序，通常是先制定财务和客户层面的目标与指标，再制定企业内部业务流程层面的目标与指标，这个顺序使企业能够抓住重点，专心衡量与股东和客户目标息息相关的流程。内部业务流程绩效考核应以对客户满意度和实现财务目标影响最大的业务流程为核心。内部业务流程指标既包括短期的现有业务的改善，又涉及长远的产品和服务的革新。内部业务流程层面指标涉及企业的改良与创新过程、经营过程和售后服务过程。

（4）学习与成长层面

学习与成长层面主要考核企业的持续发展能力，企业是否有能力不断创新、改善，从而实现持续增长，包括人员、信息系统和企业组织三方面。学习与成长层面的目标为其他三个层面的宏大目标提供了基础架构，是驱使上述三个层面获得卓越成果的动力。面对激烈的全球竞争，企业今天的技术和能力已无法确保其实现未来的业务目标。削减对企业学习与成长能力的投资虽然能在短期内增加财务收入，但由此造成的不利影响将在未来给企业带来沉重打击。学习与成长层面指标涉及员工的能力、信息系统的能力与激励、授权与相互配合。

更进一步而言，平衡计分卡的发展过程中特别强调描述策略背后的因果关系，借客户层面、内部业务流程层面、学习与成长层面目标的完成而达到最终的财务层面目标。

2. 指标体系的平衡

平衡计分卡四个层面涉及的指标体系包含以下五项平衡。

① 财务指标和非财务指标的平衡。企业考核的一般是财务指标，而对非财务指标（客户、内部业务流程、学习与成长）的考核很少，即使有对非财务指标的考核，也只是定性的说明，缺乏量化的考核，缺乏系统性和全面性。

② 企业的长期目标和短期目标的平衡。平衡计分卡是一套战略执行的管理系统，如果以系统的观点来看平衡计分卡的实施过程，则战略是输入，财务是输出。

③ 结果性指标与动因性指标的平衡。平衡计分卡以有效完成战略为动因，以可衡量的指标为目标管理的结果，寻求结果性指标与动因性指标之间的平衡。

④ 企业组织内部群体与外部群体的平衡。平衡计分卡中，股东与客户为外部群体，员工和内部业务流程是内部群体，平衡计分卡可以发挥在有效执行战略的过程中平衡这些群体间利益的重要性。

⑤ 领先指标与滞后指标之间的平衡。财务、客户、内部业务流程、学习与成长这四个层面包含了领先指标和滞后指标。财务指标就是一个滞后指标，它只能反映企业上一年度发生的情况，不能告知企业如何改善业绩和可持续发展。而对于后三项领先指标的关注，企业可以达到领先指标和滞后指标之间的平衡。

三、平衡计分卡的应用程序

平衡计分卡应用的一般程序主要包括制定战略地图、制订以平衡计分卡为核心的绩效计划、制定战略性行动方案、执行绩效计划与激励计划等。

1. 制定战略地图

企业首先应制定战略地图，即基于企业愿景与战略规划，将战略规划目标及其因果关系、价值创造路径以图示的形式直观、明确、清晰地呈现出来。战略地图基于战略主题构建，战略主题反映企业价值创造的关键业务流程，每个战略主题包括相互关联的1~2个战略规划目标。

（1）战略地图标准模板

战略地图是以平衡计分卡的四个层面（财务层面、客户层面、内部业务流程层面、学习与成长层面）的目标为核心，通过分析这四个层面目标的相互关系而绘制的战略因果关系图。战略地图是在平衡计分卡的基础上发展来的，与平衡计分卡相比，它增加了两个层次的内容：一是颗粒层，每一个层面下都可以分解为多个要素；二是动态层，即战略地图是动态的，可以结合战略规划过程来绘制。

战略地图的核心内容主要是企业通过运用人力资本、信息资本和组织资本等无形资产（学习与成长），创新和建立战略优势和效率（内部业务流程），进而使企业把特定价值带给市场（客户），从而实现股东价值（财务）。战略地图的标准模板既保留了平衡计分卡的基本框架，同时在财务、客户、内部业务流程和学习与成长这四个层面有所发展，表现的内容更加细致，如图7-2所示。

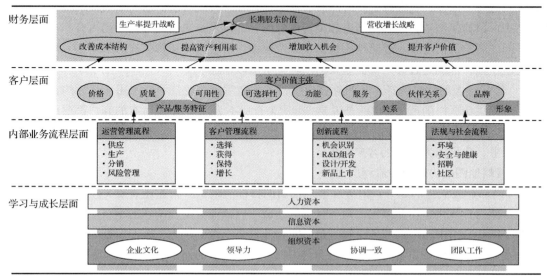

图7-2 战略地图标准模板

① 战略地图的财务层面。

衡量一个战略是否得到有效执行，要通过长期股东价值来判断，这与传统判断战略执行的标准一致。战略地图强调股东价值的长期性，因此可以将股东的价值继续分解为生产率提升战略和营收增长战略。生产率提升战略考虑的是企业短期财务成果的实现，营收增长战略则强调企业长期财务成果的实现。在财务层面，战略地图追求财务目标的长短期战略平衡，同时也为战略地图的整体框架奠定了基础。

A. 生产率提升战略。从生产率提升战略的角度看，要使企业短期财务成果得到改善，有两个具体方法：一是改善成本结构，降低成本费用。二是提高资产利用率，通过提升现有资产的管理能力，提高现有资产利用效率；或者进行增量投资，改善现有生产能力。通过这两种方法，可以促进企业生产率提升战略的执行，短期内获得股东满意度。

B. 营收增长战略。从营收增长战略的角度看，一是要增加收入机会，可以理解为开发新产品、开发新客户和开发新市场等，即开辟新的收入来源。二是要提升客户的价值，即改善现有客户的盈利性，提升客户的价值。

② 战略地图的客户层面。

为了实现财务层面的目标，应将如何满足客户的价值需求作为出发点，而客户层面的战略基础是差异化的客户价值主张。

A. 客户价值主张。在客户层面，战略地图引入了一个新概念——客户价值主张。平衡计分卡强调要想使股东满意，必须做到客户满意，而要使客户满意，必须了解客户需求。企业满足了客户需求，就意味着为客户创造了价值。客户价值主张就是企业以什么样的方式来为客户创造价值或者传递价值。客户价值主张可以分解为以下三方面。

第一，企业提供的产品、服务特征。这方面关注的是客户体验，也就是产品能为客户带来什么价值，能为客户带来和其他竞争对手不一样的感受和体验。其可以进一步细分为"价格、质量、可用性、可选择性、功能"等，这些都是描述产品、服务特征的具体要素。第二，企业和客户的关系。这方面主要关注的是客户关系维护，可以通过企业提供的服务、和客户建立的伙伴关系得到具体的描述。第三，企业以怎样的品牌、形象出现在客户的面前。这主要关注的是新产品和业务的品牌形象如何塑造，品牌知名度和美誉度的内容，以及未来新业务的市场占有率。不同的企业有不同的客户价值主张。战略地图提供了一个模型，不管企业选择怎样的战略、采取什么样的客户价值主张，都能通过客户价值主张的三种类型加以描述。

B. 客户层面的战略选择。在明确客户价值主张之后，企业就明确了用什么样的方式向什么样的客户提供什么样的产品，也就是说要"有所为有所不为"。不是说所有的客户都要成为企业的目标客户，有的可能不是企业的目标客户；企业的产品也不是为100%的客户服务的，可能为10%的客户服务，也可能为80%的客户服务。

③ 战略地图的内部业务流程层面。

A. 内部业务流程的划分。财务和客户层面的目标清晰了，企业还需要关注提升内部业务流程的运营能力，优化运作，以保障财务目标的达成。内部业务流程阐述的是企业如何进行经营运作。在平衡计分卡中，内部业务流程是每一家企业最具个性的层面，企业所处的行业不同，战略不同，在流程方面也一定不同。战略地图将内部业务流程分为四个方面：运营管理流程、客户管理流程、创新流程、法规与社会流程。"运营管理流程"是指企业的关键业务运作流程，是生产和交付产品和服务的流程，包括供应、生产、分销、风险管理等。"客户管理流程"是指企业如何更好地服务于客户，满足客户需求，提高客户价值的流程，包括选择、获得、保持、增长等。"创新流程"是为了满足客户层面的目标，企业内部需要做哪些流程革新，以适应新的目标的流程，包

07

括机会识别、R&D 组合、设计/开发、新品上市等。"法规与社会流程"是一个风险控制流程，是改善社区和环境的流程，主要解决如何降低客户投诉等方面的问题，包括环境、安全和健康、招聘、社区等。结合财务目标的长短期战略平衡，四个流程的排列是有一定顺序的。排列的标准是为股东创造价值的周期的长短，排在最前面的"运营管理流程"可以使企业在半年到一年之内见到有形的财务指标。但是如果要进行创新，可能需要一年、两年甚至更多的时间。"法规与社会流程"是企业基业长青所必备的基础流程。因此，这四个流程创造价值的周期各不相同，在图 7-2 中从左到右，对利润的影响时间越来越长。

B. 内部业务流程层面的战略选择。内部业务流程是为客户和股东创造价值的层面，不同的企业有不同的流程，但战略地图强调，在选择这些流程的时候，一定要考虑哪些流程是短期内能为股东和客户创造价值的，哪些流程是能长期为股东和客户创造价值的。这就是内部业务流程的战略选择，也是内部业务流程层面最核心的思想。

④ 战略地图的学习与成长层面。

战略地图将学习与成长这个层面基于无形资产的角度划分为三大类：人力资本、信息资本、组织资本。"人力资本"主要解决的问题是为了满足上述三个层面的目标，企业如何准备人力资源，如何使人力资源的数量和素质达到支撑三个层面目标的要求，包括技能、培训、知识等。"信息资本"主要解决如何利用信息技术改善沟通成本，提高工作效率的问题，包括系统、数据库、网络等。"组织资本"主要解决组织氛围营造的问题，包括企业文化、领导力、团队工作等。卡普兰和诺顿强调，无形资产本身并不能创造价值，无形资产要为企业创造价值，必须和企业选定的关键战略流程进行配合。通过战略的支持，无形资产可以被转变为有形收入。无形资产与内部业务流程相配合的程度或者无形资产满足内部关键战略流程要求的程度，称为"无形资产战略准备度"，具体又可细分为人力资本准备度、信息资本准备度和组织资本准备度。战略准备度状态越好，无形资产协助内部业务流程创造更高价值的速度就越快。人力资本、ERP 系统、信息化软件等能不能与内部业务流程相配合，是无形资产价值能否实现的关键。因此，学习与成长层面的战略选择应以提升无形资产战略准备度为主题。

（2）绘制战略地图

第一步，确定股东价值差距（财务层面）。首先，确定高层财务目标（或使命）和指标；其次，确定目标值和价值差距；最后，把价值差距分配到营收增长和生产率提升目标中。如股东期望企业五年后销售收入能够达到五亿元，但是企业目前只达到一亿元，距离股东的价值预期还差四亿元，这个预期差就是企业的总体目标。

第二步，调整客户价值主张（客户层面）。首先，阐明目标细分市场；其次，阐明客户价值主张；最后，选择指标，使客户目标和财务增长目标协调。要弥补股东价值差距，要实现四亿元销售额的增长，应该对现有客户进行分析，调整企业的客户价值主张。客户价值主张主要有四种：总成本最低、强调产品创新和领导、强调提供全面客户解决方案和系统锁定。

第三步，确定价值提升时间表。制定缩小价值差距的时间表，把价值差距分配给不同的战略主题。针对五年实现四亿元股东价值差距的目标，要确定提升的时间表：第一年提升多少，第二年至第五年各提升多少。

第四步，确定战略主题（内部业务流程层面），确定对战略实现有重要影响的少数关键流程（战略主题）。设定指标和目标值要找关键的流程，确定企业短期、中期、长期做什么事。企业有四个关键内部业务流程：运营管理流程、客户管理流程、创新流程、法规与社会流程。

07

第五步，提升战略准备度（学习与成长层面），确定支持战略流程所要求的人力、信息和组织资本，评估支持战略的无形资产准备度，确定指标和目标值。分析企业现有无形资产的战略准备度，具备或者不具备支撑关键流程的能力，如果不具备，找出办法来予以提升。企业无形资产分为三类：人力资本、信息资本、组织资本。

第六步，形成行动方案。确定支持业务流程和开发无形资产的具体行动方案，确定并筹集战略执行所需资金及其他资源。根据前面确定的战略地图以及相对应的不同目标、指标和目标值，制定一系列的行动方案，配备资源，形成预算。

2. 制订以平衡计分卡为核心的绩效计划

战略地图制定后，应以平衡计分卡为核心编制绩效计划。绩效计划是企业开展绩效评价工作的行动方案，包括构建平衡计分卡指标体系、分配平衡计分卡指标权重、确定平衡计分卡绩效目标值、选择计分方法和评价周期、签订绩效责任书等一系列管理活动。制订绩效计划通常从企业级开始，层层分解到所属单位（部门），最终落实到具体岗位和员工。

（1）构建平衡计分卡指标体系

平衡计分卡指标体系的构建应围绕战略地图，从财务、客户、内部业务流程和学习与成长层面，进行相应指标的设计。平衡计分卡指标体系分为企业级、所属单位（部门）级、岗位（员工）级三级指标。

首先，制定企业级指标体系。根据企业层面的战略地图，每个战略主题的目标都设定相应指标，每个目标至少应设计1个指标。

其次，制定所属单位（部门）级指标体系。依据企业级战略地图和指标体系，制定所属单位（部门）的战略地图，确定相应的指标体系，协同各所属单位（部门）的行动与企业战略目标一致。

最后，制定岗位（员工）级指标体系。根据企业、所属单位（部门）的战略地图和指标体系，按照岗位职责形成岗位（员工）级指标体系。

构建平衡计分卡指标体系时，企业应以财务层面为核心，其他层面的指标都应与核心层面的一个或多个指标相联系。通过梳理核心层面目标的实现过程，确定每个层面的关键驱动因素，结合战略主题，选取关键绩效指标。平衡计分卡每个层面的指标通常设定为4~7个，总数量一般不超过25个。

① 财务层面指标体系的构建。

财务层面描述了战略目标的有形成果。财务绩效指标可以显示企业的战略及其实施和执行是否对改善企业盈利做出贡献。财务目标通常与获利能力有关，企业常用指标主要包括投资资本回报率、净资产收益率、经济增加值、息税前利润、自由现金流、资本负债率和总资产周转率等。

投资资本回报率，是指息前税后利润占全部投资资本的比例，反映企业在会计期间有效利用投资资本创造回报的能力。息前税后利润是扣税不扣息的利润，投资资本回报率的计算公式如下。

$$投资资本回报率 = 息前税后利润 / 投资资本平均余额$$

$$息前税后利润 = 税前利润 \times (1-所得税税率) + 利息支出$$

$$投资资本平均余额 = (期初投资资本余额 + 期末投资资本余额) / 2$$

$$投资资本 = 有息债务 + 所有者权益$$

净资产收益率，又称股东权益报酬率、净值报酬率、权益报酬率、权益利润率、净资产利润率，是净利润与平均股东权益的百分比，是企业税后利润除以净资产得到的比率。该指标反映股东权益的收益水平，用以衡量企业运用自有资本的效率。净资产收益率的计算公式如下。

$$净资产收益率=净利润/平均股东权益$$

经济增加值，是指税后净营业利润中扣除包括股权和债务的全部投入资本成本后的净额。经济增加值的计算公式如下。

$$经济增加值=税后营业净利润-资本总成本$$
$$=税后营业净利润-平均资本占用×加权平均资本成本率$$

息税前利润，是指不扣除利息也不扣除所得税的利润，也称为息前税前利润，是企业当年实现税前利润与利息支出的合计数。息税前利润的计算公式如下。

$$息税前利润=税前利润+利息支出$$

自由现金流，是指企业产生的、在满足了再投资需要后剩余的现金流量，这部分现金流量是在不影响企业可持续发展的前提下可供分配给企业资本供应者的最大现金额。自由现金流是指企业经营活动产生的净现金流量扣除付现资本性支出的差额。自由现金流的计算公式如下。

$$自由现金流=经营活动产生的净现金流量-付现资本性支出$$

资本负债率，是指企业某一会计期末有息债务与股东权益和有息债务之和的比率，是衡量企业财务杠杆使用情况和偿债能力的指标，计算公式如下。

$$资本负债率=有息债务÷（有息债务+股东权益）$$

总资产周转率，是指企业一定时期的营业收入净额与平均资产总额之比，反映总资产在一定会计期间内周转的次数，计算公式如下。

$$总资产周转率=营业收入净额/平均资产总额$$

【例 7-3】某企业财务层面指标的构建如表 7-11 所示。

表 7-11　　　　　　　　　　财务层面指标的构建

战略主题	战略目标	指标
营收增长战略	提高现有产品贡献	现有产品销售增长率
	增加新的收入机会	国际市场销量
		新产品销量
生产率提升战略	改善成本结构	经营现金流量
	提高资产使用率	资产周转率

② 客户层面指标体系的构建。

客户层面界定了目标客户的价值主张，确立了企业将竞争的客户和市场。企业应以目标客户和目标市场为导向，专注于满足核心客户，而非满足所有客户的偏好。在此基础上，梳理清晰的战略目标，然后将这些目标细化为具体的指标。常用指标主要有市场份额、客户获得率、客户保持率、客户获利率和战略客户数量等。

市场份额，也称市场占有率，是指某企业某一产品（或品类）的销售量（或销售额）在市场同类产品（或品类）中所占比重，反映企业在市场上的地位。通常市场份额越高，竞争力越强。市场份额有 3 种基本测算方法：一是总体市场份额，指某企业销售量（额）在整个行业中所占比重。二是目标市场份额，指某企业销售量（额）在其目标市场，即其所服务的市场中所占比重。三是相对市场份额，指某企业销售量（额）与市场上最大竞争者销售量（额）之比，若高于 1，表明其为这一市场的领导者。

07

客户获得率，也称新客户获得率，是指企业在争取新客户时获得成功部分的比例，反映企业挖掘潜在市场、扩大市场占有率的能力，同时也从侧面反映了企业在公众心目中的声誉。一般计算公式如下：

$$客户数量增长率=（本期客户数量-上期客户数量）/上期客户数量$$

$$客户交易额增长率=（本期客户交易额-上期客户交易额）/上期客户交易额$$

客户保持率，是指企业继续保持与老客户交易关系的比例。一般计算公式如下：

$$现有客户交易增长率=（本期客户交易额-上期客户交易额）/上期客户交易额$$

客户获利率，是评估一个客户或一个部门净利润的指标。一般计算公式如下。

$$单一客户获利率=单一客户净利润/单一客户总成本$$

战略客户数量，是指对企业战略规划实现有重要作用的客户的数量。

【例7-4】某企业客户层面指标的构建如表7-12所示。

表7-12　　　　　　　　　　　　客户层面指标的构建

战略主题	战略目标	指标
可信赖的产品引领者	提升市场占有率	市场占有率
	建立领先品牌	品牌知名度
共赢持久的经销商关系	与重点客户共赢	重点客户流失率
	提升客户价值	客户毛利率
	提高服务质量	完美订单履行率

③ 内部业务流程层面指标体系的构建。

内部业务流程层面确定了对战略目标产生影响的关键流程，这些流程帮助企业明确客户价值主张，以吸引和留住目标市场的客户，并满足股东对卓越财务回报的期望。建立平衡计分卡的顺序，通常是在制定财务和客户层面的目标和指标后，才制定企业的内部业务流程层面的目标与指标，这个顺序使企业能够抓住重点，专心衡量与股东和客户目标息息相关的流程。内部业务流程绩效考核应以对客户满意度和实现财务目标影响最大的业务流程为核心，内部业务流程指标既包括短期现有业务的改善，又涉及长远的产品和服务的革新。企业常用指标有交货及时率、生产负荷率、产品合格率和存货周转率等。

交货及时率，是指企业在一定会计期间内及时交付的订单数占这段时间总的交付订单数的比例，计算公式如下。

$$交付及时率=及时交付的订单数/总的交付订单数×100\%$$

生产负荷率，是指投产项目在某一会计年度的产品产量与年设计生产能力的比例。其计算公式如下。

$$生产负荷率=实际产量/设计生产能力×100\%$$

产品合格率，是指合格产品占产品总数的比例，计算公式如下。

$$产品合格率=合格产品数量/总产品数量×100\%$$

存货周转率，也称存货周转次数，是指企业一定时期营业成本（销货成本）与平均存货余额的比率。存货周转率用于反映存货的周转速度，存货周转率有两种不同计价基础的计算方式。

一是以成本为基础计算的存货周转率，即一定时期内企业销货成本与存货平均余额的比率，它反映企业流动资产的流动性，主要用于流动性分析。其计算公式如下。

成本基础的存货周转率=营业成本/存货平均余额

存货平均余额=（期初存货+期末存货）/2

二是以收入为基础计算的存货周转率，即一定时期内企业营业收入与存货平均余额的比率，主要用于获利能力分析。其计算公式如下。

收入基础的存货周转率=营业收入/存货平均余额

【例7-5】某企业内部业务流程层面指标的构建如表7-13所示。

表7-13　　　　　　　　　　　　内部业务流程层面指标的构建

战略主题	战略目标	指标
运营管理流程	加强订单实现管理	生产计划变更次数
		及时供货率
	提高投入产出比	单位产品生产周期
		制造成本降低率
	消除质量隐患	产品一次检验合格率
客户管理流程	加大品牌宣传	主流媒体宣传力度
	创建高度忠诚的客户	重点客户拜访率
创新流程	快速推出新产品	每年新产品推出数量
	提高研发效率	研发计划执行率
	丰富产品线	立项新产品数量
		申请专利数量
法规与社会流程	提高产品质量业绩	各项质量认证通过率
	提高环境绩效	安全环保达标率
	维护社会关系	负面报道次数

④ 学习与成长层面指标体系的构建。

学习与成长层面确定了对战略最重要的无形资产，确立了企业要创造长期的成长和改善必须建立的基础框架，确立了未来成功的关键因素，是驱使前三个层面获得卓越成果的动力。平衡计分卡的前三个层面一般会揭示企业的实际能力与实现突破性业绩所必需的能力之间的差距，为了弥补这个差距，企业必须投资于员工技术的提升、组织程序和日常工作的理顺，这些都是平衡计分卡学习与成长层面追求的目标。学习与成长层面指标涉及员工的能力、信息系统的能力与激励、授权与相互配合等。企业常用指标有员工流失率、员工生产率、培训计划完成率等。

员工流失率是指企业一定会计期间内离职员工占平均员工人数的比例。一般计算公式如下。

员工流失率=员工流失人数/平均员工人数×100%

员工保持率=1-员工流失率

员工生产率是指员工在一定会计期间内创造的劳动成果与其相应员工数量的比值。该指标可用人均产品生产数量或者人均营业收入进行衡量。一般计算公式如下。

人均产品生产数量=本期产品生产数量/生产人数

人均营业收入=本期营业收入/员工人数

培训计划完成率，是指培训计划实际执行的总时数占培训计划总时数的比例。一般计算公式如下。

07

培训计划完成率=培训计划实际执行的总时数/培训计划总时数

【例7-6】某企业学习与成长层面指标的构建如表7-14所示。

表7-14　　　　　　　　　　　　　　学习与成长层面指标的构建

战略主题	战略目标	指标
提升人力资本准备度	提升关键岗位准备度	关键岗位胜任率
		员工满意度
提升信息资本准备度	增强信息收集的有效性	现有产品销售增长率
	支持业务流程变革	国际市场销量
		新产品销量
提升组织资本准备度	增强协调一致性	经营现金流量
	提升领导力	资产周转率

（2）分配平衡计分卡指标权重

平衡计分卡指标的权重分配应以战略目标为导向，反映被评价对象对企业战略目标贡献或支持的程度，以及各指标之间的重要性水平。企业绩效指标权重一般设定在5%～30%，对特别重要的指标可适当提高权重。对特别关键、影响企业整体价值的指标可设立"一票否决"制度，即如果某项绩效指标未完成，无论其他指标是否完成，均视为未完成绩效指标。

（3）确定平衡计分卡绩效目标值

平衡计分卡绩效目标值应根据战略地图的因果关系分别设置。首先，确定战略主题的目标值；其次，确定主题内的目标值；最后，基于平衡计分卡评价指标与战略目标的对应关系，为每个评价指标设定目标值，通常设计3～5年的目标值。平衡计分卡绩效目标值确定后，应规定因内外部环境发生重大变化、自然灾害等不可抗力对绩效完成结果产生重大影响时，对目标值进行调整的办法和程序。一般情况下，应由被评价对象或评价主体测算确定影响程度，向相应的绩效管理工作机构提出调整申请，报薪酬与考核委员会或类似机构审批。

选择计分方法和评价周期、签订绩效责任书等可参照任务一相关内容。

3. 制定战略性行动方案

绩效计划与激励计划制订后，企业应在战略主题的基础上，制定战略性行动方案，实现短期行动计划与长期战略目标的协同。战略性行动方案的制定主要包括以下内容。

（1）选择战略性行动方案

制定每个战略主题的多个行动方案，并从中区分、排序和选择最优的战略性行动方案。

（2）提供战略性资金

建立战略性支出的预算，为战略性行动方案提供资金支持。

（3）建立责任制

明确战略性行动方案的执行责任方，定期回顾战略性行动方案的执行进程和效果。

4. 执行绩效计划与激励计划

具体的绩效计划与激励计划的执行、实施及编制参考任务一相关内容。

① 绩效计划与激励计划执行过程中，企业应按照纵向一致、横向协调的原则，持续地推进组织协同，将协同作为一个重要的流程进行管理，使企业和员工的目标、职责与行动保持一致，创造协同效应。

② 绩效计划与激励计划执行过程中，企业应持续深入地开展流程管理，及时识别存在问题的关键流程，根据需要对流程进行优化完善，必要时进行流程再造，将流程改进计划与战略目标相协同。

平衡计分卡的实施是一项长期的管理改善工作，在实践中通常采用先试点后推广的方式，循序渐进，分步实施。

 视野拓展

【案例】有一位本领高超的木匠，因为年事已高就要退休了。他告诉老板，他想离开建筑业，然后和妻子儿女享受一下轻松自在的生活。老板实在是有点舍不得这样好的木匠离去，所以希望他能在离开前再盖一栋具有个人品位的房子。木匠欣然答应了，不过令人遗憾的是，这一次他并没有很用心。他草草地用劣质的材料就把这栋房子盖好了。其实，用这种方式来结束他的事业生涯，实在是有些不妥。房子落成后，老板来看了看，然后把大门的钥匙交给这个木匠说："这就是你的房子了，是我送给你的一个礼物！"木匠实在是太惊讶了，当然也非常后悔。因为如果他知道这栋房子是他自己的，他一定会用最好的木材，用最精致的工艺来把它盖好。

【分析】我们每个人自己正在做的工作，归根结底都是在准备为自己建造一栋房子。如果我们不肯努力地去做，那么我们只能住进自己为自己建造的最后的也是最粗糙的"房子"里。

【延伸】同学们，工匠精神就是在平凡中孕育伟大。如果你真正地珍惜自己的生命，就请立足于平凡，做好自己岗位上的工作吧！

四、平衡计分卡的优缺点

应用平衡计分卡进行绩效管理的优缺点如下。

1. 优点

① 平衡计分卡将战略目标逐层分解，转化为被评价对象的绩效指标和行动方案，使整个组织行动协调一致。

② 平衡计分卡从财务、客户、内部业务流程、学习与成长四个层面确定绩效指标，使业绩评价更为全面完整。

③ 平衡计分卡将学习与成长作为一个层面，注重员工的发展和人力资本、信息资本、组织资本等无形资产的开发利用，有利于增强企业可持续发展的动力。

2. 缺点

① 应用平衡计分卡专业技术要求高，工作量比较大，操作难度也较大，需要持续地沟通和反馈，实施比较复杂，实施成本高。

② 平衡计分卡各指标权重在不同层级及各层级不同指标之间的分配比较困难，且非财务指标的量化工作难以落实。

③ 平衡计分卡系统性强、涉及面广，需要专业人员的指导、企业全员的参与和长期修正与完善，对信息系统、管理能力有较高的要求。

【例7-7】金元科技集团（以下称"金元公司"）利用生物净化技术对土壤、农家肥和水进行解毒、净化和修复，并通过吸附土壤重金属、采用生物植物保护剂防治虫害，在华东生产基地成功试产了高于欧盟、日本标准的有机大米。金元公司采用"政府+公司+大米专业合作社+农户"

07

的协议式生产模式，通过向农户无偿提供生产资料和技术服务，保证了大米的质量和产量。目前，该有机大米的收购价格高于普通大米市场收购价的 120%，有机大米的市场零售价格是普通大米的 10 倍以上，产品主要目标市场是日本、东南亚和国内的主要大城市。

为了确保对产品质量的控制，金元公司自主研发核心技术、培养专业技术人才。公司在有机大米市场占有率逐年快速增长后，位居同类产品销售额第一名，环保、安全、健康的产品理念契合了追求生活品质的消费群体，有机大米的品质和品牌逐渐被消费者高度认可并拥有一些忠实消费者。金元公司在生产有机大米的良好基础上，还生产其他有机农产品，包括水产品、蔬菜和水果，并先后在河北、山东、四川等地建成了邮寄农产品基地。

金元公司采用财务和非财务指标进行业绩考核，公司层面的财务指标主要有销售额、销售费用率、净利润、流动比率、速动比率和资产负债率，其他指标主要有市场占有率。

为了提升自身产品的竞争力，金元公司通过购买竞争对手的产品并对其进行研究，从而缩小与竞争对手的差距。

要求：（1）指出通过对比平衡计分卡的业绩衡量方法，针对金元公司的业绩考核应当补充哪些指标。

（2）指出金元公司采用的是对标管理中的哪类标杆，并说明采用标杆评价业绩时需要注意的问题。

解析：

（1）金元公司应采用财务和非财务指标进行业绩考核，可以参考平衡计分卡，对业绩考核指标进行补充。平衡计分卡是采用多重指标，从财务、客户、内部业务流程和学习与成长四个层面对企业或分部进行绩效评价的一种系统化的方法。

财务层面，建议补充销售毛利率、投资回报率、存货周转率和应收账款周转率等指标。销售毛利率反映产品的盈利能力，投资回报率有利于投资者评估和比较投资回报，存货周转率和应收账款周转率反映企业运营效率。

客户层面，建议补充客户满意度指标，从而反映已售产品的质量问题，并为客户提供意见反馈渠道。

学习与成长层面，建议补充员工培训比率与周期、储备人才比率等指标，以提高技术专业人才储备的管理。

内部业务流程层面，建议补充新产品收入占销售额的比重等指标。

（2）金元公司采用的是行业标杆。采用标杆管理来评价业绩时，需注意以下几点。

① 不要事事都以最佳实践为标杆，任何公司都无法在所有事情上做到最好。

② 将战略上对公司最重要的最佳流程或作业作为标杆。

③ 对于不太重要的辅助作业，从内部、地区或者行业内寻找标杆。

07

任务实施

任务资料和任务目标见本任务的"任务导入"，具体任务实施过程如下。

第一步，计算华强公司平衡计分卡绩效指标体系的各项指标值。

销售增长率=（34 164 000-24 350 000）÷24 350 000×100%=40.3%

总资产周转率=34 164 000÷[（32 183 880.16+37 840 606.14）÷2]=0.98（次）

老客户交易增长率=（26 075 860.00-19 645 800.00）÷19 645 800.00×100%=32.73%

新客户数量增长率=（15-10）÷10×100%=50.00%

客户满意度=（1+22）÷25×100%=92%

经销商满意度=（0+4）÷5×100%=80%

新产品推出数量=0（个）

存货周转率=22 140 809÷[（515 634+592 122）÷2]=39.97（次）

产品合格率=（41 420+41 150+37 780+40 860）÷（42 900+42 000+39 200+42 300）×100%=96.88%

重点客户拜访率=100%

交货及时率=（29+36+39+32）÷（30+38+42+34）×100%=94.44%

环保达标率=100%

事故次数=3（次）

人均营业收入=34 164 000÷90=379 600（元）

培训计划完成率=（25+26+26+28）÷（30+30+30+30）×100%=87.5%

外部获取信息的满意度=（36+43）÷90×100%=87.78%

员工流失率=5÷90×100%=5.56%

第二步，计算华强公司授予激励奖金总额度。

准备授予员工的奖金池=年度净利润×计划授予净利润比例×平衡计分卡指标综合得分÷100

准备授予员工的奖金池=5 567 040.28×8%×80.91÷100=360 343.38（元）

第三步，计算华强公司奖金分配标准。

高级管理人员岗位总系数=1.5×1=1.5

中层管理人员岗位总系数=1.2×9=10.8

普通管理人员岗位总系数=0.8×80=64

分配总系数=Σ岗位总系数=1.5+10.8+64=76.3

奖金分配标准=奖金池总金额÷分配总系数=360 343.38÷76.3=4 722.72（元）

第四步，计算华强公司各岗位绩效总奖金。

岗位绩效总奖金=分配标准×对应岗位总系数

普通管理人员岗位绩效总奖金=4 722.72×64=302 254.08（元）

中层管理人员岗位绩效总奖金=4 722.72×10.8=51 005.38（元）

高级管理人员岗位绩效总奖金=360 343.38-302 254.08-51 005.38

=7 083.92（元）

07

 ## 课后巩固与提升

一、单项选择题

1. 下列关于经济增加值的表述中正确的是（   ）。

    A. 经济增加值是利润总额扣除全部投入资本的成本后的剩余收益

    B. 经济增加值是净营业利润扣除债务成本后的剩余收益

    C. 经济增加值是净营业利润扣除全部投入资本的成本后的剩余收益

D. 经济增加值是净营业利润扣除股东投资成本后的剩余收益

2. 以下不属于短期薪酬激励计划的是（　　　）。

A. 股票期权　　　　B. 绩效工资　　　　C. 绩效奖金　　　　D. 绩效福利

3. 平衡计分卡指标体系构建时，属于核心维度的是（　　　）。

A. 客户维度　　　　　　　　　　　　B. 内部业务流程维度

C. 财务维度　　　　　　　　　　　　D. 学习与成长维度

4. 平衡计分中为股东和客户设置的指标是（　　　）。

A. 财务指标　　　　B. 非财务指标　　　　C. 内部指标　　　　D. 外部指标

5. 生产率提升战略考虑的是（　　　）。

A. 长期财务成果的实现　　　　　　　B. 短期财务成果的实现

C. 长、短期财务成果兼顾　　　　　　D. 不很明确

6. 以下属于运营管理流程战略目标的是（　　　）。

A. 加大品牌宣传　　B. 维护社会关系　　C. 丰富产品线　　D. 提高投入产出比

7. 企业要保持和客户共赢、持久的经销商关系，应制定的战略目标是（　　　）。

A. 提升市场占有率　　　　　　　　　B. 建立领先品牌

C. 提高服务质量　　　　　　　　　　D. 以上都不是

二、多项选择题

1. 我国《管理会计应用指引》规定的绩效管理原则有（　　　）。

A. 战略导向原则　　　　　　　　　　B. 客观公正原则

C. 科学有效原则　　　　　　　　　　D. 权变性原则

2. 不列属于绩效管理工具方法的有（　　　）。

A. 关键绩效指标法　　　　　　　　　B. 经济增加值法

C. 平衡计分卡　　　　　　　　　　　D. 股权激励

3. 下列属于绩效管理应用环境影响因素的有（　　　）。

A. 薪酬与考核委员会　　　　　　　　B. 绩效管理工作机构

C. 绩效管理制度体系　　　　　　　　D. 信息系统

4. 平衡计分卡指标体系所包含的平衡有（　　　）。

A. 短期目标与长期目标的平衡　　　　B. 财务指标与非财务指标的平衡

C. 结果性指标与动因性指标的平衡　　D. 内部利益与外部利益的平衡

5. 以下属于财务绩效指标的有（　　　）。

A. 净资产收益率　　B. 经济增加值　　C. 总资产周转率　　D. 存货周转率

6. 确定绩效目标值可参考的标准有（　　　）。

A. 标杆标准　　　　B. 历史标准　　　　C. 行业标准　　　　D. 预算标准

三、判断题

1. 企业在运用关键绩效指标法时应当只评价与其战略目标实现关系最密切的少数关键绩效指标。（　　　）

2. 企业在编制绩效计划与激励计划时，应当按照上下结合、分级编制、逐级分解的程序进行。（　　　）

3. 绩效管理应为企业实现战略目标服务，如果没有战略目标作为基础，绩效管理体系就没有

了依托。（　　）

4. 审批后的绩效计划与激励计划，可以正式文件的形式下达执行，也可以口头的形式下达执行。（　　）

5. 平衡计分卡绩效目标值确定后，不得随意调整。（　　）

6. 经济增加值为正，表明经营者在为企业创造价值；经济增加值为负，表明经营者在损毁企业价值。（　　）

07

项目八

企业管理会计报告

案例导读 ↓

业财税一体化型财务共享中心在大型企业集团的构建

甲集团有限公司（以下简称甲公司）成立于20×1年，是一家经营范围涵盖工程施工、设计、装备制造、资本营运、房地产开发、物资贸易等领域，并具有对外经营权的特大型企业集团。集团各分公司、子公司为项目管理的主体，项目部为企业派出机构，以项目为管理对象，代表企业协调外部关系、指挥施工生产，并对工期、成本效益、安全、质量、相关的经济、法律责任负责。

甲公司的财务组织结构采取的是"集团—分公司及子公司—项目部"的三层级管理，集团财务部负责公司资金管理、财务分析、资产管理、融资管理、会计核算、稽核会计、报表决算、税务管理、报表编制、财务风险管理等工作，同时负责指导分公司及子公司的财务管理工作。分公司及子公司实行独立核算，财务部内部一般也会设置会计核算、报表编报、资金管理、税务管理等岗位。项目部的财务部通常设置项目财务主管、项目会计和项目出纳岗位。

针对财务职能模糊不利于业绩考核、财务职能的决策支持能力有限、财务管控能力不足、存在信息孤岛现象等问题，甲公司通过构建具备"流程化、标准化、一体化、信息化、智能化"为特征的"业财税"一体化管控型财务共享服务中心，同时建设合同管理、资产管理、税务管理、项目管理、人力资源管理、供应链管理、房地产成本管理等系统，打通数据壁垒，有效控制了数据失真等风险，提升了集团精益化管理水平，促进了战略实施的落地。

思维导图 ↓

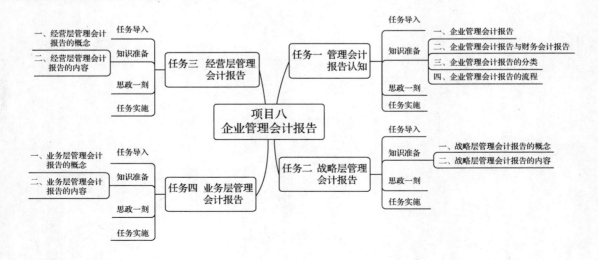

任务一　管理会计报告认知

学习目标

素质目标：具备诚信品质、敬业精神，遵守职业道德，热爱管理会计工作。

知识目标：了解管理会计报告的概念，掌握管理会计报告和财务会计报告的联系与区别，了解管理会计报告的分类。

技能目标：能正确编制管理会计报告。

任务导入

任务资料：重庆南方摩托车有限责任公司（以下简称"南方摩托"）为增强产业整体的市场抗风险能力，充分应用管理会计的内部管理报告工具，重点从产品、产业、人员、资产、资金、费用等方面进行数据梳理和匹配分析，揭示管理短板、资源现状及其配置效率、价值创造能力等问题，并查找原因，制定措施，形成报告，力求从财务、业务等多方面为公司明确战略方向、落实规划措施提供有力的量化支撑。（资料来源：《财务与会计》2015 年第 2 期）

任务目标：

了解南方摩托应用内部管理会计报告实践的步骤。

知识准备

政策依据：《管理会计基本指引》《管理会计应用指引第 801 号——企业管理会计报告》。

一、企业管理会计报告

管理会计报告是为企业各个层级进行规划、决策、控制和评价等管理活动提供有用信息的有效工具。

企业管理会计报告

根据《管理会计应用指引第 801 号——企业管理会计报告》第二条规定，企业管理会计报告，是指企业运用管理会计方法，根据财务和业务的基础信息加工整理形成的，满足企业价值管理和决策支持需要的内部报告。

管理会计报告是管理会计活动信息的载体，通过文字描述的形式为企业管理会计活动提供决策信息支持。管理会计报告是在财务会计报告的基础上编制而成的，通过融合财务信息和非财务信息，运用多种管理会计活动的方法，对企业经营活动状态和结果进行预测、决策、规划与控制及评价考核，以促进企业内部的沟通交流，提高企业资源的有效配置，以便于企业创造价值。

二、企业管理会计报告与财务会计报告

企业管理会计报告是财务信息和非财务信息的综合载体，综合反映了企业经营状况、经营结果及财务状况等信息，也称为内部管理报告，与财务会计报告既有联系也有区别。管理会计报告中包含财务信息和非财务信息，其中的财务信息和财务会计报告中的内容基本一致。在财务会计

08

报告中，企业也会披露一些内部管理方面的信息。在信息使用者方面，企业内部管理者不仅关注内部管理会计报告，也关注财务会计报告；对外部信息使用者来说，也希望获得除财务信息外的更加全面的信息。两者的区别也是比较明显的，财务会计报告是财务会计系统的信息载体，管理会计报告是管理会计系统的信息载体，两者的具体区别体现在以下方面。

1. 编制基础不同

管理会计报告的编制基础主要是企业各个部门的财务信息和非财务信息，不仅包括内部信息，也包括外部信息，不仅包括结果信息，也包括过程信息，还包括分析原因的信息、提出的改进或建议的信息；而财务会计报告是以企业的财务信息为主编制的。

2. 服务对象不同

管理会计报告的服务对象和管理会计的服务对象一致，主要是为对管理会计信息有需求的各个层级、各个环节的内部管理者提供信息，它为企业各个层级、各个环节中的具体管理问题提供相关信息支撑，以便于具体解决问题；财务会计报告主要为外部信息使用者服务，它主要提供相关的经营状况和经营结果的信息。

3. 报告的内容不同

管理会计报告内容应根据管理需要和报告目标而定，应易于理解并具有一定灵活性，不仅可以反映整个企业经营活动的全过程，还可以根据决策需要对某个工作单元，某个具体的细节、流程或者产品，甚至具体的责任人等编制报告。即管理会计报告需要根据管理活动全过程进行设计，在管理活动各环节形成基于因果关系链的结果报告和原因报告。另外，管理会计报告反映的信息不仅涉及历史数据，也涉及影响企业未来决策的重要信息。而财务会计报告则反映企业整体的财务状况、经营成果和现金流量情况，都是历史信息。

4. 编制期间和计量方式不同

管理会计报告可以根据管理的需要和管理会计活动的性质设定报告期间。一般以公历期间（月度、季度、年度）作为企业管理会计报告期间，也可根据特定需要设定企业管理会计报告期间。管理会计报告的计量方式可以根据具体情况选择不限于货币形式的计量方式，比如实物单位、时间单位或者相对数单位等。而财务会计报告的编制期间一般需要按照公历时间定期编制，按月度、季度、年度编制，计量方式也必须是货币计量方式。

5. 编制规范不同

管理会计报告没有统一的格式和规范，可以根据企业管理或者组织内部的管理需要确定，相对而言，比较灵活，报告形式可以有多种类型。一般地，企业管理会计报告的形式要件包括报告的名称、报告期间或时间、报告对象、报告内容以及报告人等内容，企业管理会计报告的编制、审批、报送、使用等应与企业组织架构相适应。而财务会计报告的编制需要遵守会计准则等相关制度的要求，格式相对规范、统一。

三、企业管理会计报告的分类

企业管理会计报告体系可按照多种标准进行分类。按照企业管理会计报告使用者所处的管理层级，管理会计报告可分为战略层管理会计报告、经营层管理会计报告和业务层管理会计报告，内容如表 8-1 所示，具体内容详见任务二、三、四；按照企业管理会计报告内容，管理会计报告可分为综合企业管理会计报告和专项企业管理会计报告；按照管理会计功能，管理会计报告可分

08

为管理规划报告、管理决策报告、管理控制报告和管理评价报告；按照责任中心，管理会计报告可分为投资中心报告、利润中心报告和成本中心报告；按照报告主体整体性程度，管理会计报告可分为整体报告和分部报告。

表 8-1　　　　　　　　按照企业管理会计报告使用者所处的管理层级分类

战略层管理会计报告	战略管理报告	宏观经济及行业分析、企业中长期战略目标及执行情况
	综合业绩报告	年度关键绩效指标完成情况
	价值创造报告	市场/客户价值分析、驱动因素及价值创造评估
	经营分析报告	经营决策分析、成本费用分析、资产管理分析等
	风险分析报告	风险评估、重大风险评估
	重大事项报告	重大投资、融资等项目分析
	例外事项报告	管理层变更、股权变更、安全事故、自然灾害等
经营层管理会计报告	全面预算管理报告	预算目标及执行情况分析
	投资分析报告	投资项目分析
	项目可行性分析报告	项目可行性分析
	融资分析报告	融资需求、成本、渠道等分析
	盈利分析报告	盈利能力及影响因素分析
	资金管理报告	资金管理目标及状况分析
	成本管理报告	成本预算及执行情况分析
	绩效评价报告	各项指标实现情况及差异分析
业务层管理会计报告	研究开发报告	由于不同企业的具体业务千差万别,业务层管理会计报告应充分结合企业实际业务特点编制
	采购业务报告	
	生产业务报告	
	配送业务报告	
	销售业务报告	
	售后服务业务报告	
	人力资源报告	

四、企业管理会计报告的流程

企业管理会计报告流程包括报告的编制、审批、报送、使用、评价等环节。

企业管理会计报告由负责管理会计信息归集、处理并报送的部门编制。企业应根据报告的内容、重要性和报告对象等，确定不同的审批流程。经审批后的报告才可以报出。企业应合理设计报告报送路径，确保企业管理会计报告及时、有效地送达报告对象。企业管理会计报告可以根据报告性质、管理需要进行逐级报送或直接报送。为了保护商业机密，企业需要建立管理会计报告使用的授权制度，报告使用人应在权限范围内使用企业管理会计报告。企业应对管理会计报告的质量、传递的及时性、保密情况等进行评价，并将评价结果与绩效考核挂钩。随着现代信息化、数字化技术的不断发展，企业应充分利用信息技术，强化管理会计报告及相关信息集成和共享，

08

将管理会计报告的编制、审批、报送和使用等纳入企业统一信息平台。企业应定期根据管理会计报告使用效果以及内外部环境变化对管理会计报告体系、内容以及编制、审批、报送、使用等进行优化。企业管理会计报告属于内部报告，只能在允许的范围内传递和使用，相关人员应遵守保密规定。

提示

　　企业有着不同的管理层级，尤其是大型企业集团，管理层级更是错综复杂。不同层级的管理者不仅需要的信息内容不同，需要的信息的繁简程度、时效性和报告形式也不同，将管理会计报告按照企业管理会计报告使用者所处的管理层级分类最符合实际情况。

视野拓展

　　【案例】小王进入大学后，结合自己的专业及喜好，制定了详细的目标路线图。大一即将结束的时候，小王对自己过去一年取得的成绩和出现的问题做了年度总结，以便于自己在未来一年中，能够减少犯错，并顺利实现大二的目标，进而保证自己在大学毕业时能够取得目标证书和优异成绩。

　　【分析】小王的年度总结类似于企业的管理会计报告，主要是小王对自己过去一年取得的成绩和出现的问题的描述，也为未来年度的学习和生活的规划和决策提供了信息支撑。

　　【延伸】同学们，试着对自己过去的学习和生活做出总结，以便于为自己未来目标的实现做好规划。

任务实施

　　任务资料和任务目标见本任务的"任务导入"，具体任务实施过程如下。

　　南方摩托应用内部管理会计报告实践的三个步骤如下。

　　第一步：编制管理会计报表，这些报表以资产、利润、人员、成本、产品等为对象，主要分析填列人、财、物资源的分布状况，明确资源在产品、产业中的配置效率，并梳理经营性损益和非经营性损益。

　　第二步：通过将相关数据计入相关的管理会计报表，分析并优化产业战略及日常经营规划。

　　第三步：通过第二步的综合分析，提出盈亏平衡的路径和方向，消除低效、无效资源带来的亏损，提高存量资源的产出效益，并加快新兴业务增量步伐，开源的同时实现节流收益。

任务二　战略层管理会计报告

学习目标

　　素质目标：具备诚信品质、敬业精神、责任意识，热爱管理会计工作。

　　知识目标：理解战略层管理会计报告的内涵，掌握战略层管理会计报告的内容。

　　技能目标：能根据要求编制战略层管理会计报告。

08

任务导入

任务资料：2009 年 6 月 26 日，A 股份有限公司（以下简称"A 公司"）经国务院国有资产监督管理委员会批准设立。A 公司"225 体系"是公司结合长期的企业管理实践，对企业管理经验的深度概括，从而形成的一套企业应对市场变化和内部管理控制的运营机制。A 公司"225 体系"的主要内容包括："两制"（模拟法人制与研产供运销用快速联动机制）、"两个中心"（利润中心与成本费用中心）、"五个体系"（指标体系、责任体系、跟踪体系、评价体系、考核体系）。其内在的逻辑关系如下："两制"是报告基础，"两个中心"是报告单位，"五个体系"是报告指标。"五个体系"是贯穿公司各个层面和集中机制的指标体系、责任体系、跟踪体系、评价体系和考核体系的统称。这"五个体系"的设立体现了计划、执行、检查、处理的 PDCA 闭环管理思想，也是"225 体系"报告的基础和保障。它做到了扎根市场、扎根基层、扎根项目，通过"五个体系"的保障，建立了人人要算账、人人会算账、人人算细账的机制，"五个体系"是紧密联系、不可分割的有机整体。

任务目标：

① 指出 A 公司在"225 体系"的实践中，战略层管理会计报告反映了公司的哪些信息。

② 指出 A 公司在"225 体系"的实践中，战略层管理会计报告的具体信息指标有哪些。

知识准备

政策依据：《管理会计基本指引》《管理会计应用指引第 801 号——企业管理会计报告》。

一、战略层管理会计报告的概念

企业管理发展到战略管理的阶段，传统管理会计也要适应时代发展的需要，进行相应的改革，这时候过渡到战略管理会计阶段。战略层管理会计报告是为适应战略管理的发展需要而逐渐形成的，它服从于企业的战略选择，通过报告战略的成功与否来对战略管理产生影响。

战略层管理会计报告是指为战略层在开展战略规划、决策、控制和评价以及其他方面的管理活动时提供相关信息的对内报告。战略层管理会计报告的报告对象是企业的战略层，包括股东大会、董事会和监事会等。

战略层管理会计报告适用于集团管控型企业集团或具有相似特征的部分企业，其关注的重点是战略方向、产品产业布局、重大投资、重大风险以及集团或产业盈利能力。

二、战略层管理会计报告的内容

战略层管理会计报告一般由标题（主题）、目录（报告提纲）、正文、附件等部分组成。正文要求简洁精练、易于理解，报告主要结果、主要原因，并提出具体的建议，逻辑严谨，数据准确，实事求是，尽量使用表格和图表。附件主要收录正文没有提及，但又与正文相关且必须说明的部分，它是对正文进行的详细补充。

战略层管理会计报告

08

战略层管理会计报告包括但不限于战略管理报告、综合业绩报告、价值创造报告、经营分析报告、风险分析报告、重大事项报告、例外事项报告等，还包括其他能反映企业战略规划和计划的报告。这些报告可独立提交，也可根据不同需要整合后提交。如下列目录所示。

1. 战略管理报告

战略管理报告的内容一般包括内外部环境分析、战略选择与目标设定、战略执行与其结果以及战略评价等。

内外部环境分析，外部环境包括宏观经济形势，特定背景或者环境下也可以考虑其他情况，比如国际、国内政治形势等。宏观经济形势是指宏观经济发展状况及其趋势，影响企业运行的宏观经济指标主要有国内生产总值（GDP）及其变化、社会商品零售总值及其变化、价格水平及其变化等。内部环境需要根据企业实际情况，制定中长期规划、年度预算等战略目标，借助SWOT分析、价值链分析等工具，进行系统评价，一般会侧重于企业与竞争对手的对比，进而选择能实现最佳经营战略的方法。表8-2是一家电力企业对发展风能业务的SWOT分析。

表8-2   电力企业对发展风能业务的SWOT分析

优势（S）	劣势（W）
• 秉承集团公司的办电经验及良好客户关系 • 秉承集团公司的无形资源 • 全新公司的优势 • 规模化运作电力项目的整体能力 • 集团公司的支持与实力	• 风电产业开发经验不足 • 风电产业市场份额较小 • 风电价格呈下降趋势 • 风电储备资源不足
机会（O）	威胁（T）
• 国民经济持续增长形成的发展空间 • 良好的外部环境和政策前景 • 率先行动者的机遇优势 • 世界风电产业的发展经验 • 常规发电竞争力的减弱	• 竞争对手的竞争优势 • 潜在进入者的加入 • 竞价上网的改革趋势 • 世界风电产业的快速发展引起与供应商砍价地位的降低

从该例可以看到，通过SWOT分析可以将企业战略分析过程中总结出的企业的优势与劣势、外部环境的机会与威胁转换为企业下一步的战略开发方向。SWOT分析成为战略分析与战略选择两个阶段的连接点，如为充分利用企业的优势，并抓住机会，选择规模化发展风电产业这一战略方向；为了回避企业的劣势和威胁，选择寻找有经验的国际战略合作伙伴。企业在进行SWOT分析后，对于可选择的战略方向还要进行总结和梳理，最终确定企业战略选择方向和战略目标。另

08

外，在战略执行及结果中，注意说明企业各组织结构与战略目标之间需要保持协调一致性，及企业各层级管理者的能力和行动执行力等信息。战略评价除需要说明战略实施的效果和影响因素等外，也要说明纠正偏差的方法和技术等相关信息。以行业对标分析表和战略目标执行情况为例，如表 8-3 和表 8-4 所示。

表 8-3　　　　　　　　　　　　　行业对标分析

企业	本期		累计		市场占有率
	本期销量	同比变化	累计销量	同比变化	
企业 1					
企业 2					
……					

表 8-4　　　　　　　　　　　　　战略目标执行情况

战略目标	战略执行情况	结果	偏差及原因分析
市场占有率提高 10%			
……			

2. 综合业绩报告

综合业绩报告的内容一般包括关键绩效指标预算及其执行结果、差异分析以及其他重大绩效事项等。综合业绩报告在设定的竞争目标的基础上，选择能更好反映企业竞争优势的要素作为关键绩效指标，编制战略预算（一般是企业资本预算），并对战略执行中的预算执行结果进行差异分析，根据实际情况及时调整战略。以关键绩效指标分析表为例，如表 8-5 所示。

表 8-5　　　　　　　　　　　　　关键绩效指标分析

关键绩效指标（KPI）	执行结果	预算数	差异分析
资本回报率			
净资产收益率			
……			

3. 价值创造报告

价值创造报告的内容一般包括价值创造目标、价值驱动的财务因素与非财务因素、内部各业务单元的资源占用与价值贡献，以及提升公司价值的措施等。以市场/客户价值分析和价值创造评估为例，如表 8-6 和表 8-7 所示。

表 8-6　　　　　　　　　　　　　市场/客户价值分析

名称	产品类别	销量		收入		毛利		产品毛利占全部毛利的比率
		数量	占比/%	金额	占比/%	金额	占比/%	
×公司	××产品							
……	……							

08

表 8-7   价值创造评估

指标类型	范围	本期	上年同期	同比变动率
财务指标	财务			
非财务指标	人力资源			
	研发			
	销售			
	采购			
	生产			
	投资			

4. 经营分析报告

经营分析报告的内容一般包括过去经营决策执行情况回顾、本期经营目标执行的差异及其原因、影响未来经营状况的内外部环境与主要风险分析、下一期的经营目标及管理措施等。以年度经营指标完成情况、工作重点表和主要指标分析表为例，如表 8-8、表 8-9 和表 8-10 所示。

表 8-8   年度经营指标完成情况

指标大类	指标名称	单位	年度目标	本期完成	本期同比	本年累计	年度目标完成率
经营业绩指标	净利润	万元					
	经济增加值	万元					
	……						
专项考核指标	投入产出比	%					
	……						

表 8-9   工作重点表

工作任务	完成时间	评价指标	本期完成情况	目标值
上级布置的重点工作				
……				
本部门的重点工作				
……				

表 8-10   主要指标分析表

指标大类	指标	预测值	行业平均值	实际值	差异
偿债能力指标	资产负债率				
	……				
盈利能力指标	净资产收益率				
	……				
营运能力指标	总资产周转率				
	……				
发展能力指标	销售收入增长率				
	……				

5. 风险分析报告

风险分析报告的内容一般包括企业全面风险管理工作回顾、内外部风险因素分析、主要风险识别与评估、风险管理工作计划等。以风险评估表为例，如表8-11所示。

表 8-11　　　　　　　　　　　　　　　　　风险评估表

项目	风险事件	发生概率	预计损失	原因分析	应对措施
经营风险	事件1				
	……				
财务风险	事件1				
	……				
……					

6. 重大事项报告

重大事项报告是针对企业的重大投资、重大资本运作、重大融资、重大担保、关联交易等事项进行的报告。以本年项目汇总表为例，如表8-12所示。

表 8-12　　　　　　　　　　　　　　　　　本年项目汇总表

项目类别	具体项目	预算投资数	实际投资数	已投入比
固定资产投资	1亿元以上			
	……			
股权投资	控股			
	参股			
产品研发投资	资本化项目			
	费用化项目			

7. 例外事项报告

例外事项报告是针对企业发生的管理层变更、股权变更、安全事故、自然灾害等偶发性事项进行的报告。例外事项报告只有在发生的时候才会在管理会计报告中体现，任何一项例外事项的发生都会对企业产生巨大的影响，因此，例外事项一旦出现就是重大事件，对整个管理会计活动就是不可忽视的事项，在管理会计报告中就必须详细说明其对企业的各种影响。

 提示

　　战略层管理会计报告主要针对企业战略规划、决策、控制和评价提供财务和非财务的信息，对企业管理会计报告而言，具有整体性和全局性。

08

视野拓展

【案例】浩瀚的沙漠中，一支探险队在艰难地跋涉。头顶骄阳似火，烤得探险队员们口干舌燥。最糟糕的是，他们没有了水。水就是他们赖以生存的信念，信念破灭了，一个个像塌了架、丢了魂，不约而同地将目光投向队长。这可怎么办？队长从腰间取出一个水壶，两手举起来，用力晃了晃，惊喜地喊道："哦，我这里还有一壶水！但穿越沙漠前，谁也不能喝。"沉甸甸的水壶从队员们的手中依次传递，原来那种濒临绝望的脸上又显露出坚定的神色，一定要走出沙漠的信念支撑着他们一步一步地向前挪动。看着那水壶，他们抿着干裂的嘴唇，陡然增添了力量。终于，他们死里逃生，走出了沙漠。大家喜极而泣之时，久久凝视着那个给了他们信念支持的水壶，队长小心翼翼地拧开水壶盖，缓缓流出的却是一缕缕沙子。他诚挚地说："只要心里有坚定的信念，干枯的沙子有时也可以变成清冽的泉水。"

【分析】沙漠里，干枯的沙子有时候可以是清冽的水——只要你的心里驻扎着拥有清泉的信念。"这个世界上，没有人能够使你倒下，如果你自己的信念还站立着。"这是马丁·路德·金的名言。即使在最困难的时候，也不要熄灭心中信念的火把。

【延伸】同学们，理想信念是每一个人前进的动力，也是指明灯。在通向理想的路上，离不开信念的支撑，我们可以把战略规划看作前进路上的指明灯。

任务实施

任务资料和任务目标见本任务的"任务导入"，具体任务实施过程如下。

第一步，A公司建立的"225体系"管理会计报告体系在集团的董事会、监事会、高管到子公司工人的各层次间进行收集、传递、反馈与评价。按照"225体系"对信息传递的要求，A公司的战略层管理会计报告反映了集团的战略发展方向和目标，具体反映总部、事业部和子公司报告战略层信息，包括长期预算和资本规划等。

第二步，战略层管理会计报告具体反映的信息，以公司预算完成情况表和营业收入完成情况为例，如表8-13、表8-14和表8-15所示。

表8-13　　　　　　　　　　公司八项指标总体完成情况

项目	2×14年1—11月数	2×14年预计数	2×14年预算数	较预算增减比/%
营业收入/亿元	206.68	215.00	285.00	-24.56%
利润总额/亿元	12.51	14.10	14.10	完成
经济增加值/亿元	5.47	5.30	4.74	+11.81%
成本费用占收入比重/%	99.08	97.57	97.00	+0.59
经营现金净流量比率/%	-98.40	70.40	69.67	0.73
存货净值/亿元	37.10	30.88	30.88	完成
产成品净值/亿元	20.69	19.70	19.73	-0.15%
货款回收率/%	95.90	100.15	100.05	+0.1

表 8-14　　　　　　　　　　营业收入完成情况：业务构成

项目	2×14 年 1—11 月数	2×14 年预计数	2×14 年预算数	较预算增减比/%
营业收入合计/亿元	206.68	215.00	285.00	-24.56
××收入/亿元	45.75	49.30	60.00	-17.83
××收入/亿元	59.78	60.70	108.24	-43.92
外贸收入/亿元	7.69	8.76	15.21	-42.41
贸易收入/亿元	93.47	96.24	101.55	-5.23

表 8-15　　　　　　　　　　营业收入完成情况：板块构成

项目	2×14 年 1—11 月数	2×14 年预计数	2×14 年预算数	较预算增减比/%
职业装板块/亿元	57.86	66.92	100.97	-33.52
纺织印染板块/亿元	30.30	34.88	54.81	-36.36
职业鞋靴板块/亿元	54.98	62.37	81.69	-23.65
防护装具板块/亿元	30.58	33.03	65.74	-49.75
国贸板块/亿元	29.26	30.00	50.02	-40.02
邢台片区/亿元	5.19	5.19	56.74	-90.84
中外合资/亿元	1.67	2.08	2.02	2.97

资料来源：《管理会计案例示范集》

任务三　经营层管理会计报告

学习目标

素质目标：具备诚信品质、敬业精神、责任意识，热爱管理会计工作。

知识目标：理解经营层管理会计报告的内涵，掌握经营层管理会计报告的内容。

技能目标：能根据要求编制经营层管理会计报告。

任务导入

任务资料：同任务二"任务资料"。

任务目标：

① 指出 A 公司在"225 体系"的实践中，经营层管理会计报告是如何设计的。

② 指出 A 公司在"225 体系"的实践中，经营层管理会计报告的具体指标信息有哪些。

知识准备

政策依据：《管理会计基本指引》《管理会计应用指引第 801 号——企业管理会计报告》。

08

一、经营层管理会计报告的概念

经营层是指企业中的中层管理者，他们是企业整体战略目标分解和落实的关键人物。经营层是企业战略层目标有效执行的根本保障，经营层既关注企业整体的发展，也关注企业具体的生产环节，比如收入来源、成本控制、绩效管理等一系列的日常经营活动。

经营层管理会计报告适用于各公司及其子公司或者具有公司性质独立经营的事业部等经济实体，重点关注的是公司产品、产业规划、产品产业生命周期、产品盈利能力、成本竞争能力、资金安全、其他财务风险以及生产、销售、采购、品质、研发等业务管控。

经营层管理会计报告一般由标题（主题）、目录（报告提纲）、正文、附件等部分组成。正文要求简明扼要，逻辑严谨，数据准确，实事求是，尽量用表格和图表。附件主要收录正文没有提及，但又与正文相关且必须说明的部分，它是对正文的补充。

二、经营层管理会计报告的内容

经营层管理会计报告

经营层管理会计报告是为经营管理层开展与经营管理目标相关的管理活动提供相关信息的对内报告。其报告对象是经营管理层。经营层管理会计报告的内容要做到内容完整、分析深入，经营层管理会计报告主要包括全面预算管理报告、投资分析报告、项目可行性分析报告、融资分析报告、盈利分析报告、资金管理报告、成本管理报告、绩效评价报告等。报告要件示例如下。

2.1 全面预算管理报告

2.1.1 经营预算分析

2.1.2 财务预算分析

2.1.3 专门决策预算分析

2.2 投资分析报告

2.2.1 投资项目分析

2.2.2 投资收益分析

2.3 项目可行性报告

2.3.1 产品行业形势

2.3.2 项目风险分析

…………

1. 全面预算管理报告

全面预算管理报告的内容一般包括预算目标制定与分解、预算执行差异分析以及预算考评等。以预算执行差异分析为例，如表 8-16 所示。

表 8-16　　　　　　　　　　　　　　预算执行差异分析

项目	预算数	本期实际	差异分析	评价
一、经营预算				
销售预算				
生产预算				
直接材料采购预算				
……				

续表

项目	预算数	本期实际	差异分析	评价
二、财务预算				
现金预算				
预计利润表				
……				
三、专门决策预算				
项目投资预算				
……				

2. 投资分析报告

投资分析报告的内容一般包括投资对象、投资额度、投资结构、投资进度、投资效益、投资风险和投资管理建议等。投资分析报告，如表 8-17 所示。

表 8-17 投资分析报告

投资对象	投资额度	投资结构	投资进度	投资效益	投资风险	投资管理建议
投资对象一						
……						

3. 项目可行性分析报告

项目可行性分析报告的内容一般包括项目概况、市场预测、产品方案与生产规模、厂址选择、工艺与组织方案设计、财务评价、项目风险分析，以及项目可行性研究结论与建议等。

常见的项目可行性分析报告模板如下。

2.3.1 基本情况

2.3.1.1 项目单位基本情况：单位名称、地址及邮编、联系电话、法人代表姓名、人员、资产规模、财务收支、上级单位及所隶属的市级部门名称等情况。

项目可行性分析报告编制单位的基本情况：单位名称、地址及邮编、联系电话、法人代表姓名、资质等级等。

2.3.1.2 项目负责人基本情况：姓名、职务、职称、专业、联系电话、与项目相关的主要业绩。

2.3.1.3 项目基本情况：项目名称、项目类型、项目属性、主要工作内容、预期总目标及阶段性目标情况；主要预期经济效益或社会效益指标；项目总投入情况（包括人、财、物等方面）。

2.3.2 必要性与可行性

2.3.2.1 项目背景情况。项目受益范围分析；国家（含部门、地区）需求分析；项目单位需求分析；项目是否符合国家政策，是否属于国家政策优先支持的领域和范围。

2.3.2.2 项目实施的必要性。项目实施对促进事业发展或完成行政工作任务的意义与作用。

2.3.2.3 项目实施的可行性。项目的主要工作思路与设想；项目预算等。

…………

4. 融资分析报告

融资分析报告的内容一般包括融资需求测算、融资渠道与融资方式分析及选择、资本成本、融资程序、融资风险及其应对措施和融资管理建议等。

08

5. 盈利分析报告

盈利分析报告的内容一般包括盈利目标及其实现程度、利润的构成及其变动趋势、影响利润的主要因素及其变化情况，以及提升盈利能力的具体措施等。企业还应对收入和成本进行深入分析。盈利分析报告可基于企业集团、单个企业，也可基于责任中心、产品、区域、客户等编制。以损益分析表为例，如表 8-18 所示。

表 8-18　　　　　　　　　　　　　　　　损益分析

项目	年初预算	当期			累计			备注
		实际	同比	评价	实际	同比	评价	
销量								
产品 1								
产品 2								
……								
收入								
产品 1								
……								
利润								
产品 1								
……								
价格变动影响								
……								

6. 资金管理报告

资金管理报告的内容一般包括资金管理目标，主要流动资金项目如货币资金、应收票据、应收账款、存货的管理状况，资金管理存在的问题以及解决措施等。企业集团资金管理报告的内容一般还包括资金管理模式（集中管理还是分散管理）、资金集中方式、资金集中程度、内部资金往来等。以经营现金流分析表、营运资金分析表和营运资金主要因素为例，如表 8-19、表 8-20 和表 8-21 所示。

表 8-19　　　　　　　　　　　　　　　　经营现金流分析

项目	上月实际	上月累计	当月实际	当月累计	备注
期初可用资金					
一、经营性收支					
1. 收入合计					
销售商品 1					
……					
2. 支出合计					
原材料 1					
……					

续表

项目	上月实际	上月累计	当月实际	当月累计	备注
工资					
……					
税金					
二、资本性收支					
1. 资本性收入					
投资分红					
……					
2. 资本性支出					
固定资产					
……					
三、其他专项收支					
四、本期收支合计					
期末余额					
五、融资弥补					
期末可用资金					

表 8-20　　　　　　　　　　　营运资金分析

项目	期初余额	当期	占比	比期初	环比	同比	评价
合计							
模块一							
模块二							
……							

表 8-21　　　　　　　　　　　营运资金主要因素

项目	期初		当期		比期初		环比		同比		评价
	金额	周转率	金额	周转率	金额	周转率	金额	周转率	金额	周转率	
一、应收账款											
模块一											
……											
二、存货											
模块一											
……											
三、应付账款											
模块一											
……											

08

7. 成本管理报告

成本管理报告的内容一般包括成本预算、实际成本及其差异分析，成本差异形成的原因以及改进措施等。以采购成本情况为例，如表 8-22 所示。

表8-22 采购成本情况

项目	年初预算	实际成本	差异	差异率	存在问题	对策
合计						
一、项目1						
二、项目2						
……						

8. 绩效评价报告

绩效评价报告的内容一般包括绩效目标、关键绩效指标、实际执行结果、差异分析、考评结果以及相关建议等。以关键绩效指标（KPI）分析为例，如表8-23所示。

表8-23 关键绩效指标（KPI）分析

项目	本期数	上期数	增减额	变化比	建议
销售总量					
产品市场份额/%					
营业收入					
毛利					
销售毛利率					
……					

提示

经营层管理会计报告的使用频率比战略层管理会计报告高，内容要比战略层管理会计报告详细。

视野拓展

【案例】小贾是公司销售部一名员工，为人比较随和，不喜争执，和同事的关系处得都比较好。但是，前一段时间，不知道为什么，同一部门的小李老是处处和他过不去，有时候还故意在别人面前指桑骂槐，对跟他合作的工作任务也都有意让小贾做得多，甚至还抢了小贾的好几个老客户。起初，小贾觉得都是同事，没什么大不了的，忍一忍就算了。但是，看到小李如此嚣张，小贾赌气，告到了经理那儿。经理把小李批评了一通，从此，小贾和小李有了隔阂。

【分析】小贾遇到的事情是在工作中常常出现的。在一段时间里，同事小李对他的态度大有改变，这时候小贾应该警觉，留心是不是哪里出了问题。但是，小贾只是一味地忍让，这不是一个好办法，更重要的应该是多沟通。小贾应该考虑小李对他是不是误会，才会导致小李对自己的态度变得恶劣，小贾应该及时主动和小李进行一次真诚的沟通，并及时消除误会，减少矛盾的发生。

【延伸】我们每一个人都应该学会主动地沟通、真诚地沟通、有策略地沟通，如此一来就可以化解很多工作与生活较多的误会和矛盾。

08

任务实施

任务资料和任务目标见本任务的"任务导入"，具体任务实施过程如下。

第一步，A公司按照"225体系"对信息传递的要求，在经营层管理会计报告中，关注各个责任主体的经济效益指标，包括职业装板块等各大板块的预算、责任及考核指标。以其子公司为例，该公司的报告主要包括利润总额的数值、存货净值的数值和资产负债率的数值等指标。对集团的各个子公司、板块、部门、中心和岗位的全方位、全时段、全局域的管理与控制，实现了责任、指标、压力、信息、原因和获利从上至下的层层落实和分解。

第二步，具体的报告信息以职业装板块的八项指标总体完成情况和营业收入完成情况（业务构成和下属公司构成）为例，如表8-24、表8-25和表8-26所示。

表8-24　　　　　　　　　　　职业装板块——八项指标完成情况

项目	2×13年决算数	2×14年预算数	2×14年1—11月数	2×14年预计数	同比增减比/%	较预算增减比/%
营业收入/万元	759 492.70	1 006 655.06	553 288.68	669 208.04	-11.89	-33.52
利润总额/万元	62 773.49	55 215.65	16 546.87	39 097.69	-37.72	-29.19
经济增加值/万元	35 284.89	27 698.36	1 898.52	17 897.33	-49.28	-35.38
成本费用占收入比重/%	94.73	95.47	97.07	96.81	2.08	1.34
经营现金净流量比率/%	38.61	93.17	-404.07	-92.53	-131.14	-185.70
存货净值/万元	117 397.40	109 167.00	148 319.61	108 210.97	-7.83	-0.88
产成品净值/万元	61 675.11	61 886.00	75 765.27	61 886.00	0.34	0.00
货款回收率/%	91.54	100.00	87.35	104.42	12.88	4.42

表8-25　　　　　　　　　　营业收入完成情况：业务构成

项目	2×13年决算数	2×14年预计数	同比增减比/%
营业收入合计	759 492	669 208	-11.89
××收入	318 300	310 005	-2.61
××收入	129 624	118 497	-8.58
外贸收入	8 915	15 986	79.32
贸易收入	302 653	224 722	-25.75

表8-26　　　　　　　　　　营业收入完成情况：下属公司构成

公司名称	2×13年决算数	2×14年预计数	同比增减比/%
职业装板块合计	759 492.70	669 208.04	-11.89
A	124 448.53	125 000.00	0.44
B	65 410.47	55 500.00	-15.15
C	50 746.29	27 500.00	-45.81
D	33 486.80	45 300.00	35.28
……	……	……	……

08

任务四　业务层管理会计报告

学习目标

素质目标：具备诚信品质、敬业精神、责任意识，热爱管理会计工作。

知识目标：理解业务层管理会计报告，掌握业务层管理会计报告的内容。

技能目标：能根据要求编制业务层管理会计报告。

任务导入

任务资料：同任务二"任务资料"。

任务目标：

① 指出 A 公司在"225 体系"的实践中，业务层管理会计报告是如何设计的。

② 指出 A 公司在"225 体系"的实践中，业务层管理会计报告的具体指标信息有哪些。

知识准备

政策依据：《管理会计基本指引》《管理会计应用指引第 801 号——企业管理会计报告》。

一、业务层管理会计报告的概念

业务层是企业中的基层管理者，他们主要负责企业中具体问题的决策，他们具体执行企业的各项政策和目标，切实解决企业产品销售、机器运转、成本耗费等问题，这一层包括的人员主要涉及采购主管、生产车间主任和销售主管

业务层管理会计报告

等。因此，业务层管理会计报告是指为企业开展日常业务或作业活动提供相关信息的对内报告。其报告的对象是企业的业务部门、职能部门以及车间、班组等，重点关注专门业务的计划、实施过程及其中出现的偏差，并做好原因分析及解决方案。

二、业务层管理会计报告的内容

业务层管理会计报告应根据企业内部各部门、车间或班组的核心职能或经营目标进行设计，主要包括研究开发报告、采购业务报告、生产业务报告、配送业务报告、销售业务报告、售后服务业务报告、人力资源报告等。业务层管理会计报告应做到内容具体、数据充分。

不同企业的具体业务存在不同，下面以某企业的部分实践为基础，提供报告内容，仅供参考。

1. 研究开发报告

研究开发报告的内容一般包括研发背景、主要研发内容、技术方案、研发进度和项目预算等。以企业的技术研发管理报告为例，分析如下。

① 技术研发整体情况。该部分主要包括技术研发总体工作思路、主要工作计划、研发项目总体情况、研发项目预算、研发进展概况等内容。以技术研发整体情况表为例，如表 8-27 所示。

表 8-27 技术研发整体情况

项目	主要内容		
整体思路			
主要计划			
项目	工作目标	主要工作内容	是否跨期工作
重点工作一			
……			
项目	立项时间	项目总预算	本年工作目标	本年费用	累计项目费用	目前项目进展概况
研发项目 1						
……						

② 项目本期主要工作及下期计划。该部分主要包括技术研发项目本期主要工作目标、本期完成情况、主要问题、下期工作计划（目标）。以项目本期工作及下期工作计划为例，如表 8-28 所示。

表 8-28 项目本期工作及下期工作计划

项目	本期任务目标描述	本期完成情况	主要问题	下期计划	备注
项目一					
……					

③ 主要项目状态及进展。该部分应就主要（或者全部）研发项目情况逐一进行报告，报告内容包括但不限于以下内容：项目名称、项目类别、项目预算、项目支出、项目负责人、项目等级、项目开发类型、本年项目节点、进度状态等。以主要项目状态及进展情况表为例，如表 8-29 所示。

表 8-29 主要项目状态及进展情况

项目名称	项目类别	项目预算	本年预算	本期发生额	累计发生额	项目负责人	责任部门	项目等级	项目开发类型	××年度项目节点	进度状态	进度说明	备注
研字-1													

2. 采购业务报告

采购业务报告的内容一般包括采购业务预算、采购业务执行结果、差异分析及改善建议等。采购业务报告要重点反映采购质量、数量以及时间、价格等方面的内容。以材料采购分析表为例，如表 8-30 所示。

08

表 8-30　　　　　　　　　　　　　　　　材料采购分析

项目	采购预算		实际采购		差异	差异率	建议
	数量	成本	数量	成本			
材料 1							
……							

3. 生产业务报告

生产业务报告的内容一般包括生产业务预算、生产业务执行结果、差异分析及改善建议等。生产业务报告要重点反映生产成本、生产数量以及产品质量、生产时间等方面的内容。以产品生产情况分析表为例，如表 8-31 所示。

表 8-31　　　　　　　　　　　　　　　　产品生产情况分析

产品名称	预计生产量	实际生产量	差异	原因	改善措施
产品 1					
……					

4. 配送业务报告

配送业务报告的内容一般包括配送业务预算、配送业务执行结果、差异分析及改善建议等。配送业务报告要重点反映配送的及时性、准确性以及配送损耗等方面的内容。以货物配送分析表为例，如表 8-32 所示。

表 8-32　　　　　　　　　　　　　　　　货物配送分析

货物名称	目的地	距离	运输工具	标准耗时	实际耗时	差异	原因及建议
材料 1							
……							
货物 1							
……							

5. 销售业务报告

销售业务报告的内容一般包括销售业务预算、销售业务执行结果、差异分析及改善建议等。销售业务报告要重点反映销售的数量结构和质量结构等方面的内容。以某产品的销售状态分析为例，分析如下。

① 销售主要指标完成情况。该部分主要描述企业对销售工作的主要工作指标的完成情况，包括但不限于：销量、销售收入、市场份额、大客户数量、新增客户数量、销售收款、成品库存量、销售费用、销售价格（降低率/增长率）等。

② 销售重点工作完成情况。该部分主要描述企业对销售重点工作任务的完成情况，包括但不限于：新产品推广、新市场的占领、新客户的开拓、重点管理提升项目等。

08

③ 销售分析。

A. 市场分析。该部分主要包括但不限于：产品市场整体情况、市场主要产品细分分析、市场区域细分分析、TOP 分析、主要竞争对手分析等。

B. 大客户分析。该部分主要包括但不限于：大客户情况、大客户销售、大客户产品及市场、大客户盈利能力评价等。

C. 公司销售表现。该部分主要包括但不限于：公司在市场竞争中的表现（如市场占有率、市场排名、主要客户占有率等情况）、公司产品细分目标市场表现、公司产品分类（分区域）表现、公司产品价格带表现等。

D. 公司销售策略分析。该部分主要包括但不限于：公司主要销售策略、销售方式选择、主要实施区域（客户）、销售费用情况、实施效果，可以细分区域、产品、目标客户进行分析。

E. 问题分析。

④ 未来预测及下一步工作。该部分主要包括但不限于：未来市场预测、工作重点（方向）和主要工作措施。

6. 售后服务业务报告

售后服务业务报告的内容一般包括售后服务业务预算、售后服务业务执行结果、差异分析及改善建议等。售后服务业务报告重点反映售后服务的客户满意度等方面的内容。以客户投诉数统计表为例，如表 8-33 所示。

表 8-33 客户投诉数统计

产品	客户投诉次数	原因	责任部门	改进建议

7. 人力资源报告

人力资源报告的内容一般包括人力资源预算、人力资源执行结果、差异分析及改善建议等。人力资源报告重点反映人力资源使用及考核等方面的内容。具体案例如下。

① 人力资源总体情况。该部分主要描述企业人力资源总体情况，包括但不限于：用工规模、劳动效率和人工成本等。

② 人力资源管理重点工作完成情况。

A. 公司用工规模与劳动效率分析。

B. 公司组织架构情况。

C. 公司用工结构分析。

D. 核心团队建设。

E. 公司薪酬情况分析。

F. 员工招聘。

G. 员工培训。

③ 目前业务运行情况及人力资源存在的突出问题。

④ 下期重点工作目标和措施。

08

提示

业务层所面对的问题比较具体，所需要的信息也要求准确细致。业务层管理会计报告要求非常具体，需要反映每个生产环节中的详细信息。

视野拓展

【案例】海尔由一个濒临倒闭的小厂发展成为国内外知名的企业集团。是什么让海尔变得这么强大，知名度这么高呢？因为海尔是从每件小事做起，从一家不起眼的公司发展起来的。在海尔，你会看见这么一个标牌："日事日毕，日清日高。"海尔的所有人都以此作为目标。在张瑞敏把那七十六台质量有问题的冰箱砸掉后，每个人的心中都刻下一道深深的永远不能磨灭的伤痕，"它"时刻都提醒他们，要有强烈的责任心，做好每件小事、每个细节。海尔终于在我国市场上拿下了第一块金牌。

【分析】"海尔砸冰箱事件"给员工树立了减少偏差的精益求精的工作标准和要求。

【延伸】同学们，我们每天的学习工作任务应每天完成，不拖拉，尽量提前完成，坚持下来，就会成为我们的优秀习惯。

任务实施

任务资料和任务目标见本任务的"任务导入"，具体任务实施过程如下。

第一步，根据 A 公司"225 体系"中对信息的要求，在业务层管理会计报告内容中，重点关注企业具体业务部门的产值、产量、成本、消耗等一些具体作业指标，对企业的正常生产经营和日常管理提供信息支撑。这些内容包括对集团内部各经营公司、经营战略和作业信息等情况、业务进行完整的披露，实现协调联动各个环节的生产经营业务；对集团的岗位、流程、作业、组织、人员等进行可管理控制，收集各个信息节点的信息，使它们互相关联，促使企业信息流、资金流、技术流等能够高效地运转。

第二步，具体以分厂中的某个班组的产值完成情况和班组工序价格、加工成本及工人工资情况报告为例，如表 8-34 和表 8-35 所示。

表 8-34　　　　　　　　　　某班组产值完成情况报告（月报）

2×14 年核定人数/人	产品名称	单位	月任务数/件	单价/元	产值/万元	本月实际完成/件	本月实际产值/万元	产值完成率/%
	日常服装	套	420	307.01	12.89	431	13.23	102.64
	春秋服	套	580	307.01	17.81	605	18.57	104.27
	春秋服	套	390	307.01	11.97	404	12.4	106.10
	春秋服	套	250	380	9.5	260	9.88	104
75	春秋服	套	460	330	15.18	480	15.84	104.35
	春秋服	套	250	400	10	266	10.64	106.4
	风衣	件	1 680	80	13.44	1 675	13.4	99.7
	羊绒大衣	件	1 680	80	13.44	1 688	13.5	100.44
	小计		5 710	185.01	104.23	5 809	107.47	103.11

08

表 8-35　　　　　　　某班组工序价格、加工成本及工人工资情况报告

姓名	工序名	工资性质	定额工时/秒	定额工资/（元/秒）	工序系数	工序单价
田京欣	缱领子	一般	60	0.004	1	0.24
	压缱领子	重点	100	0.004		
	寨肩祥	副工	20	0.004		
王全杰	缱袖子	一般	120	0.004	1	0.48
	清袖笼	一般	60	0.004		
……	……	……	……	……	……	……
合计	178		14 400	0.004	1	57.888

课后巩固与提升

一、单项选择题

1. 下列属于管理会计报告信息的是（　　　）。

　　A. 财务和环境信息　　　　　　　　　B. 财务和非财务信息

　　C. 财务和人力资源信息　　　　　　　D. 财务和金融信息

2. 管理会计报告的服务对象是（　　　）。

　　A. 投资人　　　　B. 债权人　　　　C. 内部管理人员　　D. 政府机关

3. 价值创造报告属于（　　　）。

　　A. 战略层管理会计报告　　　　　　　B. 经营层管理会计报告

　　C. 业务层管理会计报告　　　　　　　D. 利润中心报告

4. 下列不属于管理会计报告特征的是（　　　）。

　　A. 管理会计报告没有统一的格式和规范

　　B. 管理会计报告遵循结果导向

　　C. 管理会计报告提供的信息不仅包括结果信息，还可以包括过程信息

　　D. 管理会计报告如果涉及会计业绩的报告，其主要的报告格式应该是边际贡献格式

二、多项选择题

1. 管理会计报告和财务会计报告的主要区别有（　　　）。

　　A. 编制基础不同　　　　　　　　　　B. 服务对象不同

　　C. 报告形式不同　　　　　　　　　　D. 编制期间不同

2. 管理会计报告按照使用者的不同分为（　　　）。

　　A. 综合企业管理会计报告　　　　　　B. 战略层管理会计报告

　　C. 经营层管理会计报告　　　　　　　D. 业务层管理会计报告

3. 管理会计报告按照责任中心的不同分为（　　　）。

　　A. 管理规划报告　　B. 投资中心报告　　C. 成本中心报告　　D. 利润中心报告

4. 管理会计报告的内容侧重于（　　　）。

　　A. 生产力完成情况　　　　　　　　　B. 战略方向

　　C. 产业盈利能力　　　　　　　　　　D. 预算控制情况

08

三、判断题

1. 管理会计报告和财务会计报告的作用是相同的。（　　）

2. 按照企业管理会计报告的内容，管理会计报告可分为战略层管理会计报告、经营层管理会计报告和业务层管理会计报告。（　　）

3. 管理会计报告按照管理会计功能可分为管理规划报告、管理决策报告、管理控制报告和管理评价报告。（　　）

4. 企业管理会计报告流程包括报告的编制、审批、报送、使用、评价等环节。（　　）

5. 例外事项报告属于业务层管理会计报告。（　　）

四、思考题

1. 管理会计报告和财务会计报告的区别有哪些？

2. 企业在编制管理会计报告的时候，按照使用者的层级分类，需要分几个层次编制，每一层关注的点有哪些不同？

08